プリント形式のリアル過去問で本番の臨場感！

岡山県

岡山中学校

2025年春 受験用

解答集

本書は，実物をなるべくそのままに，プリント形式で年度ごとに収録しています。
問題用紙を教科別に分けて使うことができるので，本番さながらの演習ができます。

■ 収録内容

・解答集(この冊子です)

書籍ＩＤ番号，この問題集の使い方，最新年度実物データ，リアル過去問の活用，
解答例と解説，ご使用にあたってのお願い・ご注意，お問い合わせ

・2024(令和６)年度 ～ 2021(令和３)年度　学力検査問題

JN131752

○は収録あり	年度	'24	'23	'22	'21		
■ 問題(A方式・B方式)		○	○	○	○		
■ 解答用紙(A方式は書き込み式)		○	○	○	○		
■ 配点							

算数に解説があります

注)問題文等非掲載:2024年度B方式社会の2，2023年度B方式国語の二と社会の2，2022年度A方式問題Ⅱの課題3，B方式国語の一と社会の2

問題文などの非掲載につきまして

著作権上の都合により，本書に収録している過去入試問題の本文や図表の一部を掲載しておりません。ご不便をおかけし，誠に申し訳ございません。

本文の一部を掲載できなかったことによる国語の演習不足を補うため，論説文および小説文の演習問題のダウンロード付録があります。弊社ウェブサイトから書籍ＩＤ番号を入力してご利用ください。

なお，問題の量，形式，難易度などの傾向が，実際の入試問題と一致しない場合があります。

教英出版

■　書籍ＩＤ番号

入試に役立つダウンロード付録や学校情報などを随時更新して掲載しています。
教英出版ウェブサイトの「ご購入者様のページ」画面で，書籍ＩＤ番号を入力してご利用ください。

書籍ＩＤ番号　105431

（有効期限：2025年9月30日まで）

【入試に役立つダウンロード付録】
「要点のまとめ（国語／算数）」
「課題作文演習」ほか

■　この問題集の使い方

年度ごとにプリント形式で収録しています。針を外して教科ごとに分けて使用します。①片側，②中央のどちらかでとじてありますので，下図を参考に，問題用紙と解答用紙に分けて準備をしましょう（解答用紙がない場合もあります）。

針を外すときは，けがをしないように十分注意してください。また，針を外すと紛失しやすくなりますので気をつけましょう。

① 片側でとじてあるもの

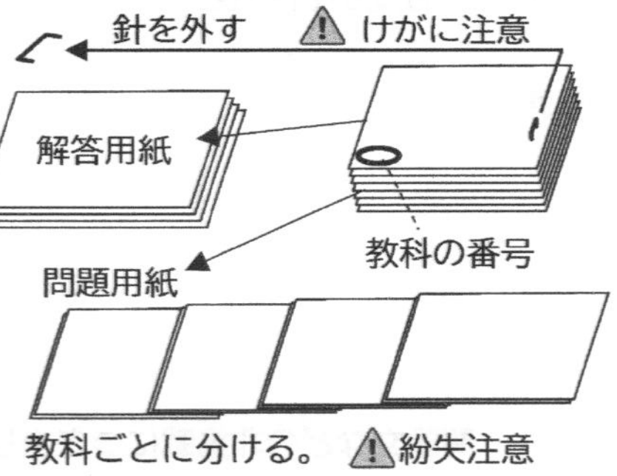

② 中央でとじてあるもの

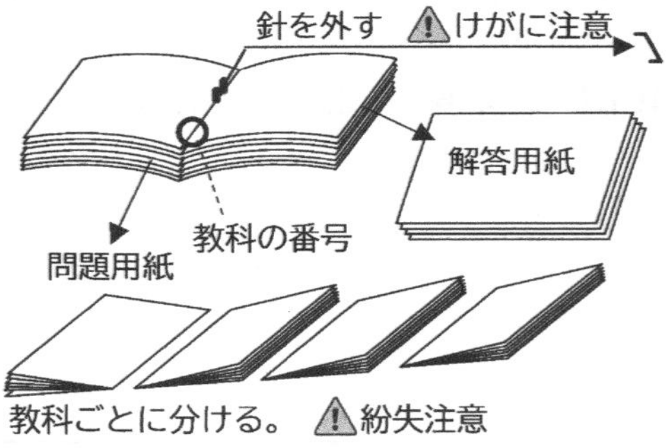

※教科数が上図と異なる場合があります。
解答用紙がない場合や，問題と一体になっている場合があります。
教科の番号は，教科ごとに分けるときの参考にしてください。

■　最新年度 実物データ

実物をなるべくそのままに編集していますが，収録の都合上，実際の試験問題とは異なる場合があります。実物のサイズ，様式は右表で確認してください。

問題用紙	Ｂ４片面プリント（Ａ方式は書込み式）
解答用紙	Ｂ４片面プリント

リアル過去問の活用

～リアル過去問なら入試本番で力を発揮することができる～

本番を体験しよう！

問題用紙の形式（縦向き／横向き），問題の配置や余白など，実物に近い紙面構成なので本番の臨場感が味わえます。まずはパラパラとめくって眺めてみてください。「これが志望校の入試問題なんだ！」と思えば入試に向けて気持ちが高まることでしょう。

入試を知ろう！

同じ教科の過去数年分の問題紙面を並べて，見比べてみましょう。

① 問題の量

毎年同じ大問数か，年によって違うのか，また全体の問題量はどのくらいか知っておきましょう。どのくらいのスピードで解けば時間内に終わるのか，大問ひとつにかけられる時間を計算してみましょう。

② 出題分野

よく出題されている分野とそうでない分野を見つけましょう。同じような問題が過去にも出題されていることに気がつくはずです。

③ 出題順序

得意な分野が毎年同じ大問番号で出題されていると分かれば，本番で取りこぼさないように先回りして解答することができるでしょう。

④ 解答方法

記述式か選択式か（マークシートか），見ておきましょう。記述式なら，単位まで書く必要があるかどうか，文字数はどのくらいかなど，細かいところまでチェックしておきましょう。計算過程を書く必要があるかどうかも重要です。

⑤ 問題の難易度

必ず正解したい基本問題，条件や指示の読み間違いといったケアレスミスに気をつけたい問題，後回しにしたほうがいい問題などをチェックしておきましょう。

問題を解こう！

志望校の入試傾向をつかんだら，問題を何度も解いていきましょう。ほかにも問題文の独特な言いまわしや，その学校独自の答え方を発見できることもあるでしょう。オリンピックや環境問題など，話題になった出来事を毎年出題する学校だと分かれば，日頃のニュースの見かたも変わってきます。

こうして志望校の入試傾向を知り対策を立てることこそが，過去問を解く最大の理由なのです。

実力を知ろう！

過去問を解くにあたって，得点はそれほど重要ではありません。大切なのは，志望校の過去問演習を通して，苦手な教科，苦手な分野を知ることです。苦手な教科，分野が分かったら，教科書や参考書に戻って重点的に学習する時間をつくりましょう。今の自分の実力を知れば，入試本番までの勉強の道すじが見えてきます。

試験に慣れよう！

入試では時間配分も重要です。本番で時間が足りなくなってあわてないように，リアル過去問で実戦演習をして，時間配分や出題パターンに慣れておきましょう。教科ごとに気持ちを切り替える練習もしておきましょう。

心を整えよう！

入試は誰でも緊張するものです。入試前日になったら，演習をやり尽くしたリアル過去問の表紙を眺めてみましょう。問題の内容を見る必要はもうありません。どんな形式だったかな？受験番号や氏名はどこに書くのかな？…ほんの少し見ておくだけでも，志望校の入試に向けて心の準備が整うことでしょう。

そして入試本番では，見慣れた問題紙面が緊張した心を落ち着かせてくれるはずです。

※まれに入試形式を変更する学校もありますが，条件はほかの受験生も同じです。心を整えてあせらずに問題に取りかかりましょう。

2024 解答例 令和６年度　岡山中学校【Ａ方式】

《問題Ⅰ》

課題１　⑴２　⑵①ア．1440　イ．直列　②並列つなぎで接続する。　※⑶21

課題２　⑴イ　⑵①207　②水中に沈めた体積に比例する。　③47.5　⑶４時間 33 分 45 秒

課題３　⑴$5\frac{2}{3}$　⑵ウ　※⑶記号…ア　水を入れ始めてから…２分 24 秒後

※の説明は解説を参照してください。

《問題Ⅱ》

課題１　⑴拡大／縮小　安全／危険　平等／差別　などから２つ　⑵わかりやすい情報や人の話をそのまますべて信じるのではなく、反対側の意見を調べたり、別の面から物事を考えたりすること。　⑶Ａ．自分たちは中立国だ　Ｂ．献身的にひ弱な子の世話をしなければいけない　Ｃ．バイアスの存在

課題２　〈作文のポイント〉

・最初に自分の主張、立場を明確に決め、その内容に沿って書いていく。

・わかりやすい表現を心がける。自信のない表現や漢字は使わない。

さらにくわしい作文の書き方・作文例はこちら！→https://kyoei-syuppan.net/mobile/files/sakupo.html

課題３　⑴アジア　⑵日本の近くにあるため，旅程があまり長くならず，旅行費用も高額にならないから。

⑶新型コロナウイルス感染症の感染拡大により，海外渡航が制限されたから　⑷国（地域）…フランス

理由…絵画などの美術が好きなので，ルーブル美術館やベルサイユ宮殿など，有名な美術館や建築物を実際に訪れると貴重な経験ができると思うから。また，フランス料理も食べてみたいから。

岡山中学校【Ｂ方式】

《国　語》

一　問一．①帯　②候補　③博物　問二．Ａ．ウ　Ｂ．ア　問三．１．いい地図データができたと自信を持っていた　２．片野さんからデータに愛着が湧かないと指摘された　問四．エ　問五．ホタルは里に住んでおり、水はほどほどに汚れているほうがいいということ。　問六．１．部分　２．全体　問七．データに自分もかかわっている実感がわき、生活環境を積極的に守ろうという意識が育つから。
問八．１．近代技術　２．自然環境保全　３．記憶と暮らしの中

二　問一．①単調　②反応　③あらた　問二．イ　問三．ウ　問四．１．自分の質問は読まれるはずがない　２．とても驚く　問五．へえ！　問六．自分が楽しく、おもしろいと考えていることは、大人でも子どもでも同じように理解して、楽しいと思ってもらえると純粋に信じている、子どものような大人がいるということ。
問七．１，５

三　Ⅰ．問一．イ，エ　問二．ウ　問三．人間が入れない災害現場などに入ることができる　問四．㋑
Ⅱ．問一．①不　②非　③未　④無　問二．ア，ウ　問三．①目　②水

《算　数》

1　(1)2024　(2)43　(3)$2\frac{1}{12}$　(4)9.32　(5)26　(6)14.7　(7)$5\frac{5}{8}$　(8)$13\frac{3}{4}$

2　(1)６　(2)1300　(3)ウ，エ　(4)59　(5)126

3　(1)125　(2)18750　(3)175

4　(1)４段…５　５段…８　６段…13　(2)89　(3)５段…２　６段…２　７段…３　(4)28　※(5)22

5　(1)線の長さ…131.4　面積…1314　(2)227.1　※(3)992.7

6　(1)①午前10時29分10秒　②青　(2)①午前10時38分45秒　②赤　※(3)午前10時56分48秒

※の式や途中の計算などは解説を参照してください。

《理　科》

1　(1)イ　(2)エ　(3)ウ　(4)ア　(5)①ア　②ウ　(6)けん　(7)筋肉①…ア　筋肉②…ウ　(8)エ　(9)ウ

2　(1)イ　(2)45　(3)イ，エ　(4)①イ　②20.9　③125.7　(5)①エ　②硫酸銅　③22.2

3　(1)図１…エ　図２…ウ　(2)エ　(3)北斗七星　(4)ア　(5)①イ　②冬の大三角　③６　(6)イ，エ

4　(1)ウ　(2)カ　(3)エ　(4)ア　(5)カ　(6)エ　(7)1.7　(8)6.4

《社　会》

1　問１．Ｘ．岩手　Ｙ．茨城　問２．イ　問３．エ　問４．あ．地震　い．津波　問５．イ
問６．あ．ハザードマップ　い．避難場所　問７．自助，共助

2　問１．遺跡名…三内丸山遺跡　時代名…縄文時代　問２．ウ　問３．卑弥呼　問４．①オ　②イ
問５．茶　問６．ア　問７．エ　問８．三権分立とは，国会，内閣，裁判所の３つの機関が，国の重要な役割を分担し，正しく役目を果たしているか，たがいにチェックしあうしくみのこと。

3　問１．Ｂ→Ｄ→Ａ→Ｃ　問２．仏教　問３．藤原道長　問４．ウ
問５．［時代名／名称］　図１…［室町時代／能］　図２…［江戸時代／歌舞伎］

《問題Ⅰ》

課題1

(1)　求める割合は，$\frac{9631}{477943}\times100=2.0\cdots$(%)より，2％

(3)　AとBが同じ距離《きょり》を進むのにかかる金額の比は1：3である。AとBが80㎞進むときにかかる金額の差が500円だから，A，Bが80㎞進むときにかかる金額はそれぞれ，$500\times\frac{1}{3-1}=250$(円)，$500\times\frac{3}{3-1}=750$(円)である。よって，A，Bが100円あたりに進むことのできる距離はそれぞれ，$80\times\frac{100}{250}=32$(㎞)，$80\times\frac{100}{750}=\frac{32}{3}$(㎞)なので，Aの方がBより$32-\frac{32}{3}=\frac{64}{3}=21\frac{1}{3}=21.33\cdots$(㎞)，四捨五入して21㎞長い。

課題3

(1)　$\frac{1}{3}$と□の平均が3だから，$(\frac{1}{3}+□)\div2=3$　$\frac{1}{3}+□=3\times2$　$□=6-\frac{1}{3}=\frac{17}{3}=5\frac{2}{3}$である。

図1

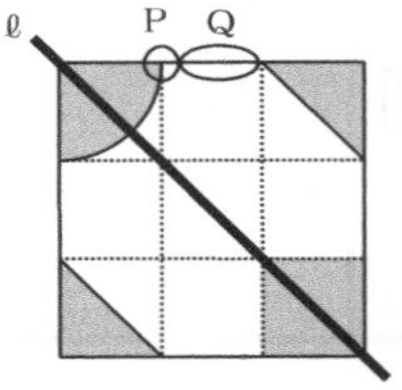

図2

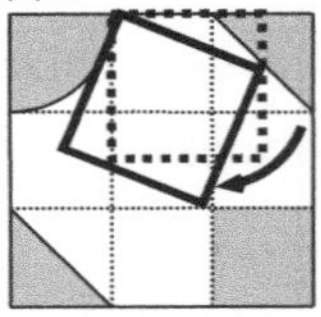

図3

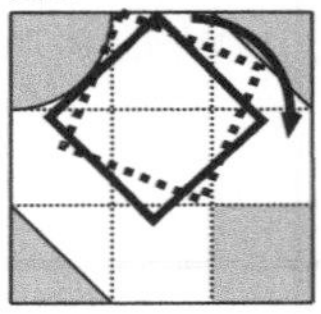

(2)　図1において，図形は直線ℓについて対称だから，ア～エの図をふまえると，○印のついたP，Q付近の動き方について，正方形Bが動ける範囲《はんい》がどの程度であるかを考える。

アでは，正方形Bが動く範囲の周りの部分が直線になっているが，正方形が回転せずに動くと範囲はもっとせまくなる。正方形が回転しながら移動すると，その頂点は曲線をえがくから，適さない。

図2で，Pについて考える。正方形Bが点線部分から矢印のように移動すると仮定する。正方形が点線の位置にあるとき，Pにはすき間がほとんどない状態だが，実際は太線部のように傾いている。このとき，正方形Bの1辺と左上のおうぎ形の曲線部分が接しながら動くので，Pにはわずかなすき間ができる。よって，エは適さない。

図3で，Qについて考える。図2のように移動した正方形Bの頂点を正方形Aの1辺のうち，Qと重なる部分に接しながら図3のように移動できる。よって，イは適さないので，ウが適する。

(3)　一定の割合で水を入れるので，水が入る部分の底面積の比は，1分あたりに入る水の深さの比の逆比になる。

水が入る部分の底面積は，ブロックがない状態だと30×30＝900(㎠)である。このとき，グラフ2より，1分あたりに入る水の深さは10㎝である。よって，1分あたりに入る水の深さが12㎝になるとき，深さの比は10：12＝5：6だから，水が入る部分の底面積の比は5：6の逆比の6：5になる。したがって，ブロックが水槽《すいそう》の底面と接している部分の面積は，$900\times\frac{6-5}{6}=150$(㎠)であり，アのように置いたとき，底面積が10×15＝150(㎠)となり，一致する。

ブロックをアのように置いたとき，水の高さが6㎝になるまでは，1分あたりに入る水の深さが12㎝だから，このときにかかる時間は$1\times\frac{6}{12}=\frac{1}{2}$(分)である。残りの25－6＝19(㎝)に水を入れるのにかかる時間は，1分あたりに入る水の深さが10㎝だから，$1\times\frac{19}{10}=\frac{19}{10}$(分)なので，求める時間は，$\frac{1}{2}+\frac{19}{10}=\frac{24}{10}=2\frac{2}{5}$(分)より，2分$(60\times\frac{2}{5})$秒＝2分24秒である。

1 (2) 与式＝(91－84)＋36＝７＋36＝**43**

(3) 与式$=\frac{20}{12}+\frac{14}{12}-\frac{9}{12}=\frac{25}{12}=$ **$2\frac{1}{12}$**

(5) 与式＝12×1.3＋６×(1.3×３)－５×(1.3×２)＝12×1.3＋(６×３)×1.3－(５×２)×1.3＝(12＋18－10)×1.3＝**26**

(6) 与式＝12.6＋8.4÷12×３＝12.6＋0.7×３＝12.6＋2.1＝**14.7**

(7) 与式$=\frac{25}{9}\times\frac{27}{5}\times\frac{3}{8}=\frac{45}{8}=$ **$5\frac{5}{8}$**

(8) 与式より，$\frac{6}{13}\times(\square-\frac{3}{4})=7-1$　$\square-\frac{3}{4}=6\div\frac{6}{13}$　$\square-\frac{3}{4}=6\times\frac{13}{6}$　$\square=13+\frac{3}{4}=$ **$13\frac{3}{4}$**

2 (1) (大，小)＝(１，６)(２，５)(３，４)(４，３)(５，２)(６，１)の**６通り**ある。

(2) **【解き方】定価を 200 円引きした金額だと利益が 60 円になるので，200＋60＝260(円)引きしたときの利益は０円になるから，原価に等しくなる。原価を⑩として考える。**

原価を⑩とすると，定価は⑩×(１＋0.2)＝⑫と表せる。よって，⑫－260＝⑩より，②＝260

したがって，原価は $260\times\frac{⑩}{②}=$ **1300**(円)

(3) **【解き方】各位の数の和が３の倍数であれば，その数は３の倍数になる。**

アからカの数において，各位の数の和を求めると，アが１＋１＋１＋１＝４，イが２＋２＋２＋２＝８，ウが３＋３＋３＋３＝12，エが７＋１＋２＋２＝12，オが７＋３＋７＋２＝19，カが５＋２＋３＋３＝13 となる。

これらの和のうち，３の倍数は 12 だから，**ウ**，**エ**が適する。

(4) **【解き方】右図の三角形ＡＢＣにおいて，三角形の１つの外角は，これととなり合わない２つの内角の和に等しいことを利用する。**

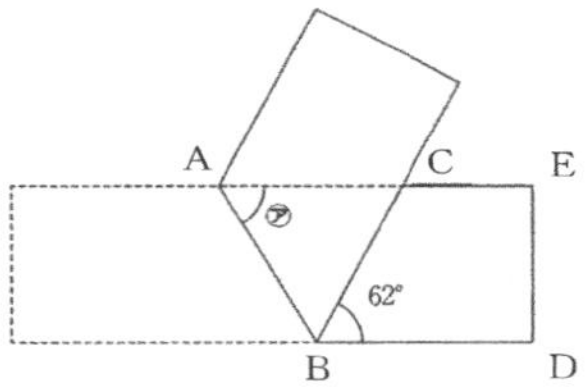

折り返した角は等しいから，角ＡＢＣ＝(180°－62°)÷２＝59°

四角形ＣＢＤＥの内角の和より，角ＢＣＥ＝360°－62°－90°×２＝118°

よって，角㋐＝角ＢＣＥ－角ＡＢＣ＝118°－59°＝**59°**

(5) 色つき部分の立体は，底面が上底の長さが２cm，下底の長さが５cm，高さが６cmの台形であり，高さが６cmの四角柱である。

よって，求める体積は(２＋５)×６÷２×６＝**126**(cm³)

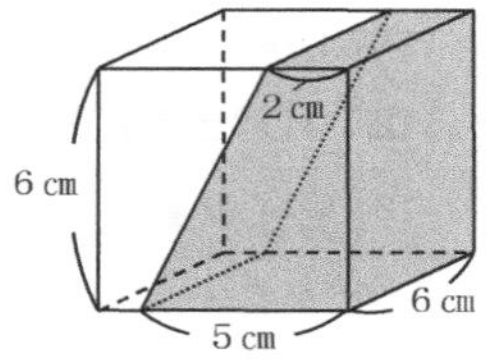

3 (1) 10 年前では，１ポンド＝(50000÷400)円＝**125** 円である。

(2) 10 年前の旅行では 400－250＝150(ポンド)使ったから，125×150＝**18750**(円)使った。

(3) **【解き方】今年の交換比率で，１円＝【１】ポンドとする。**

去年旅行したときの残金と 56000 円の和が，買い物で使った金額と残りの金額の和に等しいから，

250＋【56000】＝450＋【21000】より，【56000】－【21000】＝450－250　【35000】＝200　【175】＝１

よって，今年は，１ポンドは **175** 円となる。

4 (1) **【解き方】４段目に上がる方法は，「２段目から１歩で２段上がる」か，「３段目から１歩で１段上がる」かのどちらかである。**

２段目，３段目から１歩で４段目に上る方法はそれぞれ１通りだから，階段が４段のときの上り方の数は，階段が２段のときと３段のときの上り方の数の和に等しい。よって，２＋３＝**５**(通り)ある。

同様に，階段が５段のときの上り方は，階段が３段，４段のときの上り方の数の和だから，３＋５＝**８**(通り)，

６段のときの上り方は，階段が４段，５段のときの上り方の数の和だから，５＋８＝**13**(通り)ある。

⑵　**【解き方】⑴より，上り方の数は１つ前と２つ前の上り方の数の和である。**

段数	7	8	9	10
上り方	21	34	55	89

階段が７段以上のときの上り方は右表のようにまとめられるから，10 段のときは **89** 通りある。

⑶　**【解き方】５段目に上がる方法は，「２段目から１歩で３段上がる」か，「３段目から１歩で２段上がる」かのどちらかである。**

２段目，３段目から１歩で５段目に上る方法はそれぞれ１通りだから，階段が５段のときの上り方の数は，階段が２段のときと３段のときの上り方の数の和に等しい。よって，１＋１＝**２**(通り)ある。

同様に，階段が６段のときの上り方は，階段が３段，４段のときの上り方の数の和だから，１＋１＝**２**(通り)，

７段のときの上り方は，階段が４段，５段のときの上り方の数の和だから，１＋２＝**３**(通り)ある。

⑷　**【解き方】⑶より，上り方の数は２つ前と３つ前の上り方の数の和である。**

段数	8	9	10	11	12	13	14	15
上り方	4	5	7	9	12	16	21	28

階段が８段以上のときの上り方は右表のようにまとめられるから，15 段のときは **28** 通りある。

⑸　⑷の表をさらに延長して計算していくと，右表のようになる。

段数	16	17	18	19	20	21	22
上り方	37	49	65	86	114	151	200

よって，上り方が 200 通りになるのは，階段が **22** 段のときである。

5　⑴　**【解き方】右図で，円の中心は太線部を動き，円が通過したところは色つき部分のようになる。**

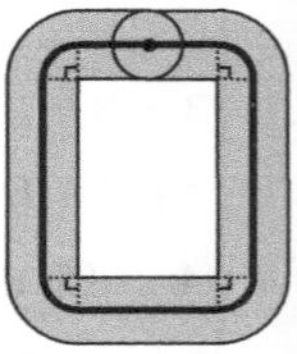

円の中心が動いてできる線の長さは，縦 30 cm，横 20 cmの長方形の周の長さと，半径が５cm，中心角が 90°のおうぎ形の曲線部分の長さ４つ分の和である。

よって，$(30+20)\times2+5\times2\times3.14\times\frac{90^\circ}{360^\circ}\times4=100+31.4=$**131.4**(cm)

円が通過したところの面積は，縦 30 cm，横 $5\times2=10$(cm)の長方形２つ分の面積と，縦 10 cm，横 20 cmの長方形２つ分の面積と，半径が 10 cm，中心角 90°のおうぎ形４つ分の面積の和だから，$(30\times10)\times2+(10\times20)\times2+10\times10\times3.14\times\frac{90^\circ}{360^\circ}\times4=$

$600+400+314=$**1314**(cm²)である。

⑵　**【解き方】円の中心は右図の太線部のように移動する。**

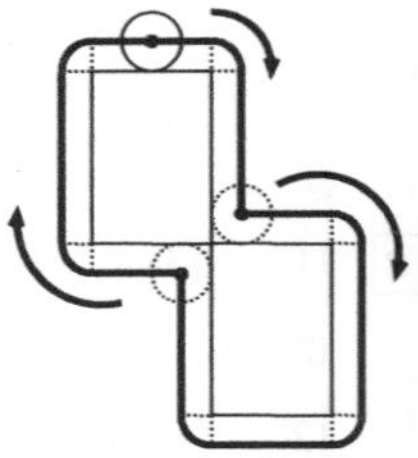

円の中心が動いてできる線の長さは，縦 30 cm，横 20 cmの長方形の周の長さと，半径が５cm，中心角が 90°のおうぎ形の曲線部分の長さ６つ分に，

$30-5=25$(cm)と，$20-5=15$(cm)をそれぞれ２回ずつ足した値《あたい》である。

よって，$100+5\times2\times3.14\times\frac{90^\circ}{360^\circ}\times6+25\times2+15\times2=100+47.1+80=$**227.1**(cm)

⑶　**【解き方】図１の長方形を規則的に増やしていくと，円の中心が動いてできる線の長さも規則的に大きくなっていく。**

⑴，⑵より，長方形を１枚から２枚に増やしたとき，円の中心が動いてできる線の長さは $227.1-131.4=95.7$(cm)だけ大きくなった。よって，長方形を１枚から 10 枚に増やしたとき，円の中心が動いてできる線の長さは

$131.4+95.7\times(10-1)=$**992.7**(cm)である。

6　**【解き方】信号が赤になってから 60 秒後に青，60＋55＝115(秒後)に黄，115＋5＝120(秒後)，つまり２分後に赤に変わる。よって，偶数分になった瞬間《しゅんかん》に毎回赤に変わることがわかる。**

⑴①　兄弟が信号に着いたのは，出発してから $7000\div240=\frac{175}{6}=29\frac{1}{6}$(分後)より，29 分$(60\times\frac{1}{6})$秒後＝

29分10秒後である。よって，午前10時＋29分10秒＝**午前10時29分10秒**となる。

② **【解き方】午前10時28分0秒に信号はちょうど赤になる。**

午前10時29分10秒は信号が赤になって1分10秒後＝70秒後だから，信号は**青**である。

⑵① **【解き方】兄が5分，弟が5分の計10分こぐのを1セットとしたとき，2人は何セットこいだか考える。**

兄は5分間に200×5＝1000(m)，弟は5分間に160×5＝800(m)進むから，兄弟は10分間に1000＋800＝1800(m)進む。よって，7000÷1800＝3余り1600より，2人が3セットこぐと，信号までの残りの道のりは1600mである。

次に兄が5分こぐと，信号までの道のりは1600－1000＝600(m)だから，弟がさらに600÷160＝$\frac{15}{4}$＝3$\frac{3}{4}$(分)，つまり3分(60×$\frac{3}{4}$)秒＝3分45秒こぐと信号に着くので，このときの時刻は午前10時＋(10×3＋5)分＋3分45秒＝**午前10時38分45秒**である。

② 午前10時38分から午前10時39分の間は，信号は**赤**である。

⑶ **【解き方】信号で止まらないとすると，兄弟と姉の間の道のりは10分間に210×10－1800＝300(m)ちぢまる。また，兄，弟がこいでいるとき，1分間にそれぞれ210－200＝10(m)，210－160＝50(m)ちぢまる。**

⑵より，兄弟は午前10時38分45秒に信号に着き，午前10時39分に信号が青になると同時に兄がこぎ始める。

姉が信号に着くのは，姉が出発してから7000÷210＝33$\frac{1}{3}$(分後)，つまり33分(60×$\frac{1}{3}$)秒後＝33分20秒後だから，午前10時8分＋33分20秒＝午前10時41分20秒であり，このとき信号は青なので，姉は止まらずに走り続ける。姉が信号を通過するとき，兄弟は信号を出発してから，午前10時41分20秒－午前10時39分＝2分20秒だけ進んだから，姉との間の道のりは200×2$\frac{20}{60}$＝$\frac{1400}{3}$(m)である。

次に，兄は午前10時44分まで，あと午前10時44分－午前10時41分20秒＝2分40秒こぐから，兄弟と姉との間の道のりは，兄がこぎ終わるまでに10×2$\frac{40}{60}$＝$\frac{80}{3}$(m)ちぢまって，$\frac{1400}{3}$－$\frac{80}{3}$＝440(m)になる。

さらに，兄弟が合計10分間こぎ，午前10時54分になると，兄弟と姉との間の道のりは440－300＝140(m)になる。ここから弟がこぐので，140÷50＝2$\frac{4}{5}$(分後)，つまり2分(60×$\frac{4}{5}$)＝2分48秒後に姉が兄弟に追いつく。

以上より，求める時間は午前10時54分＋2分48秒＝**午前10時56分48秒**である。

2023 解答例 令和5年度　岡山中学校【A方式】

《問題Ⅰ》

課題1　⑴30　⑵72　⑶7　※⑷512，598，918

課題2　⑴3.8　⑵右図　⑶35.24

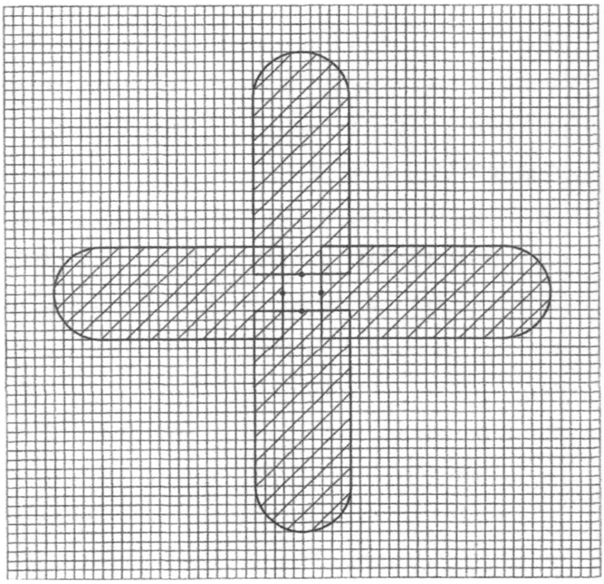

課題3　⑴イ　⑵説明…引っ張った長さに比例して伸びるが，ボールの重さが重いほど飛びにくい。　Aにあてはまる数字…100

⑶a．空気　b．水

※の説明は解説を参照してください。

《問題Ⅱ》

課題1　⑴記号…ウ　漢字…**構成**　⑵ジャーナリストが市民に提供する情報は事実でなければならないということ。⑶記号…(C)　理由…「おもしろい」が個人の価値基準に基づく判断だから。　⑷情報収集や実験をしたとしても、身長が伸びる要因が牛乳以外にもある可能性を否定することができず、真偽の判定が困難だから。

課題2　(例文)小学校時代を表す漢字…楽　中学校生活への決意を表す漢字…真

「楽」を選んだ理由は、友だちと一しょに楽しく音楽コンクールの練習をしたことが一番の思い出だからです。私は楽器の演奏が得意ではなかったけれど、少しずつできるようになり、友だちも音楽もさらに好きになりました。「真」を選んだ理由は、何事にも真けんに向き合うことでより良い生活を送れると思うからです。将来研究者になりたいので、勉強はもちろん、友だちや先ぱいと真心をもってチームワークを大切にがんばりたいです。

課題3　⑴関所　⑵B．宮崎　理由…新幹線や高速道路を利用しにくいため，国内線の旅客数が多いと考えられるから。　C．静岡　理由…中部国際空港や東京国際空港に近いことから，空港利用者自体が少ないと考えられるから。　⑶メリット…蓄電池として使うことができる。　デメリット…一回の充電で長い距離を走ることができない。

2023 解答例 令和5年度 岡山中学校【B方式】

《国　語》

一 問一．①浴　②服従　③革新　④まか　問二．主体性を人間に委ねる機械　問三．人間の計算通りに動かせ、安全で手間がかからないところと、話しかければ動物やペットのように反応し、応えてくれていると感じられるところ。　問四．1．自分も生物であることを実感する　2．心の動き　問五．イ　問六．エ　問七．4

二 問一．a．イ　b．ア　問二．ウ　問三．エ　問四．ごちそうを作って自分のきげんをとることで、ヤマアラシの情報を聞き出したい　問五．1．イライラのかたまり　2．クラスで孤立してる　問六．病院のパジ　問七．毎日母親に会いに来ると約束をしたのに、一人で本を読みたいという身勝手な欲望を優先して、母親にうそをついてしまったという後ろめたい気持ち。　問八．2

三 Ⅰ．1．春　2．白　3．線の内側　4．見せてやる　5．自分の子ども　Ⅱ．問一．①オ　②ア　③ウ　問二．①前／後　②単／複

《算　数》

1 (1)2023　(2)102　(3)$1\frac{11}{60}$　(4)6.52　(5)11　(6)6.7　(7)$1\frac{17}{18}$　(8)$1\frac{5}{6}$

2 (1)①3　②4，9，25　(2)90　(3)71.5　(4)24　(5)①628　②408.2

3 (1)①7　②210　(2)2110　※(3)970

4 (1)①$\frac{24}{23}$　②$\frac{201}{202}$　(2)45　※(3)36

5 (1)①1　②5　③7.5　④8　(2)152　(3)12.5　※(4)34

※の式や途中の計算などは解説を参照してください。

《理　科》

1 (1)ウ　(2)①　(3)イ　(4)エ　(5)ウ　(6)ア　(7)エ　(8)ウ　(9)ア　(10)イ　(11)モンシロチョウ…ウ　カマキリ…イ

2 (1)①イ　②名前…ドライアイス　説明…エ　(2)ちっ素　(3)①イ，カ　②ウ　③ア　④210mL

3 (1)ア．しん食　イ．運ぱん　ウ．たい積　(2)ウ　(3)ア　(4)①エ　②オ　③エ　(5)4cm　(6)ウ　(7)イ

4 (1)ウ　(2)ア　(3)エ　(4)イ　(5)D　(6)ウ　(7)ク　(8)キ

《社　会》

1 問1．1972　問2．エ　問3．愛知　問4．ウ　問5．ア　問6．イ　問7．コンテナ

2 問1．琉球王国　問2．エ　問3．エ　問4．(1)薩摩藩　(2)オ　問5．(1)9　(2)戦争をしないことや，軍隊をもたないこと。　問6．(1)ア　(2)受けさせる／勤労／納税

3 問1．③，⑥　問2．鉄砲　問3．ア　問4．イ　問5．オランダ語の医学書を日本語に翻訳して，「解体新書」と名付けて出版した。

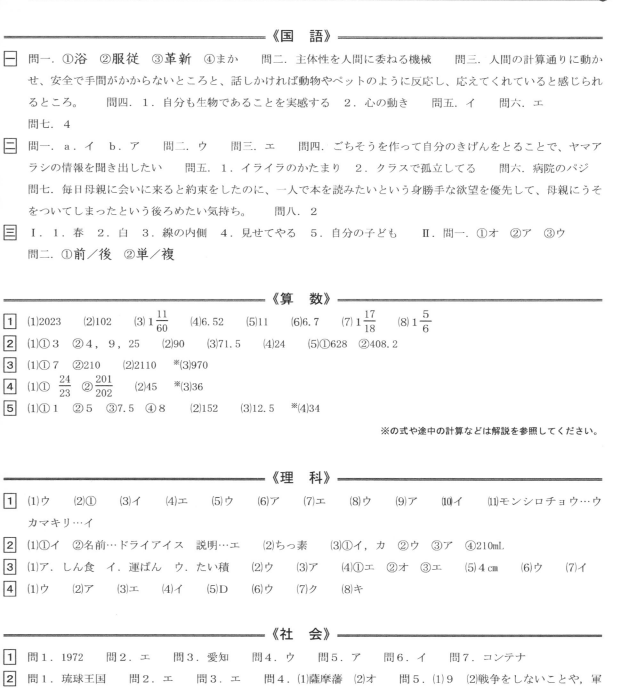

岡山中学校【Ａ方式】

《問題Ⅰ》

課題１

⑴　左から奇数番めの数の和は，９＋８＋４＋０＋０＋９＝30

⑵　左から偶数番めの数の和に３をかけた値《あたい》は，（７＋４＋１＋８＋３＋１）×３＝24×３＝72

⑶　左から奇数番めの数の和は，９＋８＋８＋７＋２＋□＝34＋□

左から偶数番めの数の和に３をかけた値は，（７＋４＋８＋４＋０＋８）×３＝31×３＝93

①，②とチェック数字の和は34＋□＋93＋６＝133＋□となる。133＋□の一の位の数が０になればよいので，□＝７である。

⑷　奇数番めの数の和は，９＋８＋５＋８＋７＋８＝45

偶数番めの数の和に３をかけると，（７＋４＋１＋２＋４＋１）×３＝19×３＝57

このとき，45＋57＋４＝106である。これが10の倍数となるように，５，１，８のいずれかの数を変化させる。

奇数番めに間違《まちが》いがあるとすると，10で割りきれるには５か８を４増やすか，６減らせばよい。

８は４増やすと９をこえるので適さない。また，５は６減らすことはできないから918と512が正しい数と考えられる。偶数番めに間違いがあるとすると，３の倍数ぶんだけ増やしたり減らしたりして10の倍数にすればよいので，３×８＝24増やしたとき106＋24＝130となり，10で割りきれる。したがって，１を９に変え，598となる。

よって，正しい数として考えられるのは512，598，918である。

課題２

⑴　図１の角度で竹をつなぐと１本あたりの高さが30㎝となる。そうめんを流し始めるところと，流れ着くところの高さの差は1.5ｍ－30㎝＝150㎝－30㎝＝120㎝だから，竹を120÷30＝４(本)つなぐことになる。竹１本あたりの水平方向の長さは95㎝だから，ＡＢ間の距離《きょり》は95×４＝380(㎝)より，3.8ｍである。

⑵　子どもが座れる範囲は，半径１ｍの円が土台の位置から竹をつなげる方向に3.8ｍ＝380㎝だけ動くときに通る部分となる。よって，土台の各辺のまん中の点から上下左右それぞれにまっすぐ380÷20＝19(マス)進んだ点を中心とする，半径１ｍ＝100㎝の半円が，子どもが座れる範囲の端《はし》である。

⑶　⑵の解説をふまえる。求める面積は，縦と横の長さが２ｍ，3.8ｍの長方形の面積と半径１ｍの半円の面積の和４つ分から，１辺が３マス＝60㎝＝0.6ｍの正方形の面積の４つ分を引いた値である。よって，求める面積は

$(2\times3.8+1\times1\times3.14\times\frac{1}{2})\times4-0.6\times0.6\times4=(7.6+1.57-0.36)\times4=35.24$(㎡)である。

岡山中学校【Ｂ方式】

1

(2)　与式＝68＋(36－２)＝68＋34＝**102**

(3)　与式＝$\frac{45}{60}+\frac{50}{60}-\frac{24}{60}=\frac{71}{60}=$ **$1\frac{11}{60}$**

(5)　与式＝８×1.1＋６×２×1.1－2.5×４×1.1＝(８＋12－10)×1.1＝10×1.1＝**11**

(6)　与式＝10.2－4.2÷６×５＝10.2－0.7×５＝10.2－3.5＝**6.7**

(7)　与式＝$\frac{14}{9}\div\frac{18}{5}\div\frac{2}{9}=\frac{14}{9}\times\frac{5}{18}\times\frac{9}{2}=\frac{35}{18}=$ **$1\frac{17}{18}$**

(8)　与式より，$\frac{13}{6}\div(\square-\frac{3}{4})=3-1$　　$\square-\frac{3}{4}=\frac{13}{6}\div 2$　　$\square=\frac{13}{12}+\frac{3}{4}=\frac{13}{12}+\frac{9}{12}=\frac{22}{12}=\frac{11}{6}=$ **$1\frac{5}{6}$**

2

(1)①　49の約数は，１，７，49の**３**個ある。

②　**【解き方】約数がちょうど３個ある整数は，49のように同じ素数を２回かけてできる数である。**

１から30までの整数のなかでこのような数は，２×２＝**4**，３×３＝**9**，５×５＝**25**である。

(2)　**【解き方】30＋６＝36(ページ)が全体の $1-\frac{3}{5}=\frac{2}{5}$ にあたる。**

全部のページ数は，$36\div\frac{2}{5}=$ **90**(ページ)

(3)　**【解き方】(平均点)×(人数)＝(合計点)を利用して女子の合計点を求めてから，女子の平均点を求める。**

クラスの合計点が70×36＝2520(点)，男子の合計点が68.8×20＝1376(点)だから，女子の合計点は，2520－1376＝1144(点)である。よって，女子の平均点は，1144÷16＝**71.5**(点)

(4)　**【解き方】ｎ角形の内角の和は，180°×(ｎ－２)であることを利用する。**

正五角形の１つの内角は，180°×(５－２)÷５＝108°，正六角形の１つの内角は180°×(６－２)÷６＝120°だから，角ＡＣＢ＝360°－108°－120°＝132°となる。三角形ＡＢＣはＡＣ＝ＢＣの二等辺三角形なので，角ア＝(180°－132°)÷２＝**24°**

(5)①　底面の半径が５㎝，高さが８㎝の円柱となるので，(５×５×3.14)×８＝200×3.14＝**628**(㎤)

②　**【解き方】柱体の側面積は，(底面の周の長さ)×(高さ)で求められる。**

側面積が(５×２×3.14)×８＝80×3.14(㎠)，底面積が５×５×3.14＝25×3.14(㎠)だから，表面積は，80×3.14＋25×3.14×２＝(80＋50)×3.14＝130×3.14＝**408.2**(㎠)

3

(1)①　**【解き方】10円玉の枚数で場合を分けて数え上げる。**

10円玉２枚の組み合わせは，(10，10，50)，(10，10，100)の２通り，10円玉１枚の組み合わせは，(10，50，50)，(10，50，100)，(10，100，100)の３通り，10円玉０枚の組み合わせは，(50，50，100)，(50，100，100)の２通りある。よって，全部で，２＋３＋２＝**7**(通り)

②　１番目に大きい金額は(50，100，100)の250円，２番目に大きい金額は(10，100，100)の**210**円である。

(2)　**【解き方】全体の重さから10円玉，50円玉，500円玉１枚ずつの重さを引いた重さで，最も合計金額が大きいものを考える。**

40.5－(4.5＋４＋７)＝25(ｇ)で，最も大きい金額を求める。500円玉が多いほど合計金額も大きくなるので，25÷７＝３余り４より，500円玉を３枚加えると残りの重さは４ｇとなる。その４ｇを50円玉にすれば合計金額が最も大きくなる。その合計金額は，10×１＋50×(１＋１)＋500×(１＋３)＝**2110**(円)

(3)　**【解き方】全体の重さから10円玉，50円玉，100円玉，500円玉１枚ずつの重さを引いた重さの小数部分に注目して，条件にあてはまる組み合わせを考える。**

60.9－(4.5＋４＋4.8＋７)＝40.6(ｇ)で1200－(10＋50＋100＋500)＝540(円)以下となる組み合わせを考える。

40.6の小数第一位が６で，残りの10円玉が奇数枚だと重さの合計の小数第一位が偶数にならないから，残りの10円玉は偶数枚で，残りの100円玉の重さの合計の小数第一位が６となる。したがって，残りの100円玉は２枚か７枚だが，７枚だと540円をこえてしまうので２枚である。

100円玉２枚ぶんを引いた残りの重さは40.6－4.8×２＝31(g)で，残りの合計金額は540－100×２＝340(円)以下となる。残りの10円玉は偶数枚だから，残りの10円玉の重さの合計は4.5×２＝９の倍数になり，残りの50円玉の重さの合計は４の倍数になる。９の倍数と４の倍数で和が31になる組み合わせは27と４だけだから，残りの10円玉は27÷4.5＝６(枚)，残りの50円玉は１枚である。

よって，合計金額は，10×(１＋６)＋50×(１＋１)＋100×(１＋２)＋500×１＝**970**(円)

4　**【解き方】分母の差が１の分数が２個ずつ並んでいるので，次のように２個ずつのグループに分けてみる。**

$\frac{1}{2}$，$\frac{4}{3}$｜$\frac{5}{6}$，$\frac{8}{7}$｜$\frac{9}{10}$，$\frac{12}{11}$｜$\frac{13}{14}$，$\frac{16}{15}$｜……

各グループの左の分数(奇数番目の分数)は，$\frac{1}{2}$から始まり，分母と分子が４ずつ大きくなっている。

各グループの右の分数(偶数番目の分数)は，$\frac{4}{3}$から始まり，分母と分子が４ずつ大きくなっている。

(1)①　12番目の分数は12÷２＝６(番目)のグループの右の分数だから，$\frac{4}{3}$の分子と分母に４×(６－１)＝20を足せばよいので，$\frac{4+20}{3+20}=\mathbf{\frac{24}{23}}$

②　101番目の分数は，101÷２＝50余り１より，51番目のグループの左の分数だから，$\frac{1}{2}$の分子と分母に４×(51－１)＝200を足せばよいので，$\frac{1+200}{2+200}=\mathbf{\frac{201}{202}}$

(2)　**【解き方】奇数番目の分数はすべて１より小さいので$\frac{21}{20}$より小さい。偶数番目について考える。**

奇数番目の分数はすべて分子が分母より１大きい。分子が分母より１大きい分数は，分母と分子が大きくなるほどだんだん１に近づいていくので，だんだん小さくなる。したがって，$\frac{21}{20}$より小さいのは，分母が20より大きい偶数番目の分数である。(1)①より，６番目のグループ以降右の分数の分母が20より大きくなるから，$\frac{21}{20}$より大きい分数は５番目のグループまでの右の分数なので，５個ある。その他の分数はすべて$\frac{21}{20}$より小さいから，求める個数は，50－５＝**45**(個)

(3)　**【解き方】奇数番目の分子は奇数だから，分子が８の倍数である分数は，偶数番目の分数の中にふくまれる。**

分母が７の倍数の分数と，分子が８の倍数の分数が，それぞれどのくらいの周期で現れるかを考える。

分母が７の倍数で分子が８の倍数である分数で，一番はじめに出てくる分数は，４番目の$\frac{8}{7}$である。

偶数番目だけを見ると分母と分子は４ずつ増えているので，分母が７の倍数である分数は分母が28増えるごと(４と７の最小公倍数が28だから)，分子が８の倍数である分数は分子が８増えるごと(４と８の最小公倍数が８だから)に現れる。28と８の最小公倍数は56だから，条件に合う分数は分母と分子が56増えるごと，つまり56÷２＝28(番)増えるごとに現れる。

$\frac{2021}{2022}$は，(2022－２)÷４＋１＝506(番目)のグループの左の分数だから，２×505＋１＝1011(番目)の分数である。

したがって，$\frac{2021}{2022}$は４番目の$\frac{8}{7}$の，1011－４＝1007(番)あとの分数であり，1007÷28＝35余り27より，分母の７に28を36回足すと，2022より大きくなってしまう。

よって，条件に合う分数は，４＋28×0(番目)から４＋28×35(番目)まで，１＋35＝**36**(個)ある。

5　(1)　グラフから，ＰはＡからＢの５㎝を５秒で動いているので，Ｐの速さは毎秒(５÷５)㎝＝毎秒１㎝

出発してから７秒後，Ｐは辺ＢＣ上にあり，ＢＰ＝７－５＝２(㎝)となるので，三角形ＡＢＰの面積は，５×２÷２＝**５**(㎠)　　また，Ｑも毎秒１㎝で進んでいるので，７秒後にＱは辺ＦＧ上にあり，三角形ＢＥＱの面積は，５×３÷２＝**7.5**(㎠)

７秒後の位置からＰとＱが１㎝ずつ進むとＧで重なるので，はじめて重なるのは，７＋１＝**8**(秒後)

⑵　**【解き方】同じ場所で再び重なるのは，ＰとＱのそれぞれの１周にかかる時間の最小公倍数にあたる秒数がたったときである。**

１周するのにかかる時間は，Ｐが(５＋４)×２÷１＝18(秒)，Ｑが(３＋５)×２÷１＝16(秒)である。

18 と 16 の最小公倍数は 144 だから，最初に重なってから 144 秒ごとに同じ位置で重なる。

よって，求める時間は，８＋144＝**152**(秒後)

⑶　**【解き方】まずは，出発から時間をおって直線ＰＱのかたむき方をイメージしながら，ＰＱとＢＤが平行になるときのＰ，Ｑのおよその位置を考える。ＰＱとＢＤが平行になるときのＰの位置は辺ＢＣ上か辺ＣＤ上に限定される。**

ＰがＢに重なるとき，ＰがＣに重なるとき，ＱがＢに重なるとき，ＰがＤに重なるときそれぞれの直線ＰＱは，右の図ア～エのようになる。したがって，ＰＱとＢＤがはじめて平行になるのは図オのような位置関係のときであり，このときＰＨ：ＨＱは，ＤＡ：ＡＢ＝４：５となる。ＰＨ＝４㎝より，ＨＱ＝５㎝

図ア(５秒後)

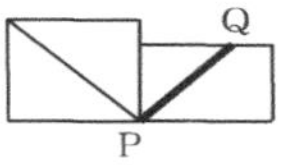

図イ(９秒後)

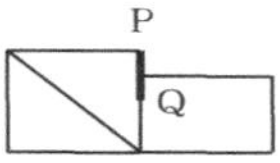

図ウ(11 秒後)

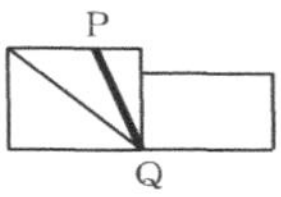

図エ(14 秒後)

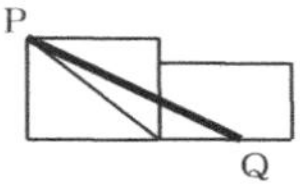

図オ

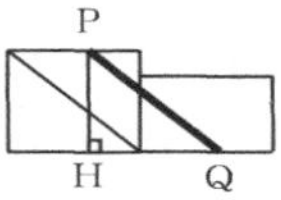

図ウのとき，ＰＣ＝11－５－４＝２(㎝)であり，このあと１秒ごとにＰＣとＢＱの長さの和は１＋１＝２(㎝)増える。あと５－２＝３(㎝)増えればよいので，求める時間は，11＋３÷２＝**12.5**(秒後)

⑷　**【解き方】ＡＢ＝ＢＥ＝５㎝だから，２つの三角形の高さが等しくなるときは，面積が等しくなるときである。図２にＱがＥを出発してからの時間と三角形ＢＥＱの面積の関係を表したグラフをかき加えて考える。**

三角形ＢＥＱのグラフは右図のようになり，２つのグラフが交わるところが高さが等しくなったところである。４回目は 32 秒後と 35 秒後の間である。

32 秒後のとき，ＰはＤに，ＱはＥにある。

このときの高さの差はＤＡ＝４㎝で，このあと１秒ごとに１＋１＝２(㎝)差が小さくなるから，求める時間は，32＋４÷２＝**34**(秒後)

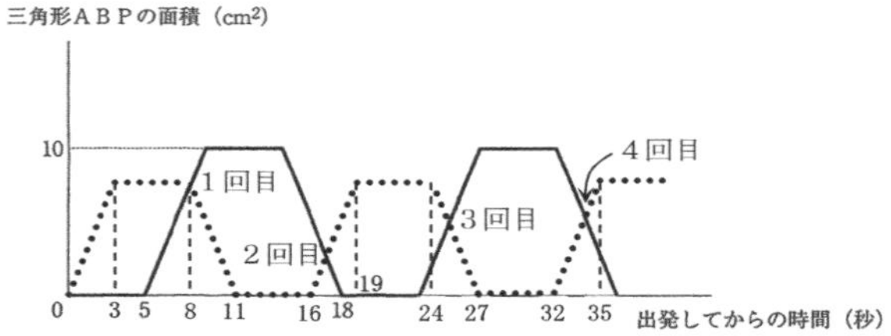

岡山中学校【Ａ方式】

《問題Ⅰ》

課題１　⑴34500　⑵150　⑶１袋だけ買った人…36　２袋買った人…７　※⑷11

課題２　⑴217　⑵121.5　⑶3.14　※⑷19.3

課題３　⑴イ　⑵(a)０　(b)15　グラフ…右グラフ

⑶記号…イ　理由…光電池に当たる光の量がへるから。

⑷右図

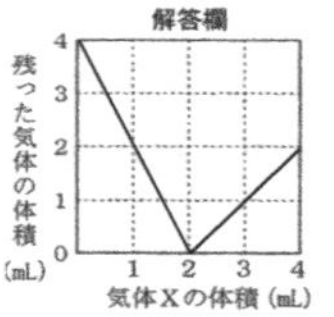

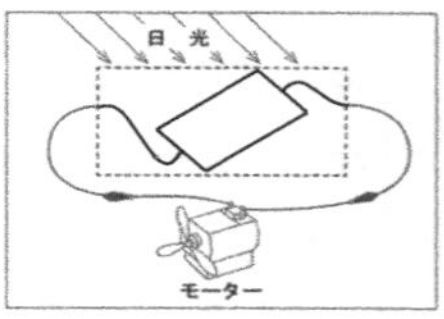

※の説明は解説を参照してください。

《問題Ⅱ》

課題１　⑴以心伝心　⑵X．経験　Y．体験　⑶苦労が「体験」で止まっている人は、その苦労が本人の一部として身になっておらず、過去の功績として自分の外側に存在しており、人に示して誇りたい気持ちがあるから。⑷A．新しいものを絶えず受け入れて、未来に向かって自分が変化していく　B．自分の「経験」を様々なことにつなげる普遍性を獲得し、自分だけでなく他人の状態についても適切につかむ

課題２　(例文)私はコロナかで家にいることが多くなり、運動ができないストレスから、いらいらすることが多くなりました。そこで、家でできるストレス解消法を研究します。まず、学校で友だちや先生に実際に行っているストレス解消法を聞きます。それを参考にして複数の動画を作り、オンラインで配信して人気投票をします。人気のある解消法を共有することで、他の人もステイホームの期間をストレスなく楽しく過ごせるようになると思います。

課題３　⑴持続可能　⑵B．5000億　C．11500億　D．２　⑶E．原子力　F．東日本大震災で起きた原子力発電所の事故　⑷７．(例文)こまめに電気を切ったりするなど，節電している。　(10の例文)いじめをしないようにしたり，いじめをしている人を見たら注意したりする。

※の説明は解説を参照してください。

2022 解答例 令和4年度 岡山中学校【B方式】

《国 語》

一 問一．①やど ②孝行 ③確立　問二．１．エ　２．ア　３．イ　問三．a　問四．最初…何も思い通 最後…生きている　問五．人生は思い通りにならず、どんなことでも起こりうるとする考え方。
問六．１．聡明な人　２．現実　問七．[7]　問八．１．失敗　２．屈辱　３．最初…人間が本来 最後…や適応能力　４．八起き

二 問一．①訪 ②特訓 ③協力　問二．イ　問三．エ　問四．ウ　問五．１．新境地だな　２．自分に美大を目指すだけの才能があるのかという不安やあせり　問六．エ　問七．心平に嫉妬の念を抱きながらも、親身に美大受験の相談に乗ってあげる優しい点や、心平の怪我を一瞬でも喜んでしまった自分を嫌悪する誠実な点。
問八．ア

三 (Ⅰ)問一．A．オ　C．ウ　問二．エ　問三．本の貸し出し冊数が少ないことです。
(Ⅱ)問一．①足 ②鼻 ③手 ④目 ⑤頭　問二．①開 ②図 ③認　問三．①現 ②音

《算 数》

1 (1)2021　(2)98　(3)$1\frac{7}{24}$　(4)1.47　(5)2712　(6)23　(7)$\frac{4}{9}$　(8)$2\frac{5}{8}$

2 (1)58　(2)①A ②B ③2.5　(3)27　(4)56　(5)150

3 (1)①B，D，E，G ②I　(2)右図

4 (1)12　(2)40　(3)4　(4)14

5 (1)①12.56 ②7.14　※(2)11.14　※(3)12

6 (1)①1540 ②1320 ③1390　※(2)200　※(3)2915.5

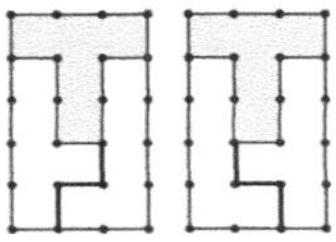

のうち1つ

3(2)①の図

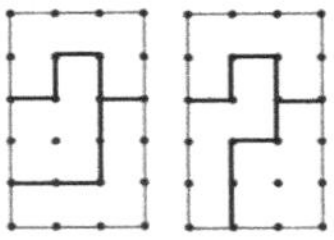

などから1つ

3(2)②の図

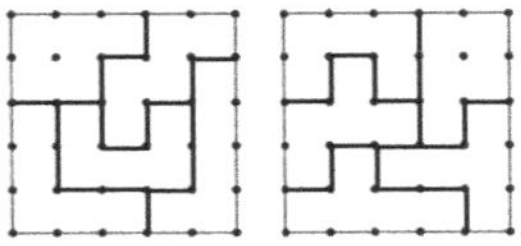

などから1つ

3(2)③の図

※の式や途中の計算などは解説を参照してください。

《理 科》

1 (1)①心室 ②はく動 ③小腸 ④毛細血管　(2)ウ　(3)ア　(4)イ　(5)大動脈　(6)2本　(7)4本　(8)ア　(9)ウ

2 (1)[a]ア　[b]イ　[g]ウ　(2)水溶液が白くにごる。　(3)(Ⅰ)水素　(Ⅱ)①0.9 ②180　(4)イ

3 (1)イ　(2)ア　(3)エ　(4)イ　(5)エ　(6)エ　(7)ウ　(8)ア　(9)エ

4 (1)エ　(2)ア　(3)ア　(4)イ　(5)ア　(6)2.25　(7)イ　(8)85

《社　会》

1　問１．ク　　問２．(1)食生活が変化して，小麦を原料とするパンなどの消費が増えたため。　(2)(国産小麦よりも)ねだんの安い外国産小麦の輸入が増えたため。　(3)12　　問３．ウ　　問４．農林水産　　問５．トレーサビリティ

2　問１．シャクシャイン　　問２．エ　　問３．ア　　問４．イ　　問５．(1)最上川　(2)ウ　　問６．(1)25　(2)18　問７．(1)エ　(2)ウ　　問８．ア

3　問１．ア　　問２．イ　　問３．大仏　　問４．カ　　問５．遣唐使が停止された後，日本の生活や好みに合った独自の文化が生まれたため。

2022 算数分野の解説 令和４年度 岡山中学校【Ａ方式】

《問題Ⅰ》

課題１

(1)　１kg＝1000ｇだから，34.5kg＝(34.5×1000)ｇ＝34500ｇ

(2)　34500÷230＝150(ｇ)

(3)　１袋だけ買った人が50人の場合，売上金額の合計は，240×50＝12000(円)になり，実際より，12000－11790＝210(円)高くなる。１袋だけ買った人を２人減らして２袋買った人を１人増やすと，売上金額の合計は，240×２－450＝30(円)低くなる。

よって，２袋買った人は，210÷30＝７(人)，１袋だけ買った人は，50－２×７＝36(人)

(4)　240円２袋と210円１袋を１セットとする。セットは最大で，50÷３＝16余り２より16セット作れるから，16セットと260円２袋にすると，最も売上金額の合計が低くなる。１セットの売上金額は240×２＋210＝690(円)だから，16セットと260円２袋の売上金額の合計は，690×16＋260×２＝11560(円)

この金額と11790円との差は，11790－11560＝230(円)

合計の袋の数が変わらないように，１セットを260円３袋に置きかえると，売上金額の合計は，260×３－690＝90(円)高くなる。230÷90＝２余り50より，16セットと260円２袋から，この置きかえを３回以上行うと，売上金額の合計が11790円より高くなる。よって，260円の袋は最低でも，２＋３×３＝11(個)売らないといけない。

課題２

(1)　太線のうち曲線部分を合わせると直径が50ｍの円になるから，曲線部分の長さは，50×3.14＝157(ｍ)

直線部分の長さは，30×２＝60(ｍ)だから，太線部分の長さは，157＋60＝217(ｍ)

(2)　周のうち曲線部分の長さは(1)と同じく157ｍだから，直線部分の長さの和は，400－157＝243(ｍ)

よって，太線部分の長さは，243÷２＝121.5(ｍ)

(3)　直線部分を走る長さは変わらないので，曲線部分を走る長さの差を求めればよい。

曲線部分を走る長さは，第１レーンの人が50×3.14÷２＝25×3.14(ｍ)であり，第２レーンの人が，直径50＋２＝52(ｍ)の半円の曲線部分だから，52×3.14÷２＝26×3.14(ｍ)である。

よって，その差は，26×3.14－25×3.14＝(26－25)×3.14＝3.14(ｍ)

(4)　曲線部分を走る長さは，第１レーンの人が50×3.14÷２＝25×3.14(ｍ)であり，第４レーンの人が，直径50＋２×３＝56(ｍ)の半円の曲線部分だから，56×3.14÷２＝28×3.14(ｍ)である。

その差は，28×3.14－25×3.14＝(28－25)×3.14＝３×3.14(ｍ)だから，第４レーンのスタート位置はアの線から３×3.14(ｍ)前の位置である。その長さは，直径56ｍの円の周の長さの，$\frac{3\times3.14}{56\times3.14}=\frac{3}{56}$(倍)だから，(あ)の角度は360°の$\frac{3}{56}$倍で，$360°\times\frac{3}{56}$＝19.28…より，およそ19.3°である。

1 (2) 与式$=75+(27-4)=75+23=98$

(3) 与式$=\frac{42+9-20}{24}=\frac{31}{24}=1\frac{7}{24}$

(4) 与式$=0.75+0.72=1.47$

(5) 与式$=(25\times 4)\times(6.78\times 4)=100\times 27.12=2712$

(6) 与式$=84-4\times(\frac{5}{4}+14)=84-(4\times\frac{5}{4}+4\times 14)=84-(5+56)=84-61=23$

(7) 与式$=\frac{14}{3}\times\frac{4}{5}\times\frac{5}{42}=\frac{4}{9}$

(8) 与式より，$4-\square=\frac{3}{4}\times\frac{11}{6}$　　$\square=4-\frac{11}{8}=\frac{32}{8}-\frac{11}{8}=\frac{21}{8}=2\frac{5}{8}$

2 (1) **【解き方】１人に配る本数を８－５＝３(本)増やすと，必要なえんぴつの本数が18＋６＝24(本)増える。**

24÷３＝８(人)いるので，えんぴつの本数は，５×８＋18＝58(本)

(2) 生徒１人あたりの募金額は，Ａ組が2198÷28＝78.5(円)，Ｂ組が2356÷31＝76(円)だから，①Ａ組の方が②Ｂ組より78.5－76＝③2.5(円)多い。

(3) 百の位が０の数は，他の位が１～９の９通り考えられるから，９個ある。

同様に，十の位が０の数，一の位が０の数も９個ずつある。

よって，全部で，９×３＝27(個)

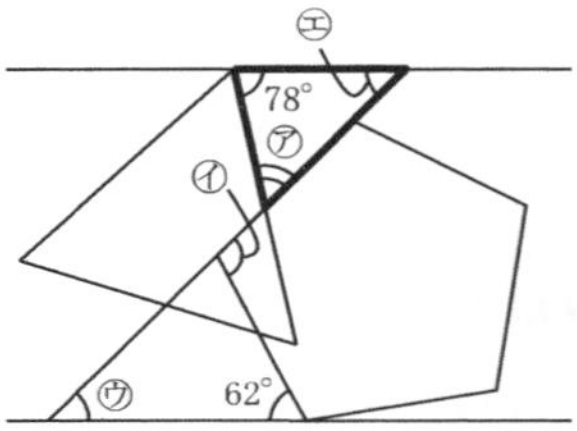

(4) **【解き方】右図のように記号をおく。太線の三角形の内角の和から，角㋐の大きさを求める。**

五角形の内角の和は，180°×(５－２)＝540°だから，角㋑＝540°÷５＝108°

三角形の１つの外角は，これととなり合わない２つの内角の和に等しいから，

角㋒＝108°－62°＝46°　　平行線の錯角は等しいから，角㋓＝角㋒＝46°

よって，角㋐＝180°－78°－46°＝56°

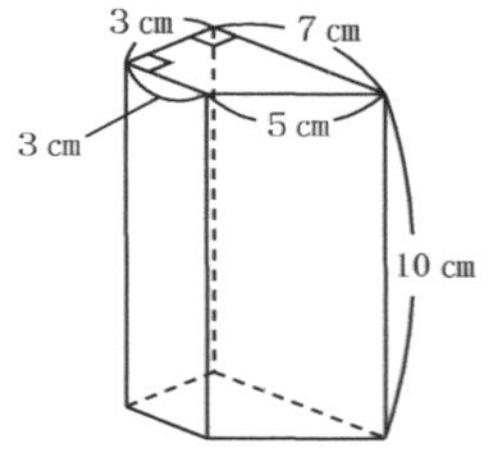

(5) **【解き方】組み立てると右図のように底面が台形の四角柱ができる。**

底面積が(３＋７)×３÷２＝15(㎠)，高さが10㎝だから，体積は，15×10＝150(㎤)

3 (1)① Ｂ，Ｄ，Ｅ，Ｇが線対称な図形である(対称の軸は右図参照)。

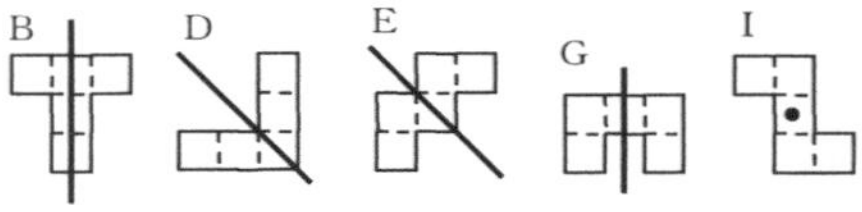

② Ｉが点対称な図形である(対称の中心は右図参照)。

(2)① 並べることができるのはＡとＣだけである。

② ＤやＧやＦなど，４すみに使いやすい図形から考える。

③ ＡやＤやＧやＦなど，４すみに使いやすい図形から考える。解答例以外にもいくつか考えられる。

4 (1) **【解き方】１日に17kWhずつ８日間使うと17×８＝136(kWh)使い，１日に20kWhずつ５日間使うと20×５＝100(kWh)使う。この差に注目する。**

８－５＝３(日間)で発電する電力量は，136－100＝36(kWh)だから，１日に発電している電力量は，36÷３＝12(kWh)

(2) １日に20kWhずつ５日間使ったときの合計の100kWhのうち，５日間で自家発電した電力量は12×５＝60(kWh)だから，最初に蓄電していた電力量は，100－60＝40(kWh)

(3) １日に22kWhずつ使うと，蓄電した電力が１日あたり22－12＝10(kWh)減るから，40÷10＝４(日)でなくなる。

(4) 蓄電した電力を１日あたり40÷20＝２(kWh)だけ減らすことができるから，１日に２＋12＝14(kWh)ずつ使えばよい。

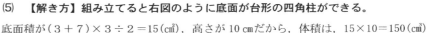

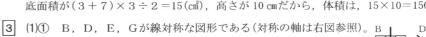

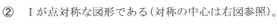

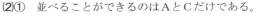

5 ⑴　**【解き方】右図のように円が交わる点を結ぶと，正方形ＡＥＣＤと正方形ＤＣＦＢができる。**

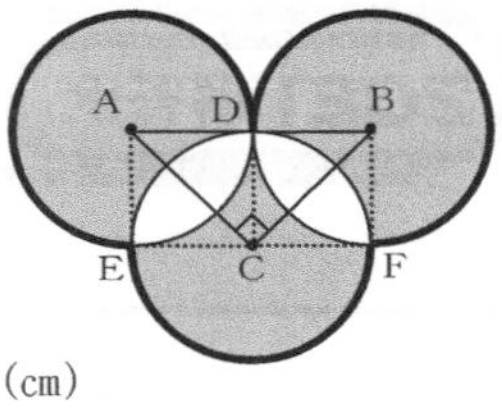

①　太線を曲線部分とするおうぎ形の中心角の大きさは，360°－90°＝270°が２つと，180°が１つだから，太線の長さの和は，半径が１cmの円の円周の長さの，

$\frac{270° \times 2 + 180°}{360°}$＝２(倍)になる。求める長さは，(１×２×3.14)×２＝４×3.14＝12.56(cm)

②　**【解き方】白い部分をＸとする。円３つ分の面積から，Ｘ４つ分の面積を引けばよい(円ＡからＸ１つ分，円ＢからＸ１つ分，円ＣからＸ２つ分を除くため)。Ｘの面積は，おうぎ形ＡＥＤとおうぎ形ＣＤＥの面積の和から，正方形ＡＥＣＤの面積を引くと求められる。**

Ｘ１つ分の面積は，(１×１×3.14×$\frac{1}{4}$)×２－１×１＝0.57(cm²)

円１つ分の面積は，１×１×3.14＝3.14(cm²)　　よって，求める面積は，3.14×３－0.57×４＝7.14(cm²)

⑵　**【解き方】図①のようになる。⑴をふまえ，円５つ分の面積から，Ｘの４×２＝８(つ)分の面積を引けばよい。**

図①

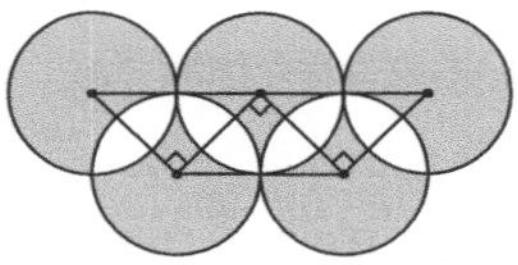

図②

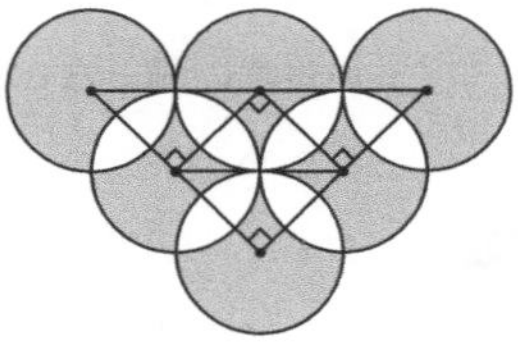

3.14×５－0.57×８＝11.14(cm²)

⑶　**【解き方】図②のようになる。⑴をふまえ，円６つ分の面積から，Ｘの６×２＝12(個)分の面積を引けばよい。**

3.14×６－0.57×12＝12(cm²)

6　**【解き方】太郎さんは一定の速さで進み続けているから，グラフが折れているところは花子さんの移動のしかたに変化があったところか，２人がすれちがったところである。したがって，グラフから右図のことが読み取れる。**

出発してからの時刻とそのときの２人の間のきょり

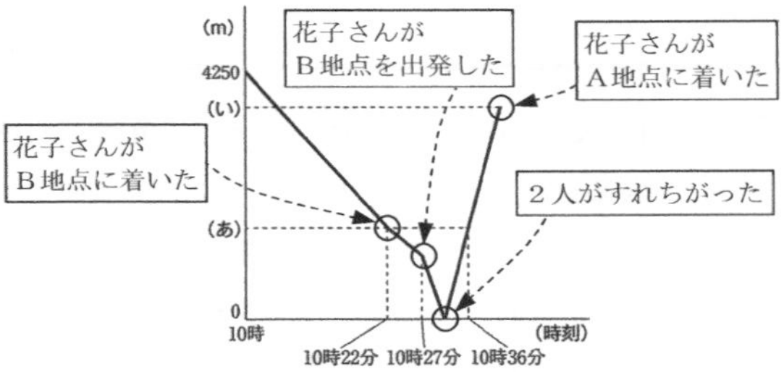

⑴　10時22分までに，太郎さんは70×22＝①1540(m)，花子さんは60×22＝②1320(m)歩いた。グラフからＡ地点とＣ地点の間の道のりは4250mと読み取れるので，(あ)に入る数は，4250－1540－1320＝③1390

⑵　**【解き方】10時27分から10時36分までの９分間で２人が進んだ道のりの和がわかれば，太郎さんの歩く速さと花子さんの自転車の速さの和を求められる。**

10時22分から10時27分までの５分間で，花子さんは休けいし，太郎さんは70×５＝350(m)進んだから，10時27分の時点で２人の間の道のりは1390－350＝1040(m)だった。10時36分の時点では２人は再び1390mはなれていたのだから，10時27分から10時36分までの９分間で２人が進んだ道のりの和は，1040＋1390＝2430(m)

よって，このときの２人の速さの和は，分速$\frac{2430}{9}$m＝分速270mだから，花子さんの自転車の速さは，分速(270－70)m＝分速200m

⑶　**【解き方】２人がすれちがってからはグラフの形が変化していないから，花子さんがＡ地点に着いたとき太郎さんはまだ歩いていたことが読み取れる。したがって，花子さんがＡ地点に着いた時刻を求め，それまでに太郎さんが歩いた道のりを求める。**

Ａ地点とＢ地点の間の道のりは4250－1320＝2930(m)であり，花子さんはこの道のりを自転車で進むのに，$\frac{2930}{200}$＝$\frac{293}{20}$(分)かかった。よって，２人が同時に出発してから花子さんがＡ地点に着くまでにかかった時間は，27＋$\frac{293}{20}$＝$\frac{833}{20}$(分)であり，この間に太郎さんは，70×$\frac{833}{20}$＝2915.5(m)歩いたから，(い)に入る数は，2915.5

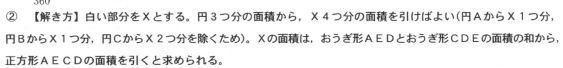

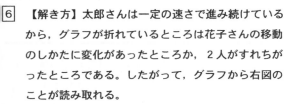

岡山中学校【Ａ方式】

《問題Ⅰ》

課題１　⑴20　⑵右表　⑶10，19　※⑷10，7

大人用(枚)	19	18	15	11	0
子ども用(枚)	2	4	10	18	40

課題２　⑴周の長さ…25.12　面積…32　⑵右図
⑶右図　⑷⑵の折り方１は，縦と横の折り目が対称の軸になっている。(右図①)
⑷の折り方は，対角線の折り目が対称の軸になっている。(右図②)
⑷の図３の図形は，①と②の４つの折り目が対称の軸となっている線対称な図形であるため。

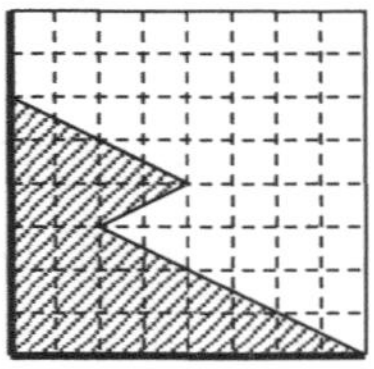

課題２⑵の図

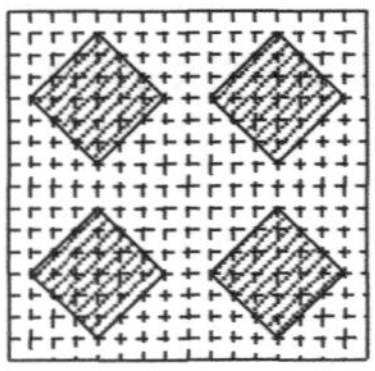

課題２⑶の図

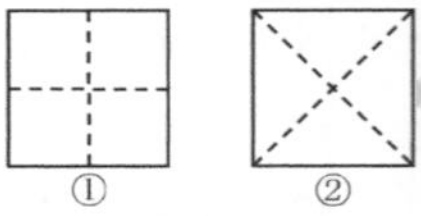

課題２⑷の図

課題３　⑴１　⑵説明…皿Ａと皿Ｂのおもりのおもさの比が等しいとき，平均移動時間は同じになる。
皿Ｂにのせるおもりのおもさ…20.0　⑶真ん中付近に棒Ｂのはしを近づける。くっつけば，棒Ｂが磁石。くっつかなければ，棒Ａが磁石。

※の説明は解説を参照してください。

《問題Ⅱ》

課題１　⑴拡大／縮小　安全／危険　積極／消極　などから２つ　⑵プラス面…(例文)今まで治療の難しかった病気を治せること。　マイナス面…副作用があること。〔別解〕かえって重篤な病気を引き起こすこと。
⑶社会に生起するさまざまな事柄について、その因果関係を客観的、論理的に見通して、正邪を判断すること。
⑷人々が自分で因果関係を考えたり判断したりせず、難しいことは権威者や専門家の判断に任せて従うだけになると、進むべきよりよい方向を見いだせないまま独裁的な

課題２　(例文)私は茶道を紹介します。理由は、茶道は世界に知られた日本文化の一つであり、自分も相手も心がおだやかになるからです。私は茶道を習っていて、お茶を点てたことがあります。そのときの映像を見てもらい、それを解説したいです。紹介したいことは、茶道における作法にはお客をもてなす心づかいがあるということです。また使う道具すべてに意味があり、お客をあきさせず、もてなす心がちりばめられていることも伝えたいです。

課題３　⑴Ａ．1.5　Ｂ．医療費のかかる高齢者が増えているから　⑵予防　⑶日本の医療費は，外国に比べて公的支出の割合が多く，さらに増え続けていることが課題だと考える。なぜなら，このまま税金が増えていくと，国民の生活が貧しくなりそうだからだ。

2021 解答例 令和３年度　岡山中学校【Ｂ方式】

《国　語》

一　問一．①いとな　②複数　③対照　　問二．１．ウ　２．ア　　問三．エ　　問四．データを集めて分析し、客観的な知識を生み出すもの。　　問五．目的地にたどり着くという「意図」にもとづいて最短ルートで進もうとし、その途中で起こる出来事とのいっさいの関係を遮断するので、その結果、世界にとって存在していない
問六．24　　問七．(Ⅰ)連　(Ⅱ)最初…それぞれの　最後…の「世界」

二　問一．①けわ　②改　③説得　　問二．目　　問三．Ｂ．イ　Ｃ．ア　Ｄ．エ　　問四．娘が破門になってよかったと言っているのは自分に言い聞かせているだけで、本心ではないということ。　　問五．１．風花がボクシングをすることを母親はいやがっていた　２．ボクシングをやめるのを止めようとするようなことを言っている
問六．母親に頼らず、自分でよく考えて問題を解決しようとしているところ。　　問七．ウ　　問八．５

三　(Ⅰ)２．エ　４．ウ　　(Ⅱ)問一．①体　②我　問二．色　問三．ウ　問四．ア　問五．イ，ウ
問六．ウ，エ

《算　数》

1　(1)153　(2)67　(3)3.77　(4)$1\frac{13}{15}$　(5)168　(6)103　(7)$\frac{1}{5}$　(8)$\frac{25}{48}$

2　(1)6，12　(2)5.25　(3)67.5　(4)角ア…26　角イ…13

3　(1)142.8　※(2)1114

4　(1)$\frac{5}{9}$　※(2)4　※(3)505

5　(1)82　(2)①61　②49750

6　(1)1.5　(2)1秒後…6　6秒後…48　※(3)4，12　※(4)$5\frac{1}{3}$　　**※の式や途中の計算などは解説を参照してください。**

《理　科》

1　(1)ａ．ウ　ｂ．エ　(2)光合成　(3)二酸化炭素　(4)①ア，ウ　②気体検知管　(5)エ　(6)ア，オ
(7)食物連さ　(8)①ウ　②イ→エ→ウ→イ　(9)エ

2　(1)食塩水Ｃ　(2)食塩水Ｃ…ア　食塩水Ｄ…イ　食塩水Ｅ…ウ　(3)ア　(4)エ　(5)イ　(6)2.06

3　(1)エ　(2)ウ　(3)エ　(4)ウ　(5)イ　(6)ウ　(7)エ

4　(1)(Ａ)ウ　(Ｂ)キ　(2)ウ　(3)7.2　(4)ウ　(5)0.025　(6)7.5　(7)0.05　(8)1.2

《社　会》

1　問１．エ　　問２．ウ　　問３．原料　　問４．オ　　問５．ビニールハウス内の暖房にかかる費用が高くなってしまう　　問６．(1)イ　(2)日本の会社が工場をアジアの国々などに移し，そこで製造された工業製品を輸入するようになったから。

2　問１．イ　　問２．エ　　問３．(1)ウ　(2)屋久島　(3)琉球王国　　問４．ウ　　問５．イ　　問６．基本的人権
問７．エ　　問８．ユニバーサルデザイン

3　問１．イ　　問２．ａ．ウ　ｃ．ア　　問３．藤原道長　　問４．中大兄皇子や中臣鎌足が蘇我氏をたおし，天皇中心の国づくりを始めた。　　問５．聖武天皇　　問６．エ

2021 算数分野の解説
令和３年度

岡山中学校【Ａ方式】

《問題Ⅰ》

課題１

⑴　布地の面積とゴムひもの長さそれぞれから，最大で何枚の大人用のマスクを作れるかを調べる。

大人用のマスクの縦の長さ(10 cm)は，布地の縦の長さ(40 cm)の約数であり，大人用のマスクの横の長さ(20 cm)は，布地の横の長さ(100 cm)の約数だから，布地が中《ちゅう》途《と》半《はん》端《ぱ》に余ることはない。布地全体に大人用のマスクをしきつめると考えると，縦に 40÷10＝４(つ)，横に 100÷20＝５(つ)並ぶから，マスクは最大で４×５＝20(枚)作ることができる。また，ゴムひもの長さ 16ｍ＝1600 cmからは，大人用のマスクのゴムひもを，1600÷(25×２)＝32(枚)分作ることができる。よって，大人用のマスクは最大で 20 枚作ることができる。

⑵　大人用のマスク１枚分の布地を半分にすれば，子供用のマスクの布地が２枚分できる。したがって，(大人用の枚数，子供用の枚数)＝(20，０)の状態から，大人用を１枚減らすごとに子供用を２枚増やしていくことができる。よって，解答例のようになる。

⑶　開店までの 10 分で行列は 10×10＝100(人)増えて，280＋100＝380(人)になる。開店後は１分ごとに行列が 30－10＝20(人)減るから，380÷20＝19(分後)に行列がなくなる。よって，求める時刻は 10 時 19 分である。

⑷　開店時の行列の人数は 280＋10×10＝380(人)で，この３分後には，380－(30－10)×３＝320(人)になっている。このあとは，１分ごとに 90－10＝80(人)行列が減るから，320÷80＝４(分後)に行列がなくなる。

よって，求める時刻は，10 時３分＋４分＝10 時７分

課題２

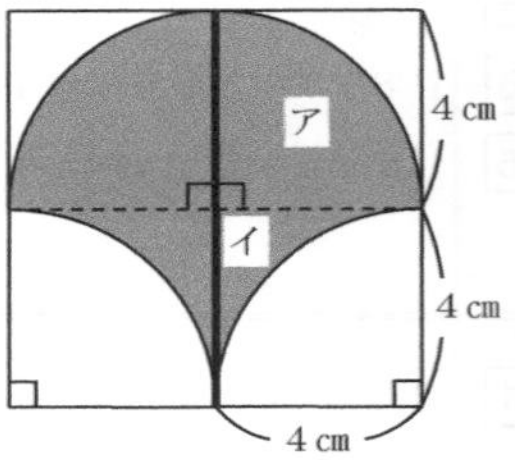

⑴　折り紙を広げると，右図のように折り目を対象の軸とする線対称な図形ができる。

右図のように広がる前の部分をアとイに分けて考える。

求める長さは，アの曲線部分(半径４cmの円の$\frac{1}{4}$のおうぎ形の曲線部分)の長さと，イの曲線部分(半径４cmの円の$\frac{1}{4}$のおうぎ形の曲線部分)の長さの和の２倍だから，

$4\times2\times3.14\times\frac{1}{4}\times2\times2=8\times3.14=25.12$(cm)

アとイを合わせると１辺が４cmの正方形ができるから，求める面積はこの正方形の面積の２倍なので，４×４×２＝32(cm²)

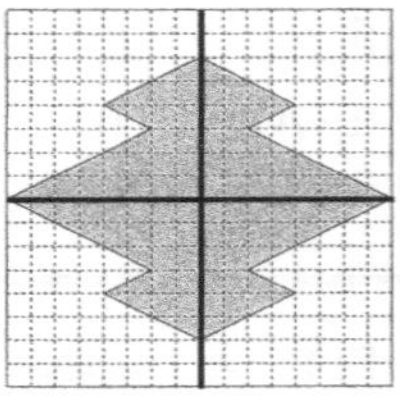

⑵　図２に折り目をかくと右図のようになる。解答らんでは左と下の辺が折り目になっているので，右図の右上の図形をかけばよい。

⑶　３回折ってできた直角二等辺三角形を切り抜いた図形を，折ったときとは逆の順番で広げていけばよい。すると，下図のようになる。

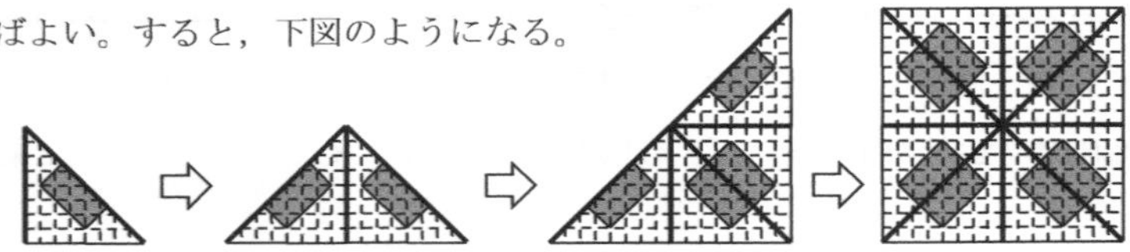

⑷　紙を対称の軸にそって折ったあと一部を切り抜き，それからもとの大きさまで広げると，折り目を対称の軸とした線対称の図形ができる。このような問題の基本的な考え方なので，覚えておこう。

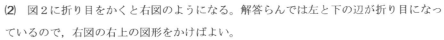

1 (2) 与式＝84－17＝67

(3) 与式＝5.5－1.73＝3.77

(4) 与式＝$\frac{35}{30}+\frac{45}{30}-\frac{24}{30}=\frac{56}{30}=\frac{28}{15}=1\frac{13}{15}$

(5) 与式＝28×0.01×700－50×0.1×28＋28×４＝28×（７－５＋４）＝28×６＝168

(6) 与式＝27＋(57－９－10)×２＝27＋38×２＝27＋76＝103

(7) 与式＝$\frac{7}{6}\times\frac{3}{5}\times\frac{2}{7}=\frac{1}{5}$

(8) 与式より，$\frac{2}{5}\times(\square-\frac{5}{16})=\frac{37}{12}-3$　$\frac{2}{5}\times(\square-\frac{5}{16})=\frac{37}{12}-\frac{36}{12}$　$\square-\frac{5}{16}=\frac{1}{12}\div\frac{2}{5}$　$\square-\frac{5}{16}=\frac{5}{24}$

$\square=\frac{5}{24}+\frac{5}{16}=\frac{10}{48}+\frac{15}{48}=\frac{25}{48}$

2 (1) **【解き方】公約数は最大公約数の約数である。最大公約数を求めるときは，右の筆算のように割り切れる数で次々に割っていき，割った数をすべてかけあわせればよい。**

2）60　84
2）30　42
3）15　21
　　5　7

60と84の最大公約数は，２×２×３＝12だから，60と84の公約数は１と12，２と６，３と４である。このうち５以上の数は，６と12である。

(2) **【解き方】何角柱であっても(円柱でも)，柱体の体積は，(底面積)×(高さ)で求められる。**

126÷24＝5.25(cm)

(3) **【解き方】(６個の重さの合計)÷６で求めてもよいが，計算を簡単にするために，67ｇをこえる分の重さの平均から求めてもよい。**

67ｇをこえる分の重さの平均は，{(67.3－67)＋(67.8－67)＋(67.7－67)＋(67.2－67)＋(67.9－67)＋(67.1－67)}÷６＝(0.3＋0.8＋0.7＋0.2＋0.9＋0.1)÷６＝３÷６＝0.5(ｇ)

よって，６個の卵は平均して67ｇより0.5ｇ重いので，平均の重さは，67＋0.5＝67.5(ｇ)

(4) 三角形ＦＤＣは二等辺三角形だから，

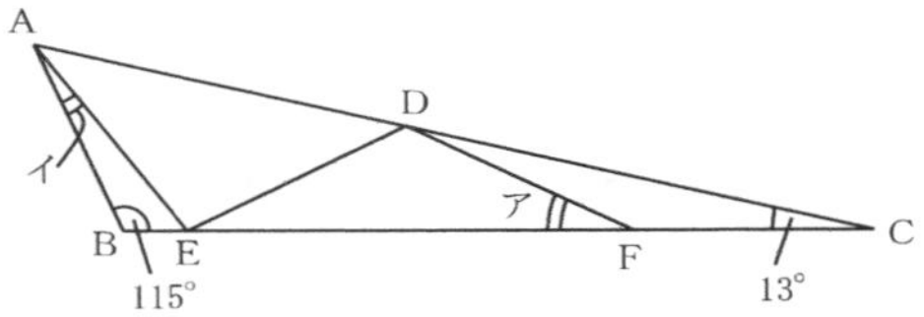

角ＦＤＣ＝角ＦＣＤ＝13°

三角形の外角の性質より，三角形ＦＤＣにおいて，

角ア＝角ＦＤＣ＋角ＦＣＤ＝13°＋13°＝26°

三角形ＤＥＦは二等辺三角形だから，角ＤＥＦ＝角ア＝26°

三角形の外角の性質より，三角形ＤＥＣにおいて，角ＡＤＥ＝角ＤＣＥ＋角ＤＥＣ＝13°＋26°＝39°

三角形ＡＥＤは二等辺三角形だから，角ＤＡＥ＝角ＡＤＥ＝39°

三角形ＡＢＣの内角の和より，角イ＝180°－39°－115°－13°＝13°

3 (1) **【解き方】円の中心どうしを結ぶ直線と垂直な直線を，各円の中心からひもに向かって引くことで，斜線部分は，右図のように長方形とおうぎ形に分けられる。**

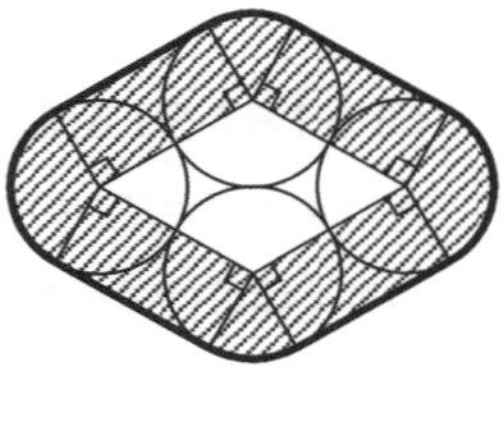

斜線部分の長方形は縦10cm，横10×２＝20(cm)だから，太線のうち直線部分の長さの和は，20×４＝80(cm)　斜線部分のおうぎ形は４つすべて合わせると半径が10cmの円になるから，太線のうち曲線部分の長さの和は，10×２×3.14＝62.8(cm)

よって，太線部分の長さは，80＋62.8＝142.8(cm)

(2) (1)より，(10×20)×４＋10×10×3.14＝800＋314＝1114(cm²)

4 (1)　$B=2-\frac{1}{5}=\frac{9}{5}$だから，$C=\frac{5}{9}$

(2)　２回目の操作では，$A=\frac{5}{9}$，$B=2-\frac{5}{9}=\frac{13}{9}$，$C=\frac{9}{13}$

３回目の操作では，$A=\frac{9}{13}$，$B=2-\frac{9}{13}=\frac{17}{13}$，$C=\frac{13}{17}$

４回目の操作では，$A=\frac{13}{17}$，$B=2-\frac{13}{17}=\frac{21}{17}$，$C=\frac{17}{21}$　　よって，４回目の操作後である。

(3)　**【解き方】操作を１回行うごとに，Cの分子は４ずつ増えているとわかる。**

Cの分子が2021になるのは，４回目の操作のあと，(2021－17)÷４＝501(回)操作を行ったあとだから，

４＋501＝505(回目)の操作後である。

5 (1)　**【解き方】つるかめ算を利用する。**

200個すべてが『店内で食べる』だとすると，売り上げの合計金額は440×200＝88000(円)になり，実際より

88000－87344＝656(円)多くなる。200個のうち１個を『店内で食べる』から『持ち帰り』におきかえると，合計

金額は440－432＝８(円)少なくなるから，『持ち帰り』の個数は，656÷８＝82(個)

(2)①　**【解き方】㋐『持ち帰り』として売れたＡ弁当とＢ弁当の個数の合計として考えられる数を，それぞれの条件からしぼっていく。**

㋑『店内で食べる』として売れたＡ弁当とＢ弁当の個数の合計は，50×２＝100(個)以上，70×２＝140(個)以下

だから，㋐は200－140＝60(個)以上，200－100＝100(個)以下である。また，㋑が偶数で200も偶数だから，㋐

も偶数である。さらに，『持ち帰り』として売れたＡ弁当とＢ弁当の個数の比が８：５だから，㋐は８＋５＝13の

倍数である。したがって，㋐は13の倍数のうちの偶数なので，13×２＝26の倍数である。

26の倍数のうち60以上100以下の数を探すと，100÷26＝３余り22より，26×３＝78が見つかる(他にはない)。

よって，㋐は78個だから，㋑＝200－78＝122(個)なので，『店内で食べる』として売れたＢ弁当の個数は，

122÷２＝61(個)

②　①より，『持ち帰り』として売れたＢ弁当の個数は$78\times\frac{5}{13}$＝30(個)である。

よって，Ｂ弁当の売り上げの合計金額は，550×61＋540×30＝49750(円)

6 (1)　図形アは16秒で24㎝動いたから，その速さは，毎秒$\frac{24}{16}$㎝＝毎秒1.5㎝

(2)　**【解き方】１秒後と６秒後の図をかいて求める。**

重なり始めてから１秒後までに図形アは1.5×１＝1.5(㎝)動いているから，右図①のようになる。このときの重なっている部分の面積は，４×1.5＝６(㎠)

図①（１秒後）

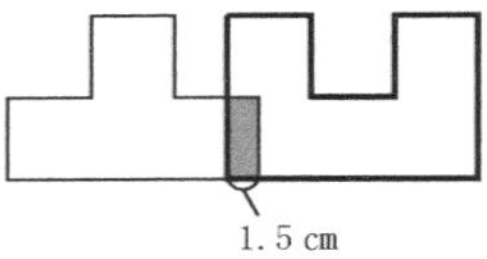

図②（６秒後）

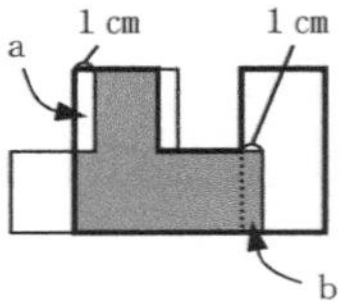

重なり始めてから６秒後までに図形アは1.5×６＝９(㎝)動いているから，右図②のようになる。このときａとｂの部分の面積が等しいから，重なっている部分の面積は１辺が４㎝の正方形３個分の面積なので，

４×４×３＝48(㎠)

(3)　**【解き方】図形イは正方形５個からできているから，その面積の$\frac{2}{5}$は正方形$5\times\frac{2}{5}$＝２(個)分なので，４×４×２＝32(㎠)である。図形アもイも線対称な図形であることから，１回目がわかれば図形の対称性を利用して２回目の図をかくことができる。**

重なっている部分の面積が32㎠になる１回目は右図③のときである。

図③

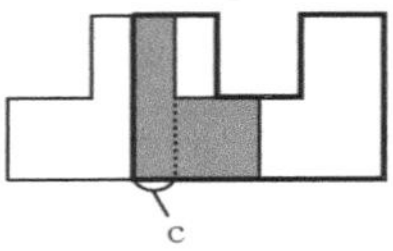

図④

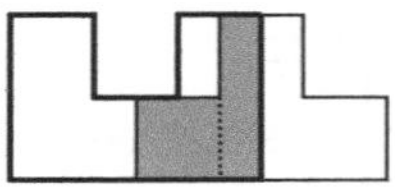

このとき，ｃの長さは(32－４×４)÷８＝２(cm)だから，図形アは重なり始めてから２＋４＝６(cm)動いている。
よって，このときは６÷1.5＝４(秒後)である。

重なっている部分の面積が 32 cm²になる２回目は，図④のように図③と対称な位置関係にあるときである。このとき図形アは重なり始めてから，４×３＋２＋４＝18(cm)動いている。よって，このときは，18÷1.5＝12(秒後)である。

(4)　重なり始めてから右図⑤の状態になるまでは，重なっている部分の面積は増え続ける。図⑤から少し動くと図⑥のようになるが，ｄとｅの部分の面積は図⑦の状態になるまで等しいから，図⑤から図⑦までは重なっている部分の面積が一定である。

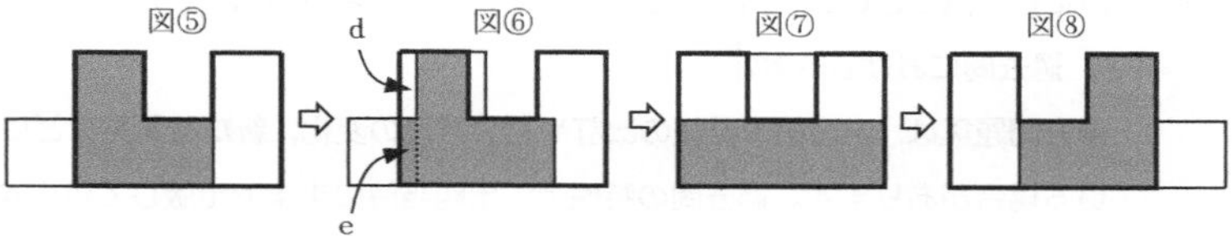

図⑦から図⑧までも同様に一定である。図⑧のあとは重なっている部分の面積は減り続ける。

図⑤から図⑧までに図形アは８cm動いているから，求める時間は，$8\div1.5=\frac{16}{3}=5\frac{1}{3}$(秒間)

令和３年度　岡山中学校［A方式］問題Ⅰ　(45分)

（1枚め）

受験番号		1※	2※	3※	4※	※70点満点（配点非公表）

課題１　太郎《たろう》さんとお父さんは，たて40㎝，横100㎝のマスク用の布地4000 ㎝^{2}，マスク用の耳当てゴムひも16ｍを材料としてマスクを自作しようとしています。あとの（１）～（４）に答えましょう。

太　　郎：お店をいろいろと回ってみたけれどマスクが売り切れているみたいだね。
お父さん：みんなが一斉《いっせい》に買いに行ったから仕方ないね。マスクの材料として布地とゴムひもがあるからこれで作ってみようか。大人用のマスクと子ども用のマスクでは使う材料の量が違《ちが》うから注意して作ろうね。

（１）　大人用マスク１枚はたて10㎝，横20㎝の布地１枚と１本25㎝のゴムひも２本でできます。用意しようと考えている材料から大人用マスクを最大で何枚作ることができるか答えましょう。

枚

お父さん：大人用に加えて子ども用のマスクも作ってみよう。子ども用マスク１枚はたて10㎝，横10㎝の布地１枚と１本20㎝のゴムひも２本でできるよ。
太　　郎：子ども用のマスクの布地は大人用のマスクの布地半分でできるんだね。ゴムひもは余ることがあるので布地の枚数に注目すればマスクの枚数についての組み合わせが簡単に導けそうだね。

（２）　用意しようと考えている材料からいろいろな組み合わせでマスクを作ることを考えます。それぞれの場合で，大人用と子ども用のマスクの枚数の合計が最大となるような数を表の空らんに書きましょう。

大人用（枚）		18			0
子ども用（枚）	2		10	18	

太郎さんとお父さんはマスクの材料を買うために，10時開店の10分前にお店に着きました。お店の前には280人の行列ができていました。並んでいる間，１分たつごとに10人の客が行列の最後尾《さいこうび》に加わっていきます。10時の開店は入口が１か所で，１分たつごとに30人の客がお店に入っていきました。

太　　郎：大勢並んでいるね。この行列が解消されるにはどれくらいの時間がかかるのかな。
お父さん：入口からお店の中へ入っていく人数と行列の最後尾に加わる人数の差によって行列がいつ解消されるかが計算できるよ。

（３）　入口が１か所のとき行列は何時何分に解消されるか答えましょう。例えば11時ちょうどのときは11時00分と書きましょう。

時　　分

太　　郎：開店してから３分後に入口が１か所から３か所に増えたよ。これで１分たつごとに90人の客が入ることができるね。

（４）　行列は何時何分に解消されるか答えましょう。また，どのようにして求めたかを説明しましょう。

説明

時　　分

（2枚め）

受験番号		1※	2※	※

課題２　太郎さんと花子《はなこ》さんは折り紙を切り，切り絵を作っています。あとの（１）～（４）に答えましょう。ただし，以下の問題では，図中の太線は折り紙の折り目を表すものとします。

太郎：きれいな形を作るのはむずかしいね。
花子：折り紙を半分に折ってから切ったら，同じ形になるよね。
太郎：そうだね。そうすれば，きれいな形に切れそうだ。

（１）　太郎さんは，正方形の折り紙を半分に折ってから，図１のような円の一部を組み合わせてできる図を切り抜きました。かげをつけた部分を広げてできる図形の周の長さと面積を答えましょう。ただし，円周率は3.14とします。

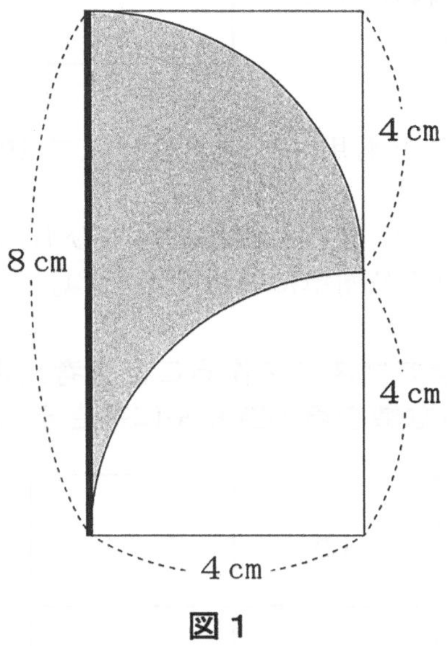

図１

周の長さ	cm
面　　積	cm^2

花子：もう１回半分に折ってから切ったら，もっといろいろな形が作れそうだね。
太郎：どんな図形ができるのか，ためしてみよう。

（２）　正方形の折り紙を折り方１のように，２回半分に折って，正方形を作りました。図２のかげをつけた部分を切り抜くには，どのように切ればよいですか。じょうぎを使って解答らんにかき，切り抜く部分をぬりましょう。

折り方１

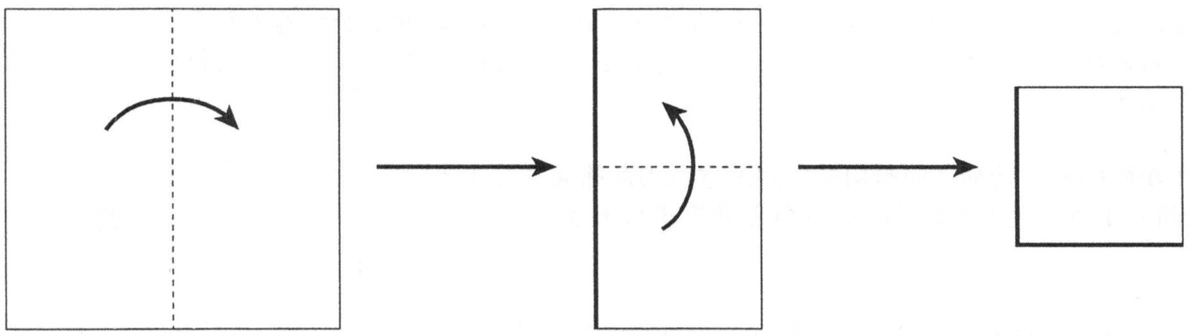

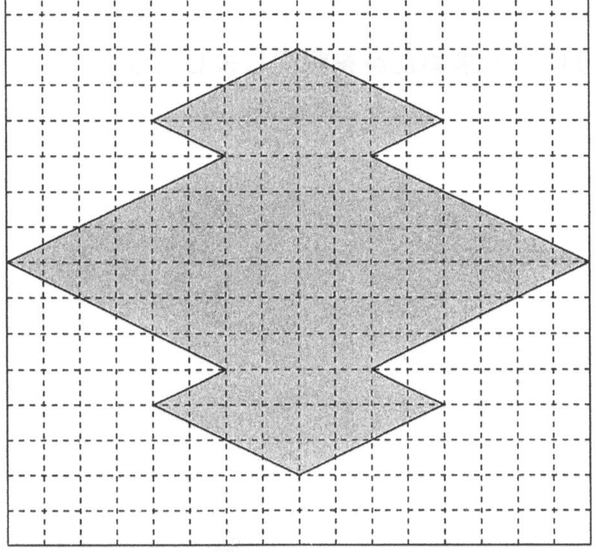

図２

解答らん

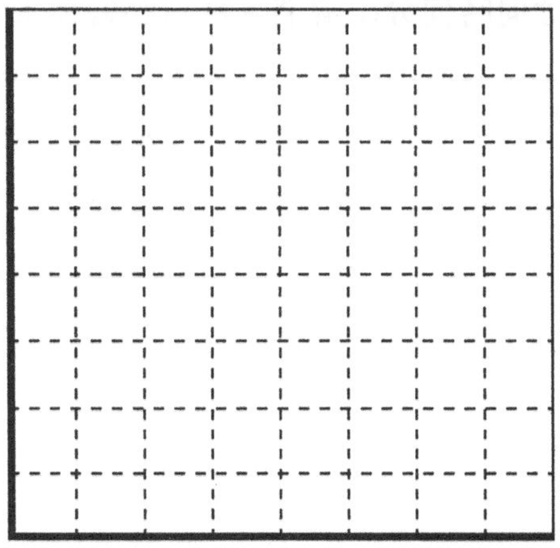

太郎：ちがう折り方をしたらどうなるのかな。
花子：今度は３回折ってみよう。

（３）　正方形の折り紙を折り方２のように，点線を折り目として３回半分に折って，直角二等辺三角形を作りました。かげをつけた部分を切ると，折り紙を広げたとき切り抜かれた部分はどのようになりますか。じょうぎを使って解答らんにかき，切り抜かれた部分をぬりましょう。

折り方２

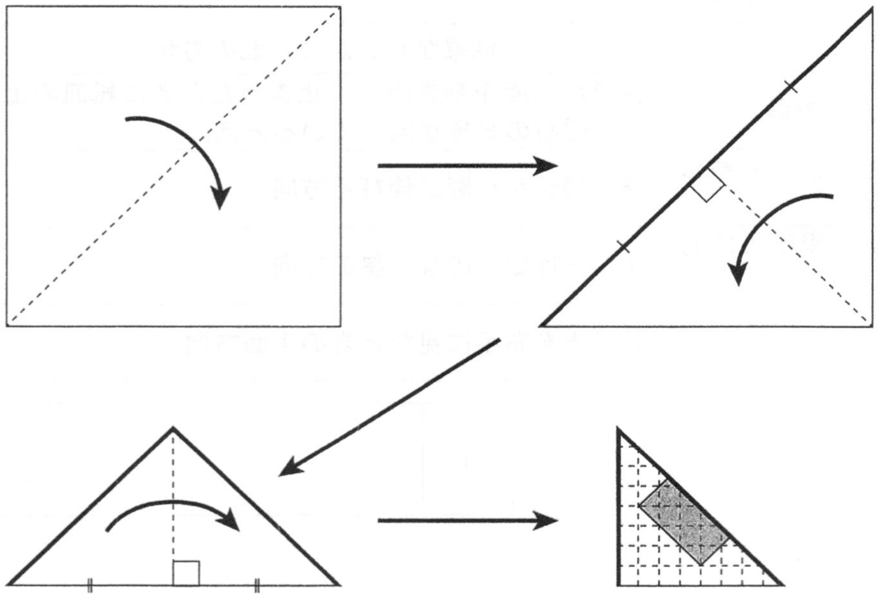

解答らん

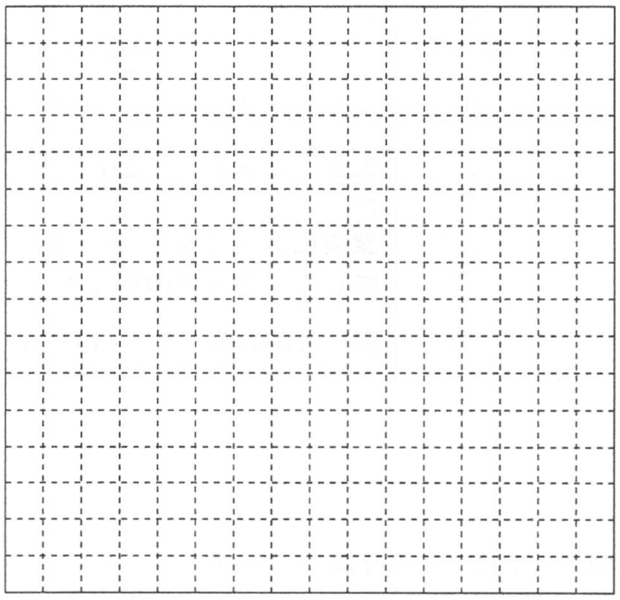

（４）　図３の図形は正方形の折り紙を（２）の折り方１と下の折り方の両方で作ることができます。２通りの折り方で同じ図形を切り抜くことができる理由を説明しましょう。また，図をかいて説明してもよろしい。

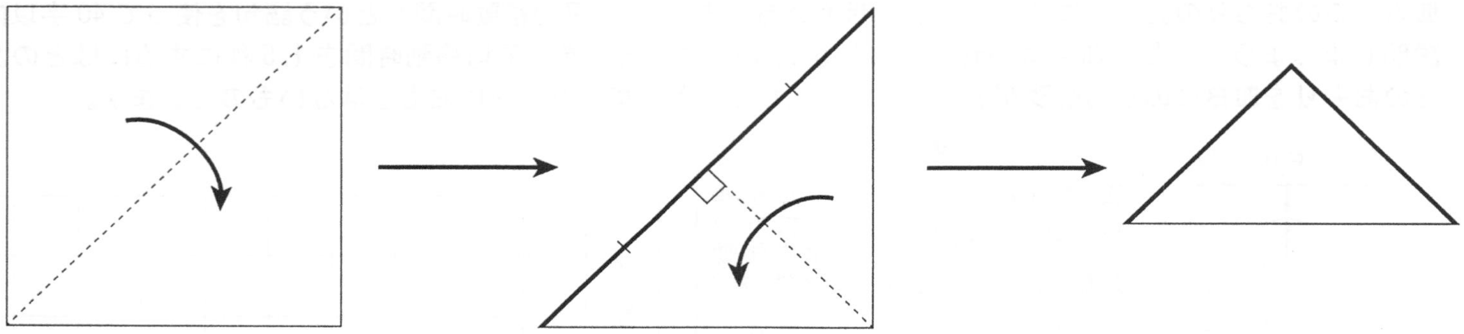

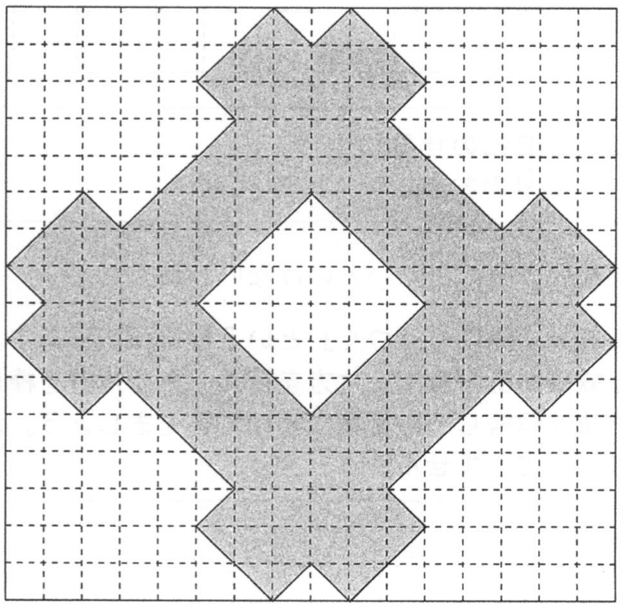

図３

説明

受験番号		1※	2※	3※	※

課題３　太郎さんと花子さんは，買ってもらった新しいうで時計について会話をしています。あとの（１）～（３）に答えましょう。ただし，すべて 2020 年３月 20 日（春分の日）に明石市（東経 135°）で行われたものとします。

太郎：新しいうで時計は，時間だけではなく方角まで分かるんだ。
花子：本当に正しいか，いろいろな方法で調べてみましょうよ。

（１）　表１は太郎さんと花子さんが学校で学んだ北の方角を知るための方法と，その結果から分かった北の方角をまとめたものです。番号①～④のうち，北ではなく南を指しているものが１つあります。その番号を答えましょう。

表１

番　号	知るための方法	結果から分かった北の方角
①	水の上に紙皿を浮かべ，その上に棒磁石を置いた。	紙皿が水面を動き出し，止まったときに紙皿の上の棒磁石のＳ極が向いている方向。
②	地面に棒を立て，正午に地面にできた影を観察した。	棒の根元から影が伸びる方向。
③	深夜にカメラのシャッターを２時間開けっ放しにして，全方角の撮影《さつえい》を行った。	１つだけ動きのない星の方向。
④	夜，月がのぼってくるのを待った。	月の出を右手に見たときの正面方向。

（１）	

太郎：身近なものを使って時間を計るものは作れないかな。

（２）　太郎さんと花子さんはかっ車と皿を使って，図１のようなタイマーを作りました。このタイマーは，皿Ｂが下に移動してベルをたたくまでの時間を利用しています。図１にある皿Ａ，Ｂに異なるおもさのおもりを１つずつのせることでその移動時間を調整することができます。皿Ａ，Ｂを図１の状態にして，皿Ａ，Ｂに同時におもりをのせ，同じ高さから移動させたときの平均移動時間を表２にまとめました。表２から平均移動時間と皿Ａ，Ｂのおもりのおもさにはどのような関係がありますか。「平均移動時間」という語句を使って 40 字以内で説明しましょう。また，皿Ａにのせるおもりを 2.0 kg にしたとき，平均移動時間を 1.5 秒にするにはどのおもさのおもりを皿Ｂにのせる必要がありますか。ただし，かっ車，糸，皿におもさはないものとします。

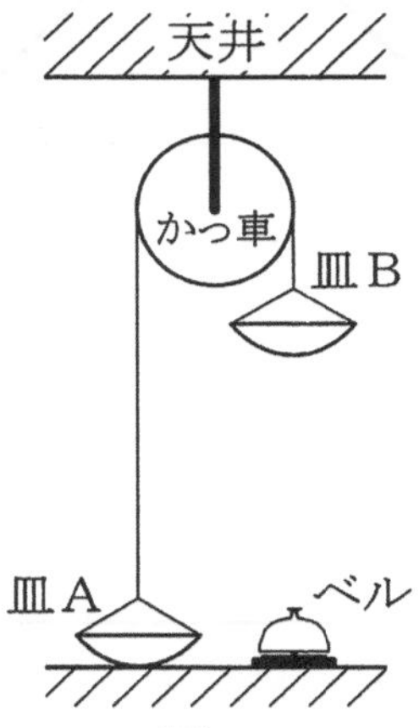

図１

表２

皿Ａのおもりのおもさ(kg)	皿Ｂのおもりのおもさ(kg)	ベルが鳴るまでの平均移動時間（秒）
1.0	2.0	2.0
1.0	5.0	1.6
1.0	10.0	1.5
2.0	10.0	1.6
5.0	10.0	2.0

（２）説明	

（２）皿Ｂにのせるおもりのおもさ	kg

花子：時計は磁石に弱いから，時間を計るときには近くに磁石を置かないようにしないといけないわね。

（３）　棒磁石には「棒磁石の両はしはそれぞれＮ極，Ｓ極となっており，鉄にくっつく」という性質があります。ここに色も形もおもさも全く同じで，見分けのつかない棒磁石と鉄棒があります。片方を棒Ａ，もう片方を棒Ｂと名付けます。この２つの棒のみを使い，それぞれを見分ける方法を解答らんの言葉に続けて答えましょう。ただし，棒をたたいて音で判断したり，割ったり，砕《くだ》いたりすることはできません。

（３）	棒Ａの

令和三年度　岡山中学校　［A方式］　問題Ⅱ

（45分）

70点満点
（配点非公表）

（1枚め）

受験番号	

課題１　次の文章を読んで、あとの⑴～⑷に答えましょう。

　科学・技術の産物だけでなく、世の中に存在するすべての物事には、プラスとマイナス、正と負、善と悪、長所と短所、恩《おん》恵《けい》と弊《へい》害《がい》という二面性があります。光があれば必ず影《かげ》が生じるように、１００％すべてプラスということはあり得ず、プラスには必ずマイナスの要素が*1付《ふ》随《ずい》しているのです。特に、科学・技術が世の中のあらゆる側面に入り込《こ》むようになっている現代社会においては、科学・技術に起因する負の側面の影響《えいきょう》が大きくなり、場合によっては人の命に関わる事件になりかねません。それだけに、ア科学・技術が持つ二面性をよく理解し、プラス面は活《い》かし、マイナス面は小さくするよう努める、そんな姿勢が科学・技術文明の時代に生きる私たちに求められていると言えるでしょう。

　例えば、十分な副作用の検査を行わないまま新薬が市販《しはん》され、病気が治ると信じて飲んだ人々が、かえって重篤《じゅうとく》な病気になるという事件がこれまで何度も起こりました。「薬害」です。そんな被害《ひがい》を受けたとき、単に運が悪かったといって泣き寝《ね》入《い》りして済ませてしまっていいものでしょうか。やはり、薬品会社を訴《うった》えて検査の実態を明らかにし、償《つぐな》いをさせたいですね。会社を信用して薬を買って服用した自分には何の落ち度もないのですから。

　その場合、薬の開発過程や毒性検査や副作用に関する実験などについて勉強し、裁判においては、会社側の落ち度を追及《ついきゅう》する必要があります。そのためには科学・技術に関する知識が不可欠で、実際には弁護士の助けを借りて、自分も学びながら実態に迫《せま》っていくということになります。「私は科学に弱いからとてもついていけない」と言っていると落ちこぼれてしまうでしょう。それでは悔《くや》しいですね。会社側の逃《に》げ口上《こうじょう》を見破って謝罪を勝ち取るためには、科学・技術に対する基本的な素養が必要なのです。

　これは一例ですが、科学・技術が原因となる事件はいくらでも起こる可能性があるのですから、私たちは日頃《ひごろ》から科学・技術に慣れ親しんで、「知らなかった」とか「騙《だま》された」と言わないよう、イ科学的な見方・考え方を鍛《きた》えておくことが大切です。また、自分に関係がないときでも、科学・技術に関わる事件や事故が起こった場合に、実際に何が間違《まちが》っていたか、その原因がどこにあるか、誰《だれ》に責任があるか、二度と起こさないためにはどうすべきか、などを考えるクセを身につけることが大切です。そうすることは、社会に起こるさまざまな事柄《ことがら》について、その原因と結果の結びつき（これを「因果関係」と言います）を科学的に考えるための訓練になるからです。私たちは、このようにして曇《くも》りのない目で社会に生起するさまざまな事柄を見、その因果関係を見通して*2正邪《せいじゃ》を判断する力を養っていくことができるのです。

　なぜ、わざわざ科学的な考え方の重要性を強調するか、　には理由があります。私たちは民主主義の時代に生きており、誰もが自由に意見を述べられ、それが尊重される建前《たてまえ》になっていますが、必ずしもそのように社会が機能しなくなっている側面が見受けられるからです。私は「お任せ民主主義」と呼んでいるのですが、むずかしいことは上の人や専門家に任せ、自分はそれらの人たちが言うことに従っていれば間違いがない、という姿勢が現代人に多く見受けられるようになっているということです。自分で考え判断する姿勢が失われていると言えるのではないでしょうか。

　しかし、それでは一人一人の意志や考え方や疑問点が自由に表明されることがなくなり、付和雷《らい》同《どう》する人間ばかりとなって、最後には独裁的な社会になりかねません。生き生きとした知的で豊かな社会になるためには、誰もがしっかり自分の意見を表明し、他の人の言うことも聞き、互《たが》いに議論することを通して理解し合い、よりよい方向を見いだしていくというふうにならねばなりません。それが人間を互いに大事にし合う真の民主主義社会なのです。そのような社会にするためには、誰もが独立した人格の持ち主として尊重し合い、ウ科学的に考えてお互いの意見を率直に出し合う、そんな健全な人間関係を作っていくことが大切です。その意味でも、科学的なものの見方・考え方は欠かせないのです。

（池内了『なぜ科学を学ぶのか』ちくまプリマー新書から）

＊１　付随…主となる事柄に付いて生じること。
＊２　正邪…正しいことと不正なこと。

（2枚め）

受験番号

(1) ＿＿の「長所と短所」「恩恵と弊害」は反対の意味をもつ熟語の組み合わせです。このような反対の意味をもつ熟語の組み合わせを二つ、それぞれ漢字二字で書きましょう。ただし、「長所と短所」「恩恵と弊害」「原因と結果」を使ってはいけません。

□□ ↔ □□

□□ ↔ □□

※

(2) ＿＿ア「科学・技術が持つ二面性をよく理解し、プラス面は活かし、マイナス面は小さくするよう努める」とありますが、新薬の開発を例として考える場合、薬を開発する人にとって、どのような「プラス面」「マイナス面」が考えられますか。「プラス面」については自分で考えたこと、「マイナス面」については筆者が述べていることをそれぞれ一つずつ書きましょう。

プラス面	
マイナス面	

※

(3) ＿＿イ「科学的な見方・考え方」とありますが、「科学的な見方・考え方」をするとは、どうすることだと筆者は述べていますか。五十字以内で書きましょう。（、や。や「」なども一字に数えます。）

50字

※

(4) ＿＿ウ「科学的に考えてお互いの意見を率直に出し合う」とありますが、人々が「科学的な考え方」をすることができなければ、どのような社会になる危険性があると筆者は述べていますか。そのような社会になっていく過程もふくめて、解答らんの外のことばに合うように八十字以内で書きましょう。（、や。や「」なども一字に数えます。）

80字

社会になるという危険性。

※

1※

（3枚め）

受験番号

2※

課題２　学校の授業で、留学生のニコラス君に、身近にある日本のことを紹介《しょうかい》することになりました。文化または地域の中からひとつ取り上げ、それを選んだ理由と、授業でどのような方法でどんなことを紹介するかを具体的に二百字以内で書きましょう。（、や。や「」なども一字に数えます。段落分けはしなくてよろしい。一マス目から書き始めましょう。）

200字　100字

※

(4枚め)

受験番号		(1)※	(2)※	(3)※	3※

課題３　一朗《いちろう》さんと明子《あきこ》さんは，日本の医療費《いりょうひ》について，先生を交えて話し合いました。あとの会話文を読んで，（１）～（３）に答えましょう。

先生：資料１をみると，日本の「人口一人当たりの国民医療費」が大きく変化しているのがわかりますね。1997年と2017年を比べてみましょう。
一朗：1997年と2017年を比較《ひかく》すると，およそ［　A　］倍に増加しています。
明子：そうですね。増加している理由は，［　B　］でしょうか。

（１）　一朗さんの会話文の［　A　］にあてはまる小数第１位までの数字と，明子さんの会話文の［　B　］に入る理由を考えて書きましょう。

A	
B	

先生：様々な理由が考えられます。外国の医療制度と比べてみると，日本の特徴《とくちょう》がみえてくるかもしれません。資料２は医療費の負担割合の国際比較です。
一朗：こんなに違《ちが》うのですね。日本は個人負担が少ないから，気軽に通院するかもしれません。先日，かぜをひいたので病院に行ったのですが，そのときに母親から中学生になったら医療費がかかるようになると言われました。ぼくの医療費はだれが負担しているのですか。
先生：住んでいる市町村が負担しています。市町村のなかには中学生の医療費を負担しているところもあります。
明子：わたしたちの医療費は税金の一部があてられているのですね。一方で，アメリカでは民間保険などにかかる費用や家計の負担が大きくて病院へは行きづらいですね。
先生：日本の医療は，病気になってから通院する「治療」が中心であるのに対して，アメリカは病気にならないための「［　C　］」が中心であると言われています。

（２）　先生の会話文の［　C　］に入る漢字２文字を考えて書きましょう。

C	

一朗：そうなのですね。アメリカだけではなく他の国の制度も調べてみる必要がありますね。
明子：そうすれば，日本の医療費の課題や対応策がみつかるのではないでしょうか。

（３）　資料１と資料２を参考にして，あなたが考える「日本の医療の課題」と，「なぜそのことを課題と考えたか」を具体的に説明しましょう。

あなたの考え	

受験番号	

資料１　人ロ一人当たりの国民医療費の年次推移《すいい》

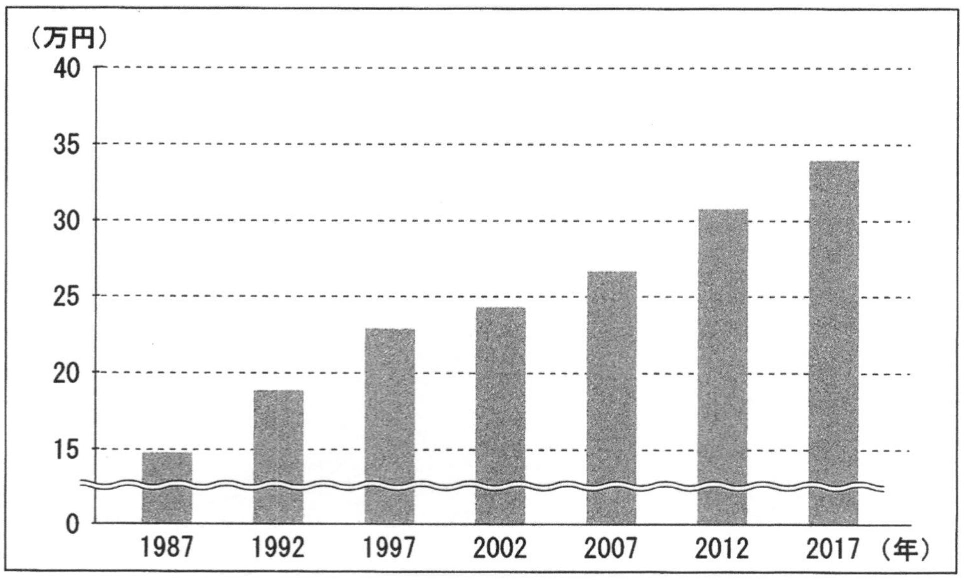

（厚生労働省「平成 29 年度　国民医療費の概況《がいきょう》」より作成）

資料２　医療費の負担割合の国際比較

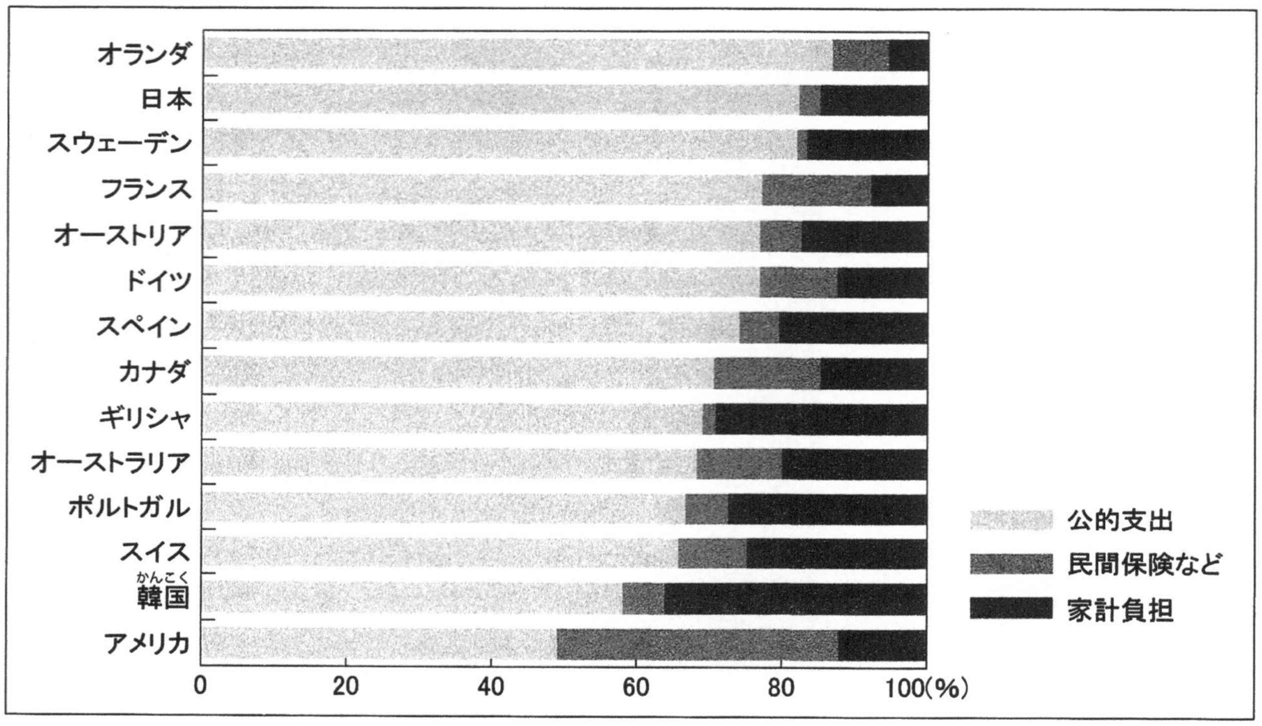

（内閣府「平成26年度　年次経済財政報告」より作成）

※　公的支出…国・都道府県・市町村などが支払う費用。
民間保険…保険会社が販売《はんばい》している保険商品。事前に購入《こうにゅう》する必要があるが，もし病気やけがをした時は保険会社が医療費を負担してくれる。
家計…家族が暮らしていくための費用。

中B方式
令3

国語問題

（60分）

（一〇枚のうちの一枚め）

※解答はすべて解答用紙に記入しなさい。問いに字数の指定がある場合は、句読点や記号も一字に数えて解答すること。

一 次のAの文章を読んで、後の問いに答えなさい。なお、1～24は段落の番号です。

A

1 注(1)インゴルドの人類学のとらえ方がユニークなのは、そこであえて人類学者が人間のことを研究するのは、客観的な知識を生み出すデータを集めるためではない、と言い切っているところです。

2 人間が生きる①営みは、無数の要素との関わりあいのなかで可能になっています。その一部をデータとして切りとって分析《ぶんせき》して、知識を生みだし、他の人にあてはめてみたところで、それがそのまま他の人の生活に役に立つわけではありません。

3 もちろん、世の中にはそんな「知識」があふれています。仕事を効率よくこなすための方法とか、お金を儲《もう》ける方法とか、恋愛《れんあい》がうまくいく本とか。あげだすときりがないくらい、そういうマニュアル的な知識はみなさんの身の回りにもたくさんあると思います。それを知ってうまくやれた、という人もなかにはいるでしょう。

4 (1)でも、人間の生はそれぞれに固有の文脈のなかにあります。あなたとその隣《となり》にいる人は、何から何まで違《ちが》います。生まれ育った環境《かんきょう》も、好きな食べものも、ファッションの好みも、身体的にも、性格も、程度の差はあれ、違いだらけです。

5 なので、あなたにとって役に立った知識が、そのまま隣の人にあてはまるとは限りません。［ 1 ］、「恋愛を成就《じょうじゅ》させる方法」という知識があったとして、あなたが好きになる人と、隣の人が好きになる相手が一緒《いっしょ》とは限りません（同じ人を好きになったとしたら、なおさら二人とも恋愛を成就させるのは困難なわけですが）。相手が変われば、どうアプローチすればいいのかが変わるのはあたりまえですし、見た目も性格もさまざまな人が同じやり方をしてうまくいくわけがありません。

6 人間に関する「客観的な知識」と言われるものは、そのほとんどが一般《いっぱん》的な話ばかりです。ふつうはこういうことが好まれるとか、そう考える人が多いとか。たとえ、それが九〇%の人にあてはまったとしても、目の前の人がその九〇%に入るのか、残りのあてはまらない一〇%に入るのか、わかりません。あなたにとって大切なのは、一般論ではなく、特定の相手に受け入れてもらえるかどうかという個別で具体的な現実です。

7 だからこそ、インゴルドは、人間の生の営みを「データ」といったかたちでその固有で差異に満ちた現実の文脈から切り離《はな》したら意味がなくなる、と主張しているのだと思います。ある人の生きている経験は、どこまでもその人の生の文脈のなかでとらえ、考えていく必要がある、と。

8 (2)そんなのまったく学問じゃない、と言われそうですね。そうなんです。インゴルドが考えている人類学のあり方は、既存《きそん》の学問とか科学の枠《わく》組みから大きく逸脱《いつだつ》しています。まったく正反対とも言えます。すべての人類学者がそれに賛同しているわけでもありません。

9 でも、彼の語っている言葉には、学問って何か、教育によって人が成長するってどういうことかを考えさせるヒントがあります。もう少し彼の言葉に耳を傾《かたむ》けてみましょう。

10 二〇一八年に翻訳《ほんやく》された『ライフ・オブ・ラインズ』（フィルムアート社）という本でも、インゴルドは人類学と教育の関係について書いています。

11 そこでインゴルドは、これまでの一般的な学校の教育と、彼が考える教育とを明確に区別しています。ふつう教育とは、学習者の頭のなかにあらたな知識を入れ込《こ》むことだと思われています。でも、彼はそうではなくて、教育とは学ぶ人を生きられている世界それ自体へと導き出すことだと書いています。

12 学校教育で教えられ、覚えるべきとされている知識は、あらかじめ定められています。日本でもそうですが、多くは国が決めています。［ 2 ］、それはインゴルドに言わせれば、ある社会が定めるルールや望ましいとされている秩序《ちつじょ》といった「意図にもとづく世界」に引っ張り込んでいるに過ぎないというのです。そこでの「世界」とは、さきほど書いたように、それぞれの生きている文脈に関係なく、一律に誰《だれ》もが知っておくべきものと定められた知識で構成されている、架空《かくう》の「世界」です。

13 インゴルドが人類学の教育的な潜在《せんざい》力を考えるときに想定しているのは、その人の生きている現実から離れた一般的な知識を頭のなかに詰《つ》め込むのではなく、あくまで個別具体的な経験の世界へと導き出すような教育です。そこで必要なのが、知識で武装するのではなく、目の前に生じている経験の世界に慎重《しんちょう》に注意を払《はら》うための方法です。

国語問題

それを説明するために、インゴルドは、「迷宮《ラビリンス》」と「迷路《メイズ》」というたとえを使っています。そのふたつはどう違うのでしょうか?

14 わかりやすい「迷宮」のイメージとして、インゴルドは、登下校時の子どもたちの歩みを例にあげています。子どもたちは、通学路を注(2)俯瞰《ふかん》的にみて目的地に最短ルートを進むのではなく、驚《おどろ》きと発見に満ちた曲がりくねりとしてとらえて歩いているはずだ、と。

15 最近の日本の小学校は通学路が決められていて、そこからはずれたり、道草をしたりしてはいけない、と指導されることも多いのですが、子どもは本来、大人たちが定めたルートをそれて道草をするのが大好きです。

16 一方、都市で働いている大人たちは、ある地点から目的地に向けて、ナビに従って最短ルートを進むように歩きます。そこであらわれる道が「迷路」です。目的地に速やかに到達《とうたつ》することしか頭になく、誰かに話しかけられて足が止まったり、ルートとは違う道に入り込んでしまったりすること、いずれもがある種の「失敗」として経験されます。

17 迷路を進むとき、私たちはゴールにたどり着くという意図をもって進みます。意図が先にあって行動はその結果に過ぎません。それはあらかじめ意図され、決められた知識を覚えるのと似ています。覚えることが目的であって、できれば最短で簡単に覚えられればそれにこしたことはありません。本来は、最短ルート以外にもいろんな道の選び方があるわけですが、その②フクスウの選択肢《せんたくし》は、いずれも目的地にたどり着くという目的から逸《そ》れるという意味で、迷路の「行き止まり」と考えられてしまいます。

18 「迷宮」の道をたどる子どもたちは、たとえば道に不思議な虫がいれば、足を止め、じっとそれを観察するでしょう。そうやってその虫を追いかけているうちに、脇道《わきみち》に入り込むかもしれません。その瞬間《しゅんかん》、子どもたちにとって目的地である「学校」や「家」にたどり着くことは頭から消えています。迷路を進む大人たちが目的地に向かうこと以外に関心を払わず、行先以外は視界にも入らなくなるのとは③タイショウ的です。

19 インゴルドは、そういう意味で、(3)迷宮が世界に対して開かれているのに対して、迷路は閉じている、と書いています。迷路を進むとき、できれば最短で目的地に到達したいので、その途中《とちゅう》で起きる出来事は、すべて余計なことだし、ないほうがよいものになります。そのとき、迷路の歩行者は世界にとって存在しないも同然なのだ、とインゴルドは言います。

20 これを読んだとき、私は日本の都会の通勤電車のことを思い浮《う》かべました。通勤電車が毎日楽しいという人はめったにいないでしょう。電車のなかでは、みんな携帯《けいたい》を見つめるばかりで、周囲に注意を払ったり、隣の人とおしゃべりを楽しんだりする乗客はほとんどいません。ぎゅうぎゅうの満員電車ならなおさらそうです。一刻も早く目的地に着いてほしいと、外の世界への意識や感覚を麻痺《まひ》させて、じっと自分の殻《から》に閉じこもってその時間が過ぎ去るのをこらえる。そのとき、「わたし」という存在は世界に対して閉じていて、存在そのものが世界から失われていると言えるかもしれません。

21 寄り道をしながら、周囲のことに注意を払い、感覚を研ぎすまして驚きと発見のプロセスを楽しんでいる子どもたちと、なんと違うことか、ちょっと目眩《めまい》がするくらいの距離《きょり》です。

22 インゴルドは、迷宮の歩みは、目的地にたどり着こうといった「意図《インテンション》」にもとづくのではなく、たえまない周囲の世界への「注意《アテンション》」にもとづいている、と書いています。そうやって自分の周りに注意を払いながら歩む者は、世界と対話し、影響《えいきょう》を与《あた》え合い、自分も周囲も少しずつ変化させていきます。だから、世界のなかに確実に存在しているのです。

23 ちょっと抽象《ちゅうしょう》的な書き方なのですが、インゴルドが迷宮と迷路の対比から言おうとしている違いは、ぼんやりとわかると思います。この二つの対比は、そのまま知恵と知識の対比とも重なります。

24 学校教育が意図をもってあらかじめ用意された「知識」を教え込むことだとしたら、どうやって生きていくか、その歩みのなかでそれぞれが自分や周囲のことに目を向け、その観察と対話をとおして、生き抜《ぬ》く方法を見いだしていくことが「知恵」なのです。

（松村圭一郎「これからの大学」による）

注(1) インゴルド…イギリスの人類学者、ティム・インゴルド。人類学とは、人間を研究する学問のこと。

(2) 俯瞰…高いところから広く見渡《わた》すこと。

国語問題

問一 ═══線部①の漢字の読みをひらがなで答え、②・③のカタカナは漢字に直しなさい。

問二 本文中の[1]・[2]に入れるのに適当な言葉を次の中からそれぞれ選び、記号で答えなさい。

ア でも　イ なお　ウ たとえば　エ つまり

問三 ───線部(1)とありますが、ここで筆者はどのようなことを言おうとしていますか。最も適当なものを次の中から選び、記号で答えなさい。

ア 人にはそれぞれ生まれ持った宿命があるので、客観的な知識を学ぶことは無意味であるということ。

イ 人はそれぞれ異なる存在なので、お互いを理解するための知識はなかなか身につけられないということ。

ウ 人が生きることには無数の要素が関係しているので、どの要素もそれぞれ重要であるということ。

エ 人はそれぞれ置かれている状況が異なるので、客観的な知識を自分に当てはめても役に立たないということ。

問四 ───線部(2)とありますが、そのように言う人は、学問とはどのようなものだと考えているのですか。これより前の本文の言葉を用いて二十五字以内で説明しなさい。

問五 ───線部(3)とありますが、迷路を進むときに歩行者が「世界に対して閉じている」とはどういうことですか。解答欄《らん》の形式に従って「意図」「途中」「存在」の三語を必ず用いて説明しなさい。

問六 〰〰〰線部とありますが、インゴルドの考える「教育」とは、どのような力を育てようとするものですか。その考えが最もよく表れている段落番号を答えなさい。

問七 Aの文章に関連して、次の詩と【鑑賞文《かんしょう》》】を読んで後の問いに答えなさい。

練習問題　阪田　寛夫

「ぼく」は主語です
「つよい」は述語です
ぼくは　つよい
ぼくは　すばらしい
そうじゃないからつらい

「ぼく」は主語です
「好き」は述語です
「だれそれ」は補語です
ぼくは　だれそれが　好き
ぼくは　だれそれを　好き
どの言い方でもかまいません
でもそのひとの名は
言えない

【鑑賞文】

ぼくは　つよい
ぼくは　すばらしい

この第一□の例文は、生身の「ぼく」とは無関係に成り立つ、ただの一般《いっぱん》的な表現にすぎない。

しかし、それを血の通った現実の「ぼく」にあてはめて口にしたとたん、それは意味のある具体的な表現へとがらりと変貌《へんぼう》する。現実世界の「ぼく」はつよくもすばらしくもないと自覚しているから、「つよい」や「すばらしい」という自己評価の言葉が「つらい」ものとして突《つ》き刺《さ》さってくるのだ。一般から個別への視点の転換《てんかん》によって、ぬっと立ち現れる感情がおもしろくてせつない。

第二□には、

ぼくは　だれそれが　好き
ぼくは　だれそれを　好き

という例文が登場する。たやすく口にできるのはあくまでもそれが一般的な表現だからだ。ところが、現実世界の「ぼく」が発するとなると、「だれそれ」が具体的な人物の名前としてむき出しになる。その名をおいそれと明かすことはできない。読者の誰《だれ》もがその「ぼく」の恥《は》じらいに共感することだろう。これまた一般から個別への視点の転換によってたちどころに顔を出す感情が、なんとも甘酸《あまず》っぱくてくすぐったい。

詩人はいたずらっぽい表現によって、二つの世界を飛躍《ひやく》する面白さを教えてくれる。

（Ⅰ）鑑賞文中の□に共通して入る適当な言葉を漢字一字で答えなさい。

（Ⅱ）詩の中に練習問題としてあげられている例文は、Aの文章に当てはめると、どのような世界の言葉だといえますか。Aの文章中の⑩以降の段落から六十字以内で探し、最初と最後の五字を抜《ぬ》き出して答えなさい。

国語問題

（一〇枚のうちの四枚め）

二　次の文章を読んで、後の問いに答えなさい。

橘《たちばな》 陽菜子《ひなこ》の娘《むすめ》である風花《ふうか》は小学四年生で、戸部松乃進《とべまつのしん》の娘である小町《こまち》に勧誘《かんゆう》され、ボクシングジムに通っている。そこで星矢《せいや》と未来《みく》の母娘《おやこ》と知り合いになり、家族ぐるみで親しく付き合うようになった。

「ウチじゃあ、他人様《ひとさま》と喧嘩《けんか》をするために、ボクシングを教えているんじゃない。ズブの素人《しろうと》に手をだすなんてもってのほかだ、破門だ破門って、それはもうオーナーったらすごい剣幕《けんまく》だったんスから」

星矢自身、怒《おこ》っているようだ。鼻息が荒《あら》く、[A]が吊《つ》り上がってもいる。彼女《かのじょ》の怒《いか》りの対象はオーナーの松乃進にちがいない。ノーメイクの彼女は童顔で、実際の年齢《ねんれい》よりも五歳《さい》は若く見えた。マクドナルドなどで学校の先生の悪口をいう女子高生みたいだ。着ているのはトレーニング用のウェアで、ダイニングの椅子《いす》に片膝《ひざ》立てて座っているのは、ヤンキーの頃《ころ》の名残《なごり》かもしれない。

ふだんであれば風花は四時にジムへいく。だが今日は五時過ぎで、星矢が先にいて、トレーニングをはじめていたらしい。そして娘がジムに入るなり、松乃進が怒鳴《どな》りつけたというのだ。

「傍《そば》で見てたあたしもビビりました。オーナー室にいた未来も飛びだしてきて、あたしにしがみついてきて、オイオイ泣きだしちゃって」

その未来ちゃんもいた。リビングで風花とむきあい、お互《たが》い①険しい顔になっている。そのあいだには、[注]どうぶつしょうぎがあった。なぜいまそれを、と思わないでもなかったが、とりあえずは星矢の話を聞くのが先だ。

「そのあと風花ちゃんがなにを言ってもオーナーは聞きやしません。小町さんがいくら宥《なだ》めても駄目《だめ》でした。ついに風花ちゃんがジムを飛びだしてしまって、あたしと未来で慌《あわ》てておっかけて、こうしてウチまでついてきちゃったわけなんです」

「助かったわ。ありがと」

「礼にはおよびませんよ。あたしも未来も風花ちゃんが心配だったものですから。ねぇ、未来」

「マツノシンがフーカをハモンにしたから、ミクもマツノシンをハモンだ」

未来ちゃんも星矢とおなじく鼻息が荒かった。だが破門はさておき、陽菜子には気になることがあった。

「ねえ、風花。あなた、だれと喧嘩したの？」

「それ、あたしも聞いてなかったんスよね」星矢が言う。なんだか興味深げだった。

「六年生の男子三人とだよ」娘は静かに答えた。「未来ちゃん、そこにウサギのコマを置いたら、あたしがニワトリでライオンをとっちゃうよ」

「ほんとだ。もどしていいか」

「いいよ。つぎはもう教えないからね」

「わかった」

「年上の男とやりあったってこと？」これまた星矢だ。「ボクシングで？」

「ひとりのワキバラにボディブロー、べつの子の顔に右ストレート、最後に織田《おだ》ってヤツが、かましてきた左ストレートをよけて左アッパーを打ったんだけど、かわされたとこに先生がきたんだ」

ヒュゥウと星矢が口笛を鳴らし、「やるじゃん、風花ちゃん」と両手の人差し指で、娘を指差した。

「オダってネコをたすけていた、あのオダか」

「そうだよ。ネコは助けても、ひとをいじめるあの織田」

「ヒャッキンで会ったあの子？」陽菜子も訊《たず》ねた。

「そう、その織田。織田はんこの息子。今日の昼休みもおなじクラスのふたりとツルんで、三年生をイジメていたか

国語問題

（一〇枚のうちの五枚め）

ら、それがゆるせなくなって注意したんだ」

　そのあとに起きたことを娘は話した。丁寧《ていねい》に理路整然としており、わかりやすかった。[B]、娘がしたのは人助けではある。だが親としては、ひとに暴力をふるったことを褒《ほ》めそやすわけにはいかない。しかもそれだけではなかった。娘は自分勝手でワガママな織田はんこの子をやっつけるためにボクシングを習っていたというのだ。

「ごめん、ママ」

　声のトーンと表情からして、娘が言葉だけではなく、心の底から反省しているのが陽菜子にはわかった。

「二度とこんなマネはしない。オーナーがあたしを破門にするのも当然だ。ひとをなぐるつもりでボクシングをしてて、ほんとになぐっちゃったわけだし」

「でも織田は殴《なぐ》らなかったわけじゃない？　それでいいわけ？」

　星矢ときたら、織田も殴るべきだったと言わんばかりである。

「いいんだ、もう。ひとをなぐってみて、わかったんだ。ちっともたのしくなかったし、気持ちよくなかった。破門になってよかったくらいだ」

　ちがう。そうやって娘は自分に言い聞かせているだけだ。これも[C]声のトーンと表情でわかった。でも(1)それを陽菜子は指摘《してき》しないでおいた。ただし代わりにこう訊ねた。

「ボクシングはやめるの？」

「そのつもりだけど」

「でもあなたはまだ、試合どころかスパーリングもしていないんでしょ」

　(2)娘は陽菜子の顔をじっと見つめている。母親がなにを言うつもりなのか、考えているにちがいない。

「それってつまりあなたはまだ、ボクシングを知らないってことじゃない？　それでいいわけ？」

「あたしが知らない子となぐりあうなんてって、ママ、いやがってたじゃん」

「それはママの意見。あなたはどうなんだって話」

　娘は眉間《みけん》に皺《しわ》を寄せる。その小さな頭の中では、あらゆる思いが猛《もう》スピードで巡《めぐ》っているにちがいない。だがその口から、[D]答えはでてこなかった。

「フーカッ。オーテだ」

「ちがうよ。うらになったネコは、ななめうしろには動けない」

「あっ、そっか」

　未来ちゃんに間違《まちが》えを教えてから、娘は②アラタめて陽菜子を見た。

「あたしがボクシングをつづけるとしてだよ。試合をすることになっても、ママは反対しない？」

「しない。約束する」

　子どもがやりたいことは必ずやらせる。

〈子どもを育てるための五か条〉だ。

「あたしが証人になってあげるよ、風花ちゃん」

　星矢がにやつきながら言う。

「ボクシングをつづけるんだったら、これから先、あなたはどうしようと思ってる？　破門を取り下げてもらう？　だったらママがジムにいって、オーナーさんと話をしてもいいのよ」

「ナイスアイデアだ、陽菜子姉さん。風花ちゃんは全然悪くない、人助けにやむなく拳《こぶし》を使っただけッスもんね。オーナーだって陽菜子姉さんが話せばわかってくれますって。そうだ、あたしもいっしょにいって加勢しますよ。いきましょ、いきましょ。未来もいくよ」

「まだショーブがついていない」

国語問題

未来ちゃんは動かない。どうぶつしょうぎの盤面《ばんめん》を睨《にら》みつけたままなのだ。

「そこまでしなくていい」すでに腰《こし》をあげていた陽菜子と星矢に、娘が言った。「これはあたしの問題だもん。あたしがどうにかする」

「どうにかって、どうするつもり?」

陽菜子は訊ねた。せっかく娘の手助けができると思ったのに、本人に断られてしまい、戸惑《とまど》いを隠《かく》し切れなかった。

「いまはわからない。だけどそれも自分で考えさせてほしいんだ」

(3)そう答える娘の顔は、すでに大人だった。

「なんでだ?」未来ちゃんだ。盤面から顔をあげ、娘を見上げていた。

「未来ちゃんが勝つには、この象さんを」

「ちがう。どうぶつしょうぎのことじゃない」

「だったらなにさ、未来」と星矢が訊ねた。

「なんでマツノシンはフーカがケンカしたことをしってたんだ?」

未来ちゃんの疑問はもっともだった。娘はジムへいくなり破門になったのだ。その前に、だれかが松乃進に報《しら》せたにちがいない。

でもだれが?

その夜、たてつづけに四人から陽菜子のスマートフォンに電話があった。

「ほんとにごめんなさいね、橘さん。ウチの父も一度言いだしたら聞かないひとで」トップは小町さんだった。星矢と未来ちゃんが帰ったすぐあとにかかってきた。「風花ちゃんはどうしてます?」

風呂《ふろ》を洗っているところだった。でも小町さんはそういうことを訊ねているのではあるまい。

「少し落ちこんでいるようには見えますが、他にはべつに変わった様子はありません」

「キックキックトントン、キックキックトントン」

風呂場で娘が唄《うた》っている。調子っぱずれで、やけっぱちな歌声だった。

「ただ」

「ただ?」小町さんは心配そうに陽菜子の言葉を繰《く》り返した。

「ボクシングはつづけていきたいと言っておりまして」

「ほんとですかっ。よかったぁ。いえね、親父《おやじ》のことは嫌《きら》いになってもいいんですが、ボクシングを嫌いになられちゃかなわないと思っていましてね。わかりました。でもまあ、あの怒り様だと、冷静になるまで一週間から十日はかかるかもしれないんですが、風花ちゃんを許すよう、必ず親父を③セットクします」

そのあと電話をかわってほしいと言われたので、風呂場へいき、娘にスマートフォンを渡《わた》した。娘は「はい、はい」と返事をするばかりで、しまいにはえらく神妙《しんみょう》な表情になっていた。

「小町さんになに言われたの?」

電話をおえてすぐ訊ねると、娘は表情を変えずにこう答えた。

「あなたのコブシがほえるのはリングの上だけだって」

拳が吼《ほ》える。面白い喩《たと》えだ。小町さん独自のモノか、ボクシングの世界ではよく使うのかまでは、陽菜子にはわからなかった。

（山本幸久「あたしの拳が吼えるんだ」による）

注　どうぶつしょうぎ…将棋《しょうぎ》を子ども向けにアレンジしたゲーム。

国語問題

（一〇枚のうちの七枚め）

問一 ═══線部①の漢字の読みをひらがなで答え、②・③のカタカナは漢字に直しなさい。

問二 [A] に入れるのに適当な、体の一部を表す漢字一字を答えなさい。

問三 [B]～[D] に入れるのに適当な言葉を次の中からそれぞれ選び、記号で答えなさい。ただし、同じ記号は二度以上使わないこと。

ア やはり　イ なるほど　ウ どうせ　エ なかなか

問四 ――線部(1)とは何ですか。指示する内容を答えなさい。

問五 ――線部(2)とありますが、このときの風花の気持ちを説明した次の文の [1]・[2] に入れるのに適当な表現をそれぞれ答えなさい。

[1] はずなのに、[2] ことが腑《ふ》に落ちなくて母親の真意を確かめたいという気持ち。

問六 ――線部(3)とありますが、陽菜子は風花のどんなところを大人だと感じたのですか。答えなさい。

問七 〰〰線部とありますが、これ以降、未来と風花が「どうぶつしょうぎ」をしている場面が続きます。その効果を説明したものとして**適当でないもの**を次の中から一つ選び、記号で答えなさい。

ア 風花は破門されてショックを受けていたが、今は幼い未来を相手に優しく「どうぶつしょうぎ」を差してやるくらいに心の余裕《よゆう》を取りもどしていることを表す効果。

イ 真剣《しんけん》な話し合いの中に「どうぶつしょうぎ」の様子がときどき差しはさまれて、場面にちぐはぐなおもしろみを与《あた》える効果。

ウ 「どうぶつしょうぎ」に気を取られているふりをして、母親からの追及《ついきゅう》をのがれようとしている風花の計算高い一面を表す効果。

エ 星矢や母親と会話をしながらも、同時に未来の「どうぶつしょうぎ」の様子を見て誤りを指摘《してき》できる風花の冷静さや対応力を表す効果。

問八 本文を読んで、表現や内容について生徒が話し合いました。次の発言のうち、読みとりに**誤りを含《ふく》むもの**を一つ選び、1～5の数字で答えなさい。

生徒1 「拳が吼える」という言葉が気に入りました。「吼える」は何かに向かってありったけの思いをふりしぼって吐《は》き出す感じがして、弱いものいじめを許さない風花の強い正義感とぴったり合う気がします。

生徒2 なるほど。スピードの出たパンチがうなる音という意味だけじゃないんですね。私は未来がかわいいなと思いました。彼女の言葉には「カタカナ」が多く用いられていて、幼い感じがよく出ている気がします。

生徒3 この話は三組の親子が描《えが》かれていて、それぞれの親子関係がよく伝わりました。風花のお母さんの陽菜子さんが、風花のしゃべっている様子やお風呂で歌っている様子で、娘の気持ちにちゃんと気づいていてすごいと思いました。また、ジムのオーナーの松乃進の頑固《がんこ》なところを、娘の小町さんがカバーしているんだなと思いました。

国語問題

（一〇枚のうちの八枚め）

生徒4　そうですね。私は家族間のつながりも感じました。元ヤンキーの星矢さんが風花を心配して親切にしたり風花のしたことを面白がったりする場面や、お母さん同士で息が合っている場面を読むと、みんな仲がいいなと思いました。

生徒5　いろんな人の視点で書かれてあるから、それぞれの人の気持ちがよく分かって読みやすかったです。ボクサーの精神に反した風花を許さない松乃進が怒鳴る場面では、松乃進のボクシングに対する情熱を感じました。

三　次の各問いに答えなさい。

（Ⅰ）次の文章の［1］～［4］に当てはまるように後のア～エの文を並びかえたとき、［2］と［4］に入るものをそれぞれ記号で答えなさい。

> 動物にとって一番重要なことは、自分の力で生きることである。
> 猪《いのしし》は四六時中外敵を警戒《けいかい》しなければならないから、眠《ねむ》っている間でも、心も身も緊張《きんちょう》させている。
> ［1］
> ［2］
> ［3］
> ［4］
> そこで豚《ぶた》は、荒《あら》く剛《かた》い毛も鋭《するど》い牙《きば》も失ってしまったのである。
>
> （河合雅雄『望猿鏡から見た世界』朝日新聞出版）

ア　ところが、餌《えさ》は山ほど与《あた》えられ、襲《おそ》いかかる敵もいない豚は、生きていくための努力は何も必要としない。

イ　鋭い牙は伊達《だて》についているのではない。

ウ　豚をとりまく環境《かんきょう》は安全そのもので、危険の要素は一つもない。

エ　山芋《やまいも》を掘《ほ》るなどの食物あさりや、敵と戦うための武器として、なくてはならないものなのだ。

（Ⅱ）次の小問に答えなさい。

問一　次の四字熟語の□に共通して入る適当な漢字をそれぞれ答えなさい。

①
一心同□
絶□絶命

②
無□夢中
□田引水

国語問題

（一〇枚のうちの九枚め）

問二　次の□に適当な漢字一字を入れて、タテヨコの熟語を完成させなさい。

配
↓
顔　→　□　→　調
↓
紙

問三　三字熟語を作るときに、□に「無」を入れることのできる熟語はどれですか。次の中から一つ選び、記号で答えなさい。

ア　□公開　イ　□完成　ウ　□理解　エ　□安定

問四　次のことわざのうち、意味の異なるものを一つ選び、記号で答えなさい。

ア　釈迦《しゃか》に説法
イ　弘法《こうぼう》も筆の誤り
ウ　河童《かっぱ》の川流れ
エ　上手の手から水が漏《も》れる

問五　――線部の言葉の使い方が正しいものを次の中から二つ選び、記号で答えなさい。

ア　今日は遅刻《ちこく》をしたうえに忘れ物をして至れり尽《つ》くせりだ。
イ　彼は優秀でクラスのみんなから一目置かれている。
ウ　仕事を頼《たの》まれているのに彼は喫茶《きっさ》店で油を売っていた。
エ　「よかったら遊びにこないか」と釘《くぎ》をさされた。

問六　――線部の敬語の使い方が正しいものを次の中から二つ選び、記号で答えなさい。

ア　父が僕の進路のことについて先生にお話になる。
イ　レストランに来店したお客様が料理をいただく。
ウ　取引先の社長が会議室にいらっしゃる。
エ　私は財布を拾ってくれた方にお礼を申し上げた。

中B方式
令３

算　数　問　題 (60分)

（４枚のうちの１枚め）

※解答はすべて解答用紙に記入しなさい。

１，２，３(1)，４(1)，６(1)，(2)は答のみを解答用紙に記入しなさい。その他の解答らんには，できるだけ式や途中《とちゅう》の計算を書き，式が書きにくいときには，図などをかいておきなさい。なお，円周率は3.14として答えなさい。

１　次の□の中にあてはまる数を入れなさい。

(1)　$56+97=$ □

(2)　$84-51\div3=$ □

(3)　$2+3.5-1.73=$ □

(4)　$\frac{7}{6}+\frac{3}{2}-\frac{4}{5}=$ □

(5)　$0.28\times700-50\times2.8+28\times4=$ □

(6)　$27+(57-27\div3-2\times5)\times2=$ □

(7)　$\frac{7}{6}\times0.6\div\frac{7}{2}=$ □

(8)　$3+\frac{2}{5}\times($ □ $-\frac{5}{16})=\frac{37}{12}$

２　次の問いに答えなさい。

(1)　60と84の公約数のうち，5より大きい整数をすべて求めなさい。

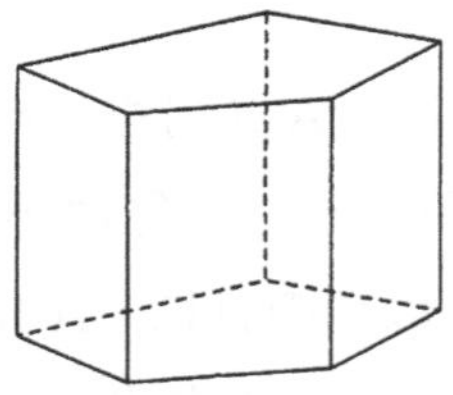

(2)　右の図のように，底面が五角形の角柱があります。
底面積が24 cm^2で，この角柱の体積が126 cm^3であるとき，
この角柱の高さは何cmですか。

(3)　6個の卵の重さを1個ずつはかると，それぞれ67.3 g，67.8 g，67.7 g，67.2 g，67.9 g，67.1 gでした。6個の卵の平均の重さは何gですか。

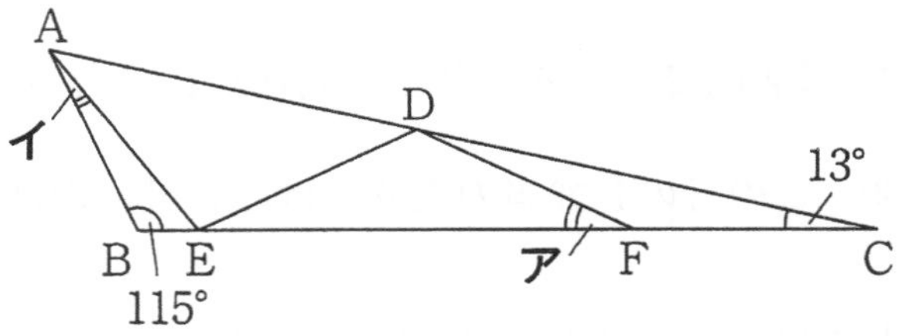

(4)　右のような三角形ＡＢＣの辺ＡＣ上に点Ｄ，辺ＢＣ上に点Ｅ，Ｆがあります。辺ＡＥ，ＤＥ，ＤＦ，ＣＦの長さがすべて等しいとき，**角ア，イ**の大きさはそれぞれ何度ですか。

３　右の図のように，半径10cmの４つの円の周りにひもをかけました。
さらに，その４つの円の中心を頂点とする四角形を作ります。

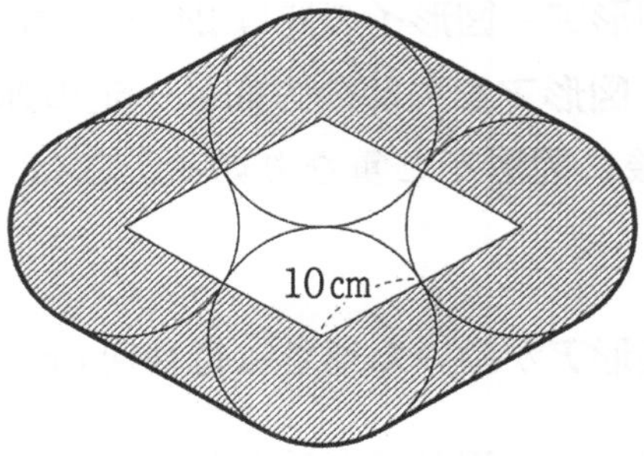

(1)　右の図形の太線部分は何cmですか。

(2)　斜線《しゃせん》部分の図形の面積は何 cm^2ですか。

４　次の操作で計算していきます。

【操作】　最初に分数Ａを１つ決めます。次に２からＡを引いた数をＢとします。
さらに，Ｂの逆数をＣとして，そのＣの分数を記録します。

上の操作を１回の操作とします。次の操作からは直前に記録した分数ＣをＡとして計算していきます。

例えば，１回めの操作でＡが $\frac{1}{4}$ のとき，Ｂは $\frac{7}{4}$，Ｃは $\frac{4}{7}$ となり，２回めの操作ではＡを $\frac{4}{7}$ として始めるので，２回めの操作後のＣは $\frac{7}{10}$ となります。

算 数 問 題

Ａを $\frac{1}{5}$ としてこの操作を始めます。

(1)　１回めの操作後の分数Ｃを求めなさい。

(2)　分数Ｃが $\frac{17}{21}$ と記録されるのは，最初から数えて何回めの操作後ですか。

(3)　何回か操作を続けると，記録される分数Ｃにある規則がみられます。Ｃの分子が2021となるのは最初から数えて何回めの操作後と考えられますか。

5　ある店で弁当を販売《はんばい》しています。この店では，弁当を店内で食べることもでき，持ち帰ることもできますが，それぞれで右の表のように値段が異なります。ただし，弁当１個の値段には消費税が含《ふく》まれています。

	Ａ弁当	Ｂ弁当
店内で食べる	440円	550円
持　ち　帰　り	432円	540円

(1)　ある日，Ａ弁当を200個用意したところ，その日のうちにすべて売り切れ，Ａ弁当の売り上げの合計金額は87344円でした。『持ち帰り』として売れたＡ弁当の個数を求めなさい。

(2)　(1)とは別の日に，Ａ弁当とＢ弁当をあわせて200個用意したところ，すべて売り切れました。『店内で食べる』として売れたＡ弁当とＢ弁当の個数は同じで，それぞれ50個以上70個以下売れたことが分かっています。『持ち帰り』として売れたＡ弁当とＢ弁当の個数の比は８：５でした。

①　『店内で食べる』として売れたＢ弁当の個数は何個ですか。

②　この日のＢ弁当の売り上げの合計金額は何円ですか。

6　右の図１のように，１辺の長さが４cmの正方形を何個か組み合わせて**図形ア**，**図形イ**をつくり，下の図２のような位置に置きました。**図形ア**と**図形イ**の間は24 cmはなれています。**図形イ**は動かさずに，**図形ア**を矢印の方向に一定の速さで水平に動かしたところ，16秒後に**図形イ**と重なり始め，しばらくして完全に通りすぎました。

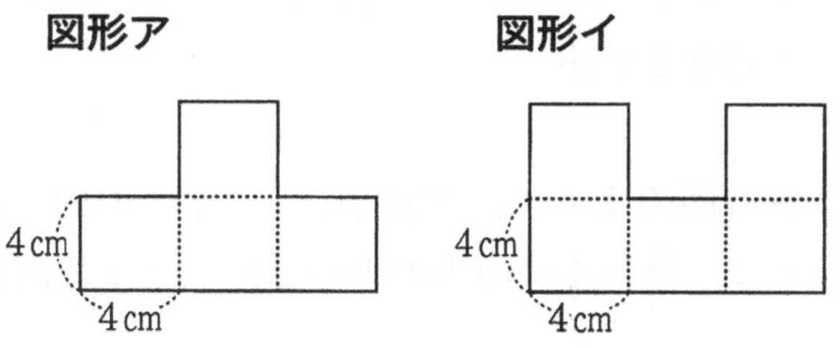

図１

(1)　**図形ア**が動いた速さは毎秒何cmですか。

(2)　**図形ア**と**図形イ**が重なり始めてから１秒後に重なっている部分の面積は何cm²ですか。
また，**図形ア**と**図形イ**が重なり始めてから６秒後に重なっている部分の面積は何cm²ですか。

(3)　**図形ア**と**図形イ**の重なっている部分の面積が，**図形イ**の面積の $\frac{2}{5}$ となるのは，重なり始めてから何秒後と何秒後のときですか。

(4)　**図形ア**と**図形イ**が重なり始めてから重なっている部分の面積が一定である時間があります。重なっている部分の面積が一定である時間は何秒間ですか。

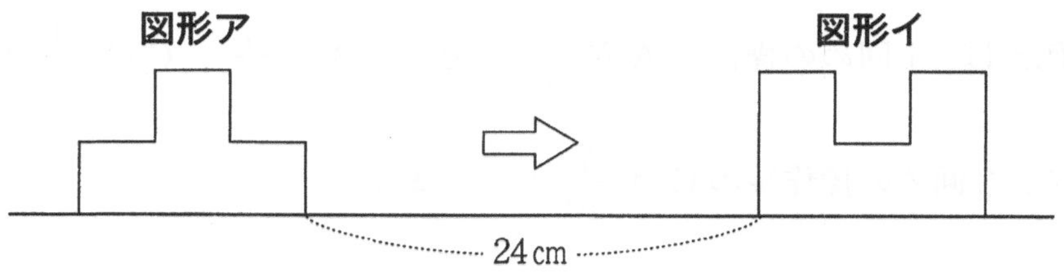

図２

理　科　問　題　(40分)

※解答はすべて解答用紙に記入しなさい。

1　次の文を読み，下の問いに答えなさい。

生き物は生きていくために，養分，（　a　），（　b　）などを必要としています。植物は日光を利用するあるはたらきにより，養分と（　a　）をつくることができ，そのとき（　b　）は土の中から取り入れています。しかし，動物はそれらをつくることができないため，まわりの環境やほかの生き物から取り入れています。

(1)　文中の空らんに，もっともあてはまる語句を次の中から選び，記号で答えなさい。

(ア)　ちっ素　　(イ)　二酸化炭素　　(ウ)　酸素　　(エ)　水

(2)　植物が養分と（　a　）をつくる下線部のはたらきの名称《めいしょう》を答えなさい。

(3)　植物が (2) のはたらきのために，空気中から取り入れる気体の名称を答えなさい。

(4)　植物が (3) の気体を空気中から取り入れていることは，次のような実験によってたしかめることができます。

〔実験〕　植物をとう明なポリエチレンのふくろに入れ，日光を１時間くらい当てる。植物に (2) のはたらきを行わせて，日光を当てる前と，当てた後の空気中の (3) の気体の体積の割合をはかる。

①　この実験について，正しいものを次の中からすべて選び，記号で答えなさい。

(ア)　ポリエチレンのふくろは，初めしぼませてから息をふきこみ，その空気を４～５回吸ったりはいたりして，ふくろをふくらませてから実験を行う。

(イ)　日光を当てたあとには，(3) の気体の割合は 0.04％ぐらいから 0.01％ぐらいに減少する。

(ウ)　日光を当てたあとには，(3) の気体の割合は５％ぐらいから３％ぐらいに減少する。

②　この実験で気体の割合をはかるために，気体採取器に取りつける実験器具の名称を答えなさい。

(5)　植物は自然の状態では，(2) のはたらきを昼間しか行うことはできません。夜間の植物のようすについて，正しいものを次の中から１つ選び，記号で答えなさい。

(ア)　植物はたくわえた養分と（　a　）を使わない。

(イ)　植物はたくわえた養分を使うが，（　a　）は使わない。

(ウ)　植物はたくわえた養分を使わないが，（　a　）は空気中から取り入れて使う。

(エ)　植物はたくわえた養分を使い，（　a　）は空気中から取り入れて使う。

(6)　動物はいろいろなものを食べて，生きるために必要な養分を取り入れています。くさりかけた落ち葉をおもに食べる動物を，次の中から２つ選び，記号で答えなさい。

(ア)　ダンゴムシ　　(イ)　バッタ　　(ウ)　カマキリ　　(エ)　ミジンコ　　(オ)　ミミズ

(7)　生き物どうしの間には，「食べる」「食べられる」という関係がよく見られます。この関係の名称を答えなさい。

(8)　草むらに見られる (7) の関係を，次のように表したとき，下の問いに答えなさい。

草むらの植物Ａ　⟹　動物Ｂ　⟹　動物Ｃ

①　動物Ｃに当てはまるものを，(6) の (ア) ～ (オ) から１つ選び，記号で答えなさい。

②　生き物Ａ・Ｂ・Ｃの数が何年も変動がなかった草むらで，Ｂの数がなんらかの原因で急に増加したとき，その影響《えいきょう》でＡとＣの数も一時的に変化します。しかし，その後Ａ・Ｂ・Ｃの数は，しだいにもとにもどっていきます。この数の変化を，次の図を４つ使って表すと，(ア) ～ (エ) の図をどの順に並べればよいですか。解答らんの（　　）の中に，図の記号を１つずつ入れなさい。なお，図の面積は生き物の数を表しており，図の中には二度使う図と一度も使わない図が含《ふく》まれています。

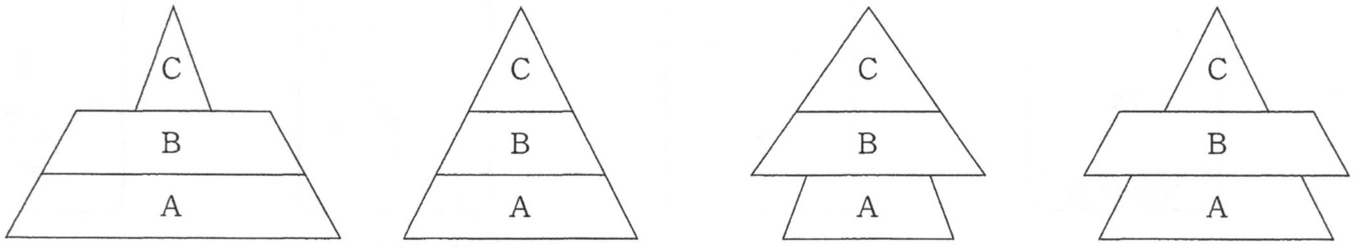

(ア)　　(イ)　　(ウ)　　(エ)

(9)　近年，外国から持ちこまれた生き物によって，日本にもともとあった (7) の関係がくずれることが問題になっています。外国から持ちこまれた生き物として，正しいものを次の中から１つ選び，記号で答えなさい。

(ア)　ボルボックス　　(イ)　アゲハ　　(ウ)　ナナホシテントウ　　(エ)　オオクチバス

理　科　問　題

2　もののうきしずみについて調べてみました。表１は食塩の重さと溶《と》かす水の重さを変えて，いろいろなこさの食塩水Ａ～Ｅを表したものです。表２はいろいろな液体の $100cm^3$ の重さを表したものです。なお，すべて温度は一定であり，食塩はすべてとけているものとします。下の問いに答えなさい。

表１

	食塩水Ａ	食塩水Ｂ	食塩水Ｃ	食塩水Ｄ	食塩水Ｅ
食塩の重さ	10g	10g	20g	10g	15g
とかす水の重さ	90g	140g	80g	190g	135g

表２

水	サラダ油	食塩水Ａ
100g	91g	107g

(1)　食塩水Ａ～Ｅの中でもっともこい食塩水はどれか答えなさい。

(2)　食塩水Ａの中に生たまごを入れると，右の図のように食塩水の中間にとまりました。また，同じ生たまごを食塩水Ｂに入れると，たまごはビーカーの底にしずみました。食塩水Ｃ～Ｅに同じ生たまごをそれぞれ入れた場合はどうなりますか。次の中からそれぞれ１つずつ選び，記号で答えなさい。

(ア)　水面にうく。　(イ)　底にしずむ。　(ウ)　食塩水の中間にとまる。

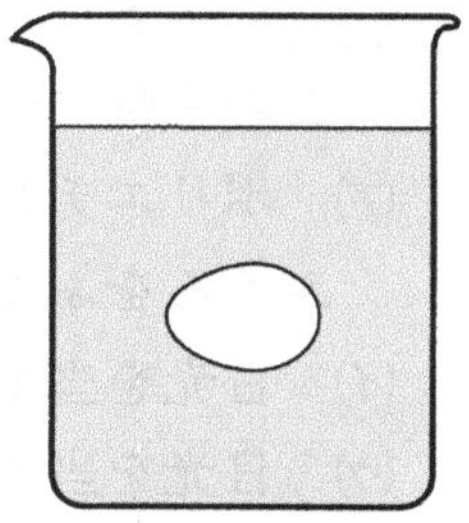
図

(3)　(2)と同じ原理で起きる身の回りの現象として，もっともあてはまるものを次の中から１つ選び，記号で答えなさい。

(ア)　ヘリウムガスの入った風船が上空へ上がった。
(イ)　ロケットは燃料を燃やすことで上空へ上がった。
(ウ)　エレベーターのスイッチをおすと，上の階へ上がった。
(エ)　ヘリコプターはプロペラを回転させて上空へ上がった。

(4)　食塩水Ｂ～Ｅのうち２つをすべてまぜ，(2)と同じ生たまごを入れると，この場合も中間にとまりました。どの食塩水をまぜたのでしょうか。組み合わせとして，正しいものを次の中から１つ選び，記号で答えなさい。

(ア)　ＢとＣ　(イ)　ＢとＤ　(ウ)　ＢとＥ　(エ)　ＣとＤ　(オ)　ＣとＥ　(カ)　ＤとＥ

(5)　水 $80cm^3$ とサラダ油 $20cm^3$ をビーカーに入れ，しばらく待ちました。このときのようすとしてもっともあてはまるものを次の中から１つ選び，記号で答えなさい。

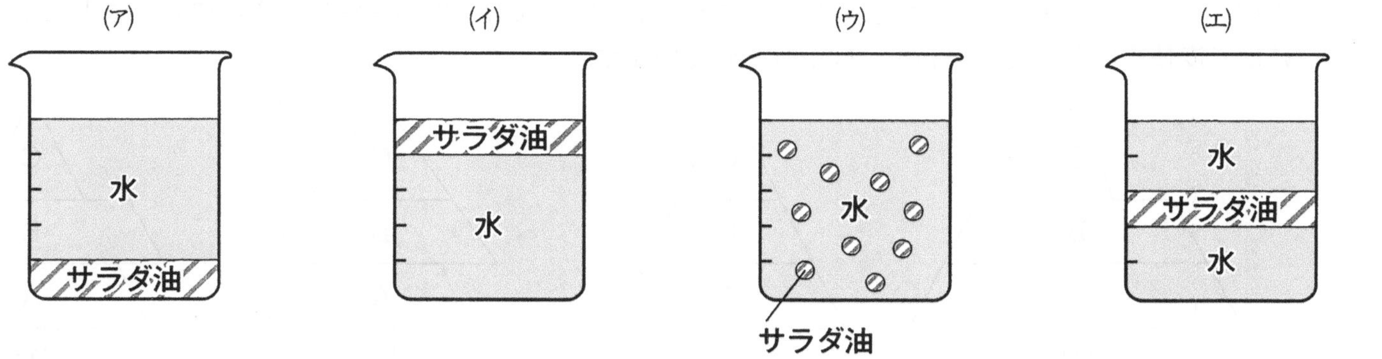

(6)　あるプラスチックのかたまりの重さをはかったところ2.2gでした。このかたまりを食塩水Ａに入れたところ食塩水の中間にとまりました。このかたまりの体積は何 cm^3 ですか。答えは小数第３位を四捨五入して第２位まで答えなさい。

理 科 問 題

3 天体について次の文を読んで，下の問いに答えなさい。

天体にはいろいろな明るさがあり，地球から見る見かけの明るさによって等級（天体の明るさ）を決めています。また，太陽は自ら大きなエネルギーを放《はな》っているため，それが光となって明るくかがやいています。宇宙にはこのような星が多くあり，放つエネルギーの大きさが違うため色も異なります。太陽は黄色で表面は高い温度ですが，こと座のベガは白色で，太陽よりはるかに大きなエネルギーを放っています。また，太陽よりも放つエネルギーが小さいさそり座のアンタレスは赤色をしています。

星座までの距離《きょり》は非常に遠く「km」では表しにくいので，光が１年間に進む距離（約 9,500,000,000,000km）を１光年として表します。例えば，おおいぬ座のシリウスまでの距離は約 8.7 光年で，9,500,000,000,000km × 8.7 光年 ＝ 82,650,000,000,000km です。

(1) 見かけの等級では，１等星は６等星より約 100 倍明るく，３等星は４等星より約 2.5 倍明るい。では，２等星は５等星より約何倍明るいか，次の中から１つ選び，記号で答えなさい。

(ア) 約 2.5 倍　(イ) 約 3.0 倍　(ウ) 約 7.5 倍　(エ) 約 15.6 倍

(2) 自ら光を出してかがやいている星を何というか，次の中から１つ選び，記号で答えなさい。

(ア) えい星　(イ) わく星　(ウ) こう星　(エ) 星座

(3) 地球から 17,100,000,000,000,000km にあるはくちょう座のデネブは地球から約何光年の距離にあるか，次の中から１つ選び，記号で答えなさい。

(ア) 約 150 光年　(イ) 約 180 光年　(ウ) 約 1,500 光年　(エ) 約 1,800 光年

(4) 冬の大三角形は，プロキオン，ベテルギウス，シリウスで構成されている。星の特ちょうを利用して星の表面温度が高い順に並べた時，正しい順番のものを下の中から１つ選び，記号で答えなさい。

星の特ちょう	プロキオン	ベテルギウス	シリウス
星座名	こいぬ座	オリオン座	おおいぬ座
地球からの距離（光年）	11	500	8.7
等級（天体の明るさ）	0.3	0.4	－ 1.5
星の色	黄色	赤色	白色

(ア) プロキオン → シリウス → ベテルギウス　(イ) プロキオン → ベテルギウス → シリウス
(ウ) シリウス → プロキオン → ベテルギウス　(エ) ベテルギウス → プロキオン → シリウス

(5) 星座や星を探すには，図のような星座早見を利用すると見つけやすい。星座早見の使い方に関する次の文の空らんに入る語句を下の中から１つ選び，記号で答えなさい。

【使い方】

星座早見の２枚の板の周りにある１年間の月日の目盛りと，１日 24 時間の目盛りを合わせる。例えば，６月 25 日の午後８時の星空を見たいとすると，６月 25 日の日付と午後８時の目盛りを合わせる。これで，丸い窓からはそのときの星が出ていることになる。このとき，北の空を見るときは星座早見の北の印が（　　）にくるように持ち，北の方角を見る。

(ア) 上　(イ) 下　(ウ) 左　(エ) 右

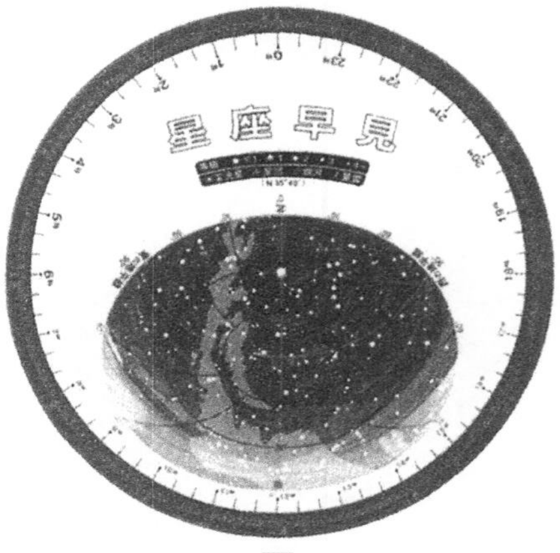

図

理科問題

(6)　月や星，星座の動きをまとめた次の文の空らんに入る語句の組み合わせとして，正しいものを次の中から１つ選び，記号で答えなさい。

・星の位置は，時間がたつと変化（　①　）。
・星座のならび方は，時間とともに変化（　②　）。
・地球から見える月の形は，日によって（　③　）。

記号	（　①　）の答え	（　②　）の答え	（　③　）の答え
(ア)	する	する	違う
(イ)	する	する	変わらない
(ウ)	する	しない	違う
(エ)	する	しない	変わらない
(オ)	しない	する	違う
(カ)	しない	する	変わらない
(キ)	しない	しない	違う
(ク)	しない	しない	変わらない

(7)　2019年の岡山県岡山市における日の出と日の入りの時刻を下の表にまとめた。一日が最も長い日と最も短い日では，日が出ている時間の差はどれぐらいか。下の中から１つ選び，記号で答えなさい。ただし，山や海などの地形による日の出・日の入りの時刻の違《ちが》いは考えないものとする。

日　付		日の出	日の入り
春分の日	2019年３月21日	午前　6:07	午後　6:16
夏《げ》至《し》	2019年６月22日	午前　4:51	午後　7:21
秋分の日	2019年９月22日	午前　5:51	午後　6:02
冬《とう》至《じ》	2019年12月22日	午前　7:07	午後　4:57

(ア)　０時間02分　　(イ)　２時間19分　　(ウ)　２時間21分　　(エ)　４時間40分

理 科 問 題

4　次の各実験に関する説明を読み，下の問いに答えなさい。

　図１のように電源装置と電熱線を用いて回路をつくり，水が入っているビーカーの中に電熱線を入れて電流を流し，そのときの温度上昇を測定する実験を行いました。電源装置の電圧は一定で，使用した電熱線Ａ～Ｃの長さと太さは表１のとおりでした。ただし，電熱線の太さは断面の面積（mm^2）で表します。また，電熱線から発生した熱は，すべてビーカー内の水を温めるのに使われるとします。

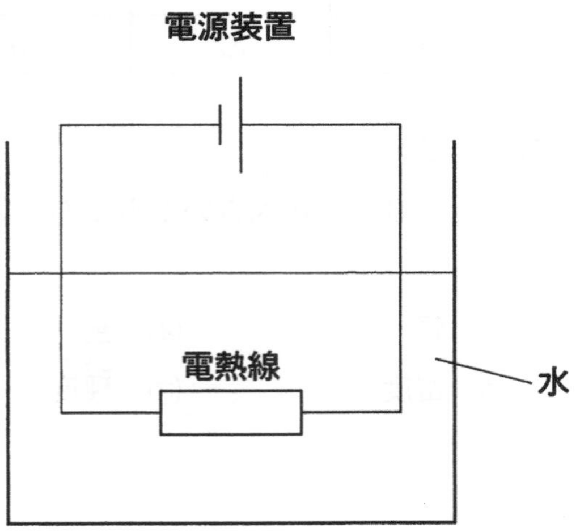

図 1

表 1

	長さ（m）	太さ（mm^2）
電熱線Ａ	0.1	0.05
電熱線Ｂ	0.2	0.05
電熱線Ｃ	0.1	0.1

【実験１】　電熱線Ａをビーカーに入れ，水の量を 50g，100g，200g と変化させて水の温度上昇（℃）を１分ごとに測定したところ，表２のようになった。

表 2

	１分	２分	３分	４分	５分
50g	1.2	2.4	3.6	4.8	6.0
100g	0.6	1.2	1.8	2.4	3.0
200g	0.3	0.6	0.9	1.2	1.5

【実験２】　水の量を 100g にして，電熱線Ａ～Ｃを用いたときの水の温度上昇（℃）を１分ごとに測定したところ，表３のようになった。

表 3

	１分	２分	３分	４分	５分
電熱線Ａ	0.6	1.2	1.8	2.4	3.0
電熱線Ｂ	0.3	0.6	0.9	1.2	1.5
電熱線Ｃ	1.2	2.4	3.6	4.8	6.0

理 科 問 題

【実験３】 水の量を100gにして，電熱線Ａと電熱線Ｂを直列に接続したものをビーカーに入れ，水の温度上昇（℃）を測定しました。また，電熱線Ａと電熱線Ｃを並列に接続したものをビーカーに入れ，水の温度上昇（℃）を測定し，その結果を表４にまとめた。

表 4

	１分	２分	３分	４分	５分
電熱線Ａと電熱線Ｂを直列に接続	0.2	0.4	0.6	0.8	1.0
電熱線Ａと電熱線Ｃを並列に接続	1.8	3.6	5.4	7.2	9.0

(1) 下の文に，もっともよくあてはまる語句を１つずつ選び，記号で答えなさい。
電熱線には，（　Ａ　）などの材料が用いられることが多い。これは，（　Ｂ　）が大きいからである。

(ア) エナメル　(イ) 銀　(ウ) ニクロム　(エ) 銅　(オ) 金
(カ) 電圧　(キ) 抵抗《ていこう》　(ク) 電流　(ケ) 密度　(コ) 硬度《こうど》

(2) 実験１の結果からわかる，水の温度上昇と水の量，電流を流した時間の関係について，次の中から正しいものを１つ選び，記号で答えなさい。

(ア) 水の温度上昇は，水の量が増えると増加し，電流を流した時間が長くなっても増加する。
(イ) 水の温度上昇は，水の量が増えると増加し，電流を流した時間が長くなると減少する。
(ウ) 水の温度上昇は，水の量が増えると減少し，電流を流した時間が長くなると増加する。
(エ) 水の温度上昇は，水の量が増えると減少し，電流を流した時間が長くなっても減少する。
(オ) 水の温度上昇は，水の量や電流を流した時間には関係ない。

(3) 電熱線Ｂを水25gが入ったビーカーに入れ，６分間電流を流しました。このときの水の温度上昇を求めなさい。

(4) 実験２の結果からわかる，発生する熱の量と電熱線の関係について，次の中から正しいものを１つ選び，記号で答えなさい。

(ア) 発生する熱の量は，電熱線の長さを長くすると増加し，太さを太くしても増加する。
(イ) 発生する熱の量は，電熱線の長さを長くすると増加し，太さを太くすると減少する。
(ウ) 発生する熱の量は，電熱線の長さを長くすると減少し，太さを太くすると増加する。
(エ) 発生する熱の量は，電熱線の長さを長くすると減少し，太さを太くしても減少する。
(オ) 発生する熱の量は，電熱線の長さや太さに関係ない。

(5) 太さのわからない，長さ0.1mの電熱線Ｘを用いて実験２を行ったところ，電熱線Ｂと同じ温度上昇がみられました。この電熱線Ｘの太さを求めなさい。

理　科　問　題

(6)　図２のように電熱線Ｂと電熱線Ｃを並列に接続したものを，水100gが入ったビーカーにいれ，５分間電流を流した。このときの水の温度上昇を求めなさい。

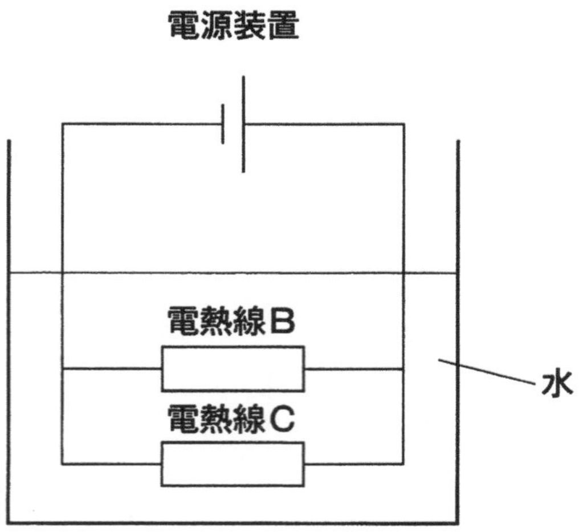

図２

(7)　長さのわからない，太さ$0.05mm^2$の電熱線Ｙを用いて実験２を行ったところ，電熱線Ｃと同じ温度上昇が見られました。この電熱線Ｙの長さを求めなさい。

(8)　図３のように電熱線Ｂと電熱線Ｃを直列に接続したものを，水100gが入ったビーカーにいれ，５分間電流を流しました。このときの水の温度上昇を求めなさい。

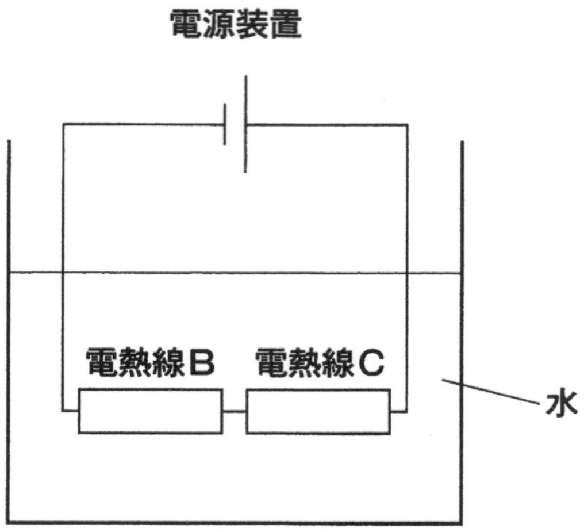

図３

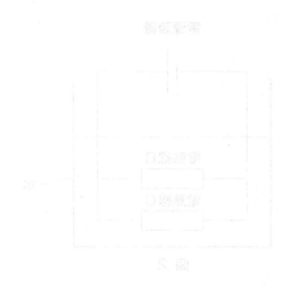

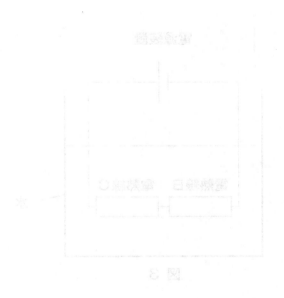

社　会　問　題　(40分)

（５枚のうちの１枚め）

※解答はすべて解答用紙に記入しなさい。

1　次の資料Ⅰ～Ⅵを見て，あとの問１～問６に答えなさい。

資料Ⅰ

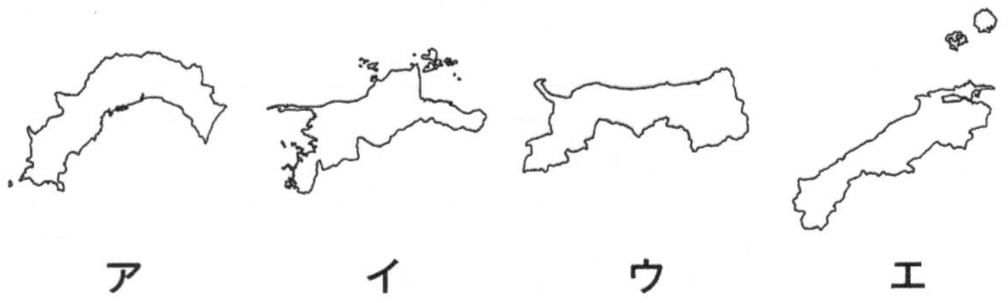

資料Ⅱ　蒸留塔《じょうりゅうとう》

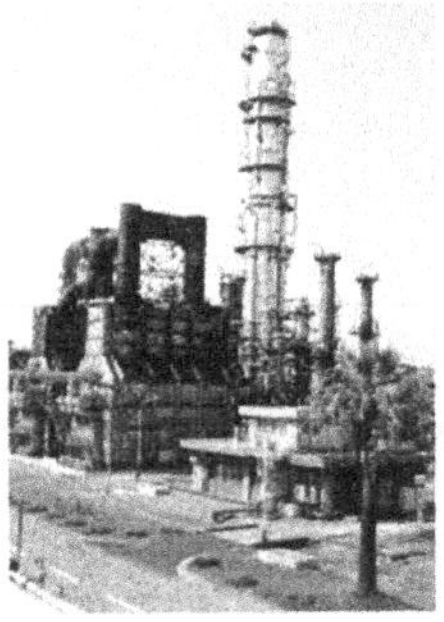

(水島製油所紹介《みずしませいゆしょしょうかい》パンフレットより)

資料Ⅲ　石油の使われ方

・ものを動かすための燃料として
・熱を生み出すための燃料として
・工業製品の［　　　］として

資料Ⅳ　日本の石炭･原油･天然ガス(液化天然ガス)の輸入先(2019年)

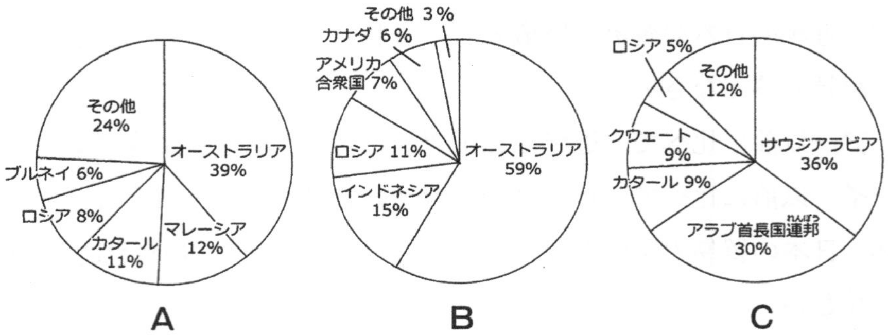

(日本国勢図会2020/21から作成)

問１　資料Ⅰは海に面した４つの県の形を示しています。島根県の形にあてはまるものを，資料Ⅰの**ア～エ**から１つ選び，記号で答えなさい。

問２　資料Ⅱは，石油コンビナートの中に見られる蒸留塔とよばれる施設《しせつ》です。蒸留塔の説明として，最も適当なものを，次の**ア～エ**から１つ選び，記号で答えなさい。

ア　地下の地層にたまっている原油を採り出すための施設
イ　タンカーで運ばれてきた原油をためておくための施設
ウ　原油を分解してさまざまな石油製品を作るための施設
エ　石油を燃やして蒸気をつくり発電を行うための施設

問３　石油には大きくわけて３つの使われ方があります。資料Ⅲ中の［　　　］にあてはまる語句を答えなさい。

問４　資料ⅣのA～Cは，日本の石炭，原油，天然ガスのいずれかの輸入先を示しています。原油と天然ガスの輸入先の組み合わせとして正しいものを，次の**ア～カ**から１つ選び，記号で答えなさい。

ア	原油－A	天然ガス－B	**イ**	原油－A	天然ガス－C
ウ	原油－B	天然ガス－A	**エ**	原油－B	天然ガス－C
オ	原油－C	天然ガス－A	**カ**	原油－C	天然ガス－B

問５　次の資料Ⅴは高知県の野菜栽培《さいばい》について説明したものです。石油の値段が高くなると，高知県の野菜栽培農家にとってどのような負担が増えると考えられますか。高知県の野菜栽培の特徴《とくちょう》をふまえたうえで，「トラックの燃料代にかかる費用が高くなってしまう」のように答えなさい。

資料Ⅴ

高知県では早くから近畿《きんき》地方や関東地方などの遠くにある大市場に向けて，野菜を生産し出荷《しゅっか》してきました。暖かい気候を利用して，ほかの産地の野菜が出回らない時期に値段の高いなすやピーマンなどを出荷することができるので，輸送費がかかっても利益が出ます。

社 会 問 題

問６　次の資料Ⅵを見て，（１）と（２）の各問いに答えなさい。

資料Ⅵ　日本の貿易品の内訳と変化

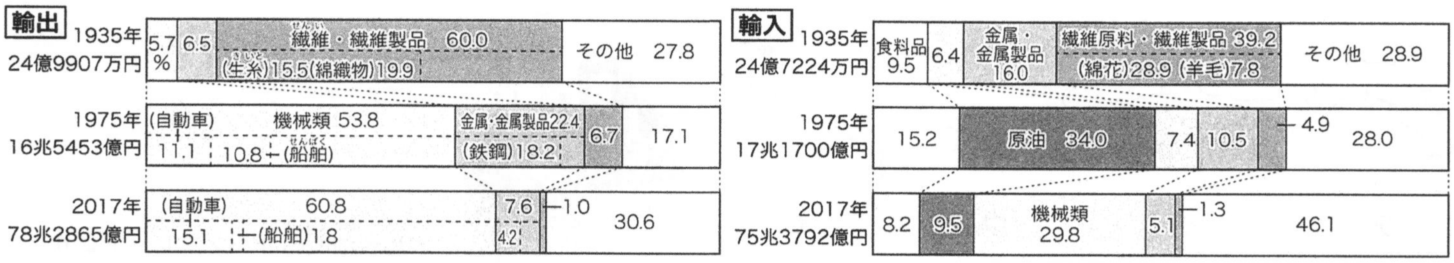

（帝国書院『新詳地理Ｂ』より）

(1)　近年の日本の貿易の特徴として資料Ⅵから読み取れる内容として，正しいものを，次の**ア**・**イ**から１つ選び，記号で答えなさい。

ア　以前に比べて，近年は加工貿易の特徴が強まってきている。

イ　以前に比べて，近年は加工貿易の特徴が弱まってきている。

(2)　日本の貿易の特徴が変化している理由を，「日本の会社」「アジアの国々」という語句を使って簡単に説明しなさい。

2　次の文章は新聞記事の一部です。これとそのあとの会話文を読んで，あとの問１～問８に答えなさい。

> 「ハンセン病家族訴訟《そしょう》，控訴《こうそ》せず」
> ～首相《しゅしょう》表明　人権侵害《しんがい》で苦しい思い～
> 　国のまちがった隔離《かくり》政策で差別を受けたとして，ハンセン病の元患者《かんじゃ》の家族への賠償《ばいしょう》を国に命じた熊本地方裁判所の先月28日の判決について，首相は9日，控訴（判決に納得《なっとく》がいかず上級裁判所に再審査《しんさ》を求めること）をしないと発表しました。家族が人権侵害で苦しい思いをしてきたことを考え，判決を受け入れました。ハンセン病は確実に治り，感染力《かんせんりょく》も弱いとわかったあとも，国は1996年まで患者を療養《りょうよう》施設に隔離する政策を続け，元患者の家族561人が国に損害賠償と謝罪を求める集団訴訟を起こしました。
> （朝日小学生新聞　2019年7月10日）

太朗《たろう》：この記事にあるハンセン病という病気を知っていますか。

花子《はなこ》：病気の名前は聞いたことがありますが，詳《くわ》しくはわかりません。病気を理由に，最近まで差別をされてきた人たちがいたのですね。

太朗：ハンセン病は古くから知られ，恐《おそ》れられてきた病気の一つです。日本でも，らい病ともよばれて，a<u>８世紀につくられた「日本書紀」にも記録が残されています</u>。また，b<u>鎌倉時代にもハンセン病患者のための施設が作られています</u>。明治時代に入ると隔離政策がとられるようになり，隔離は戦後も続いてハンセン病患者の人権が大きく侵害されました。

花子：そんなに長い間かわいそうですね。療養所のことは聞いたことがあります。岡山の長島愛生園《ながしまあいせいえん》などですね。

太朗：そうですね，他にもc<u>北は青森県・宮城県から南は鹿児島県・沖縄県まで</u>国立の療養所が13カ所あります。療養所では家族と離《はな》れ離《ばな》れで生活しなくてはならないなど人権を侵害され続けていきました。この記事の前にd<u>熊本地方裁判所</u>が2001年に初めて国とe<u>国会の責任を認める判決を出しましたね</u>。

花子：この記事によると患者の家族も差別を受けたことが認められたのですね。憲法で定められていても，「（　Ｘ　）の尊重」が十分に守られていないことは他にもあると思います。これからも差別や人権侵害はいつ起こるかわからないので，f<u>みんなが平和に平等に生活できるよう</u>，差別を許さず解決していこうとする態度が必要ですね。

社会問題

問1　下線部ａについて，「日本書紀」が作られたころの内容として，正しいものを，次の**ア**～**エ**から１つ選び，記号で答えなさい。

ア　大仙古墳《だいせんこふん》など大きな前方後円墳《ぜんぽうこうえんふん》がつくられる　　**イ**　天皇《てんのう》が都を奈良の平城京《へいじょうきょう》に移す

ウ　菅原道真《すがわらのみちざね》の意見により遣唐使《けんとうし》を廃止《はいし》する　　**エ**　藤原頼通《ふじわらのよりみち》により平等院鳳凰堂《びょうどういんほうおうどう》がつくられる

問2　下線部ｂについて，鎌倉時代の武士に関する事柄のカードをつくりました。４枚のカードの中で，あまり関わりのないものはどれか，次の**ア**～**エ**から1つ選び，記号で答えなさい。

ア	イ	ウ	エ
九州に攻《せ》めてきたモンゴル軍と戦って幕府を守った。	御家人《ごけにん》とよばれる武士たちは地方の守護や地頭に任命されていた。	源氏《げんじ》の将軍がとだえてから，幕府を守るために朝廷《ちょうてい》の軍と戦った。	当時の武士たちは弓や鉄砲《てっぽう》などの武芸の鍛錬《たんれん》にはげんだ。

問3　下線部ｃの地域について，(1)～(3)の各問いに答えなさい。

(1)　青森県と宮城県に関わりのある事柄の組み合わせとして，正しいものを，次の**ア**～**エ**から１つ選び，記号で答えなさい。

ア　青森県：会津塗《あいづぬり》　　宮城県：七夕《たなばた》まつり

イ　青森県：会津塗　　宮城県：ねぶた祭

ウ　青森県：津軽塗《つがるぬり》　　宮城県：七夕まつり

エ　青森県：津軽塗　　宮城県：ねぶた祭

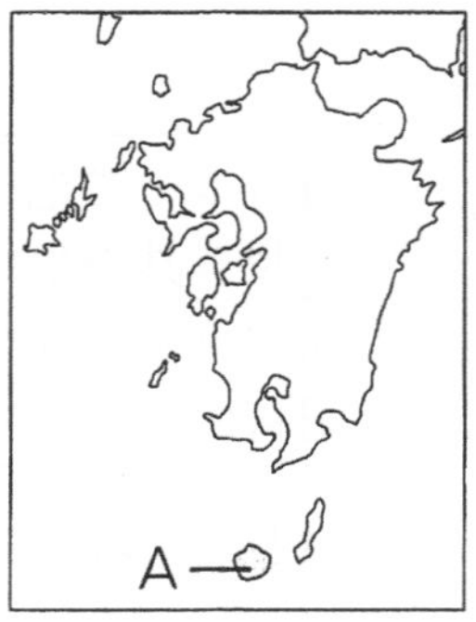

(2)　右の地図に示す**Ａ**の島は，「縄文杉《じょうもんすぎ》」に代表される豊かな自然が残されていることが評価され，世界自然遺産《いさん》に登録されています。島の名前を答えなさい。

(3)　沖縄県には，かつて何という王国があったか答えなさい。

問4　下線部ｄについて，裁判所や裁判について述べた文として，正しいものを，次の**ア**～**エ**から１つ選び，記号で答えなさい。

ア　国会議員の中から選ばれた裁判員が重大事件について参加する裁判員制度が導入されている。

イ　裁判は合計２回まで受けることができるので，一度出された判決が変わることもある。

ウ　裁判所は争いごとや犯罪を解決するだけでなく，国が決めた法律も憲法に違反《いはん》していないかを判断できる。

エ　裁判所には種類があり，各都道府県に地方裁判所と高等裁判所が設置されている。

問5　下線部ｅについて，国会のしくみとして，**誤っているもの**を，次の**ア**～**エ**から１つ選び，記号で答えなさい。

ア　内閣総理大臣を指名する　　**イ**　最高裁判所の長官を指名する

ウ　裁判官を辞《や》めさせるかどうかの裁判をする　　**エ**　海外と結んだ条約を承認《しょうにん》する

問6　会話文中の空欄《くうらん》（　Ｘ　）にあてはまる，日本国憲法が保障している，人が生まれながらに等しく持っている権利を何というか答えなさい。

問7　日本国憲法に定められている国民の権利として，**誤っているもの**を，次の**ア**～**エ**から１つ選び，記号で答えなさい。

ア　働く人が団結する　　**イ**　言論や集会を行う

ウ　選挙をする・される　　**エ**　税金を納める

問8　下線部ｆについて，年齢《ねんれい》・障がいの有無《うむ》・性別・国籍《こくせき》などに関係なく，すべての人が使いやすくなるように作られた製品や生活環境《かんきょう》を何というか答えなさい。

社会問題

3 太朗さんと花子さんのクラスは，自分でテーマを決めて調べ学習をおこないました。次の年表A・Bは，太朗さんと花子さんがそれぞれ設定したテーマに沿って作成したものです。あとの問1～問6に答えなさい。

【年表A】

太朗さんのテーマ（　Ⅰ　）	
縄文	(伝わる)
a 弥生《やよい》	伝わる 高床《たかゆか》倉庫に保存
古墳	
飛鳥《あすか》	税として租《そ》（収穫高《しゅうかくだか》の3％）を納める
奈良	
b 平安	
鎌倉	西日本で二毛作の普及《ふきゅう》 鉄製農具や牛馬の利用
室町《むろまち》	品種改良が進む 肥料の進歩で収穫が安定
c 江戸《えど》	税として収穫高の半分を納める

【年表B】

花子さんのテーマ（　Ⅱ　）	
縄文	
弥生	
古墳	伝わる
飛鳥	d 聖徳太子《しょうとくたいし》が法隆寺《ほうりゅうじ》を建てる
奈良	e 大仏づくりが始まる 鑑真《かんじん》が来日する
平安	最澄《さいちょう》と空海《くうかい》が唐《とう》から帰国する 浄土信仰《じょうどしんこう》が広まる
鎌倉	f 新しい教えが誕生
室町	
江戸	宗門改め

問1　年表を参考にして，太朗さんと花子さんのテーマ（　Ⅰ　）・（　Ⅱ　）の組合せとして最も適当なものを，次の **ア**～ **エ** のうちから1つ選び，記号で答えなさい。

ア　Ⅰ―綿花づくり　　Ⅱ―儒教《じゅきょう》　　**イ**　Ⅰ―米づくり　　Ⅱ―仏教
ウ　Ⅰ―米づくり　　Ⅱ―儒教　　**エ**　Ⅰ―綿花づくり　　Ⅱ―仏教

問2　下線部 a と下線部 c の時代に関係するものを，次の**ア**～**エ**から1つずつ選んで，記号で答えなさい。

ア

イ

ウ

エ

問3　下線部 b の時代に，次の和歌をよんだ人物は誰《だれ》か答えなさい。

この世をば　わが世とぞ思ふ(う)　もち月の　かけたることも　なしと思へ(え)ば

問4　下線部 d について，聖徳太子がめざした天皇中心の国づくりは，誰がどのように受けついでいったか説明しなさい。

問5　下線部 e について，大仏をつくる命令を出した天皇は誰か答えなさい。

問6　下線部 f について，新しい教えに**含まれないもの**を，次の**ア**～**エ**から選んで，記号で答えなさい。

ア　日蓮宗《にちれんしゅう》　　**イ**　浄土真宗《じょうどしんしゅう》　　**ウ**　臨済宗《りんざいしゅう》　　**エ**　真言宗《しんごんしゅう》

受験番号

国語解答用紙

（一〇枚のうちの一〇枚め）

★次の点に注意して答えなさい。

問いに「三十字以内で答えなさい」というように、字数の指定がある場合には、句読点や記号も一字に数えて解答すること。

一

問一　①（み）　②　③

問二　1　2

問三

問四

問五　「迷路」の歩行者は　状態になるということ。

問六

問七　（Ⅰ）　（Ⅱ）最初　最後

二

問一　①（しい）　②（めて）　③

問二

問三　B　C　D

問四

問五　1　2

問六

問七

問八

三

（Ⅰ）　2　4

（Ⅱ）

問一　①　②

問二

問三

問四

問五

問六

合　計

※100点満点
（配点非公表）

得点欄《らん》	一	二	三	四	五	六	七
一							
二							

三（Ⅰ）　三（Ⅱ）一　二　三　四　五　六

中B方式
令3

受験番号

算数解答用紙 （４枚のうちの３枚め）

中B方式
令３

1

(1)		(2)	
(3)		(4)	
(5)		(6)	
(7)		(8)	

2

(1)			
(2)	cm		
(3)	g		
(4)	**角ア** 度	**角イ** 度	

3

(1)	cm
(2)	
答	cm^2

4

(1)	
(2)	
答	回めの操作後
(3)	
答	回めの操作後

小計１	

合計	※100点満点 （配点非公表）

受験番号

算数解答用紙

（４枚のうちの４枚め）

中B方式
令３

5

(1)

答　　個

(2) ①

答　　個

(2) ②

答　　円

6

(1) 毎秒　　cm

(2) １秒後：　　cm^2，６秒後：　　cm^2

(3)

答　　秒後と　　秒後

(4)

答　　秒間

小計2	

受験番号

理科解答用紙

（８枚のうちの８枚め）

中B方式
令３

1

(1)	a	b	(2)		(3)	
(4)	①	②	(5)		(6)	
(7)						
(8)	①	② （　　　）→（　　　）→（　　　）→（　　　）				
(9)						

1

2

(1)		(2)	食塩水C： 食塩水D： 食塩水E：				
(3)		(4)		(5)		(6)	(cm³)

2

3

(1)		(2)		(3)		(4)	
(5)		(6)		(7)			

3

4

(1)	(A)	(B)			
(2)		(3)	(℃)	(4)	
(5)	(mm²)	(6)	(℃)	(7)	(m)
(8)	(℃)				

4

合計	
	※50点満点 （配点非公表）

受験番号

社会解答用紙

（５枚のうちの５枚め）

中B方式
令３

1

問１		問２		問３		問４	
問５							
問６	(1)						
	(2)						

1	2	3	4	5	6	1

2

問１		問２			
問３	(1)	(2)		(3)	
問４		問５		問６	の尊重
問７		問８			

1	2	3	4	5	6	7	8	2

3

問１		問２	a	c
問３				
問４				
問５		問６		

1	2	3	4	5	6	3

合計	※50点満点 （配点非公表）

令和４年度　岡山中学校［A方式］問題 I （45分）

（1枚め）

受験番号		1※	2※	3※	4※	※70点満点（配点非公表）	※

課題１　太郎《たろう》さんと花子さんの学校では，毎年作物を栽培《さいばい》しています。今年度はじゃがいもを栽培し，さらに学校行事で販売《はんばい》することを計画しています。あとの（１）～（４）に答えましょう。

太郎：まず収穫《しゅうかく》したじゃがいもの重さを測ってみようよ。

（１）　じゃがいもの重さは合計で 34.5 kg ありました。34.5 kg は何 g か答えましょう。

[　　　　　　　　g]

花子：今度は収穫したじゃがいもの数を数えてみましょう。

（２）　じゃがいもは全部で 230 個ありました。じゃがいも１個の重さは平均何 g か答えましょう。

[　　　　　　　　g]

太郎：重さがだいたい同じになるように 50 袋に分けたけど，販売する時の値段はどのように決めればいいのかな。
花子：どのくらいの値段で売っているのかお店に行って調べてみたらどうかしら。

（３）　準備した 50 袋を，１袋買う人には 240 円で売りました。２袋買う人には割引をして２袋 450 円で売りました。３袋以上を買った人はいませんでした。50 袋完売し，売上金額の合計は 11790 円でした。１袋だけ買った人と２袋買った人の人数をそれぞれ答えましょう。

[１袋だけ買った人　　　　　人，２袋買った人　　　　　人]

花子：１袋に入れるじゃがいもの量を変えて，値段を３種類にしてみたらどうなるか考えてみましょう。

（４）　値段を 260 円と 240 円と 210 円の３種類にし，50 袋完売して売上金額の合計を 11790 円以上にしたい場合，260 円の袋を最低何個売らないといけないか答えましょう。また，どのようにして求めたかも説明しましょう。240 円と 210 円の袋は２：１の割合で売れると仮定します。

説明

[　　　　　　　　個]

（2枚め）

受験番号		1※	2※	3※	4※	※

課題２　太郎さんと花子さんは体育大会で使うトラックについて話をしています。あとの（１）～（４）に答えましょう。ただし，円周率は3.14とします。

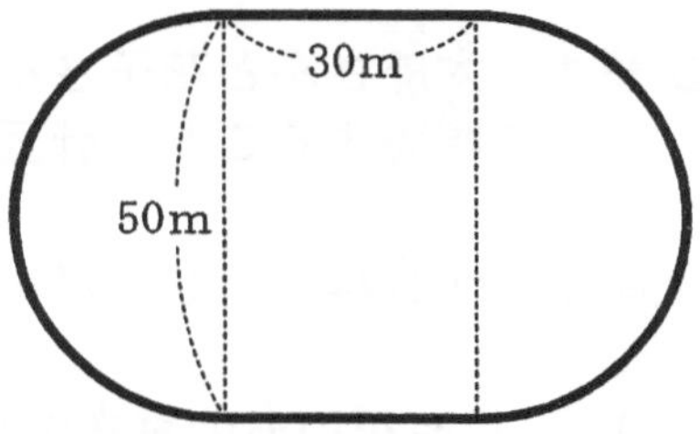

図１

太郎：トラックにもいろいろな種類があるみたいだね。どれが一番かきやすそうかな。

花子：うーん，やっぱり半円と長方形を組み合わせた形がよさそうだね。

（１）　図１の図形の太線部分の長さは何mか答えましょう。

m

花子：体育大会の種目のことも考えた大きさにしないと。

太郎：１周の長さが 400 mだと色々な競技に対応できそうだね。

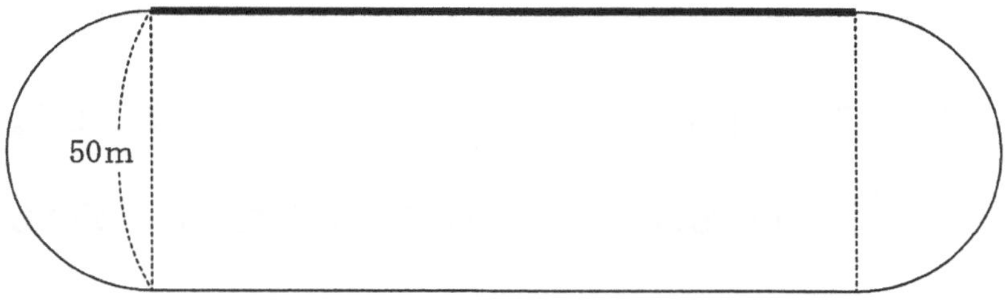

図２

（２）　図２の図形の周の長さは400 mです。太線部分の長さは何mか答えましょう。

m

花子：どうせなら，レーンを作って本格的にやってみたいね。

太郎：おもしろそう。でも，外側のレーンを走る人は内側のレーンを走る人より走る距離《きょり》が長くなるね。

花子：スタート位置を変えれば解決できそうだね。

太郎：各レーンの幅《はば》を１ｍとして，第１レーンの中央を走ると，１周がちょうど 400 mになるようにトラックをかくことにしよう。

（３）　図３のアの線からスタートし，イの線にゴールするように，各レーンの中央を走ります。第１レーンを走る人が200 m走るとき，第２レーンを走る人は，200 mより何m長く走るか答えましょう。

m

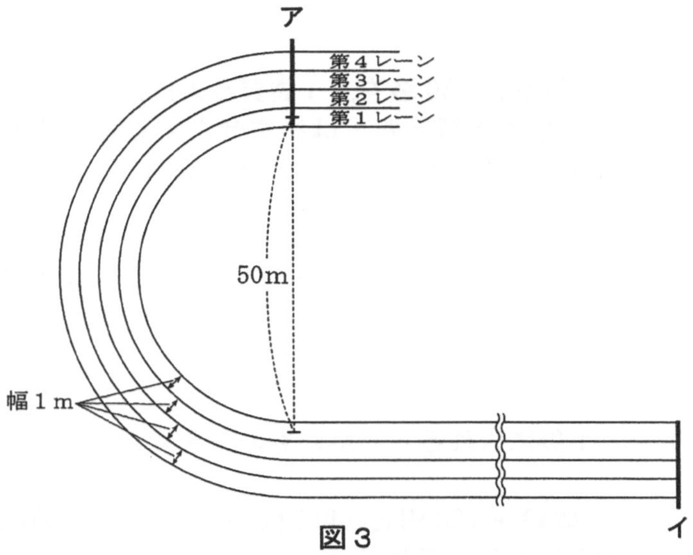

図３

花子：走る距離が長くなるから，アの線よりも手前からスタートしてちょうど 200 m走るように調整しましょう。

（４）　各レーンの中央を 200 m走って，図３のイの線にゴールするとします。第１レーンを走る人のスタート位置を図３のアの線とします。図４は図３の一部を拡大したもので，第２から第４レーンにかかれた線は各レーンのスタート位置です。第４レーンを走る人のスタート位置はアの線からおよそ何度ずれているでしょうか。図４の㋐の角度を，小数第２位を四捨五入して答えましょう。また，どのようにして求めたかも説明しましょう。

説明

度

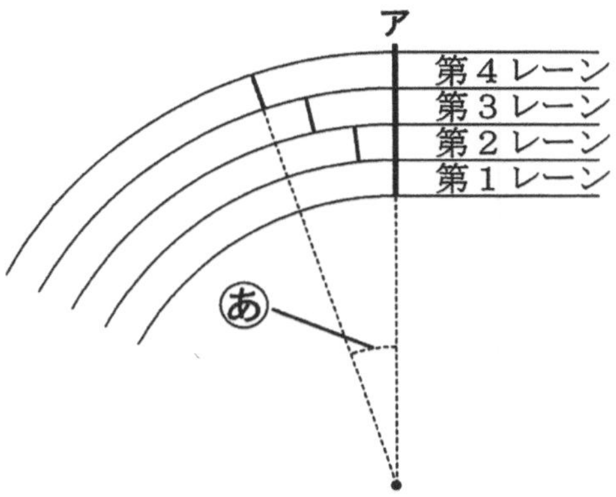

図４

受験番号		1※	2※	3※	4※	※

課題3　太郎《たろう》さんと花子さんは，学校で習った見えないものについて話しています。あとの（1）～（4）に答えましょう。

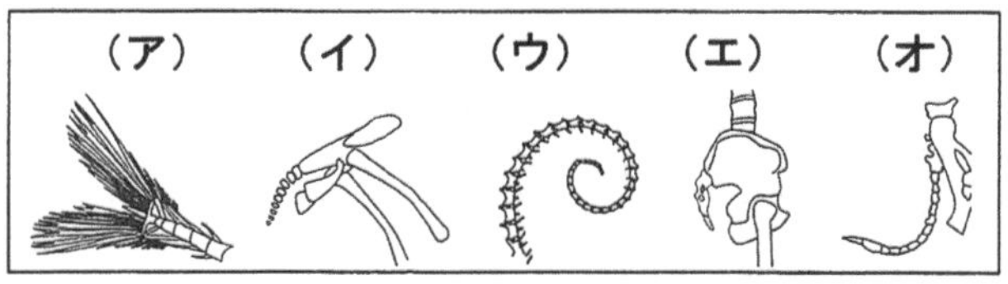

図1

太郎：授業では，直接目に見えないものをたくさん習ったね。
花子：例えば，生物の体の中にある骨かしら。

（1）　図1は様々な動物の骨格の一部の模式図である。ウズラの骨格の一部の模式図を（ア）～（オ）から1つ選び，記号を答えましょう。

（1）	

花子：身の回りにある「気体」も，見えないのにあるって不思議。
太郎：気体は反応で性質を確かめられるから，骨よりは分かりやすいな。

（2）　図2のような装置に，気体Xと気体Yを入れた。これに点火装置を使って点火すると，反応して二酸化炭素と水ができます。表1は，この実験を気体Xと気体Yの体積の割合を変えて行い，残った気体の割合を調べた結果をまとめたものです。この反応には規則性があります。この気体Xと気体Yの体積の割合によっては，反応後に気体Xと気体Yのどちらかの気体が残ることがあります。実験④で残ったのは気体Xでした。このとき，表の（ a ）と（ b ）にあてはまる数値を計算しましょう。

表1

	実験①	実験②	実験③	実験④	実験⑤
気体Xの体積（mL）	5	10	15	20	25
気体Yの体積（mL）	25	20	15	10	5
残った気体の体積（mL）	15	（ a ）	7.5	（ b ）	22.5

また，装置に入れる気体Yを4mLとして，気体Xの体積を変化させて実験しました。この結果残った気体の体積のグラフを右の解答欄《らん》に書き入れましょう。ただし，気体の体積は同じ時間・場所ではかり，反応で出てきた水はすべて液体になり，二酸化炭素は水酸化ナトリウム水溶液に吸収されたものとします。

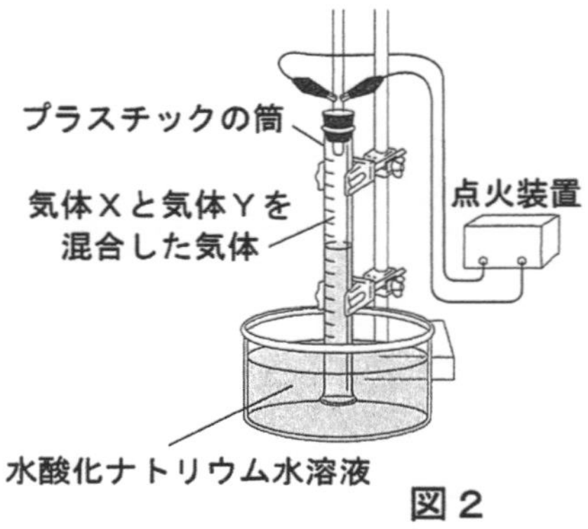

図2

（a）	mL	（b）	mL

解答欄

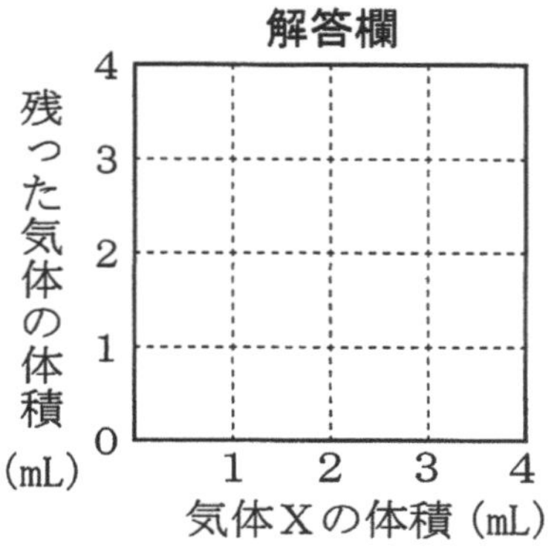

花子：国際宇宙ステーションや人工衛星は，光電池によって太陽の光エネルギーを電気に変えて利用しているそうよ。私たちも実際に光電池を使ってみましょうよ。

次の図3はモーターと光電池をつないだ回路です。

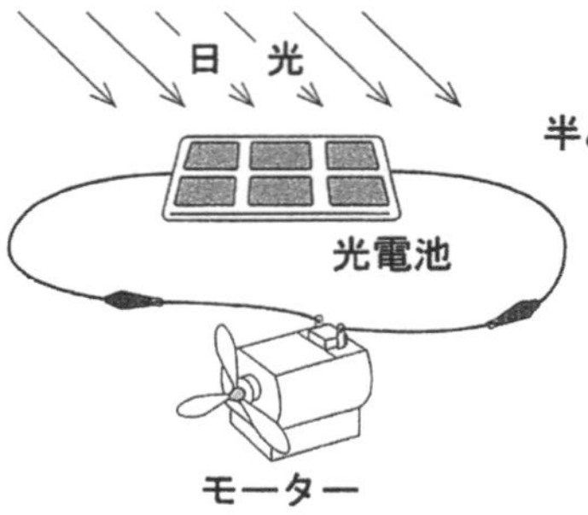

図3

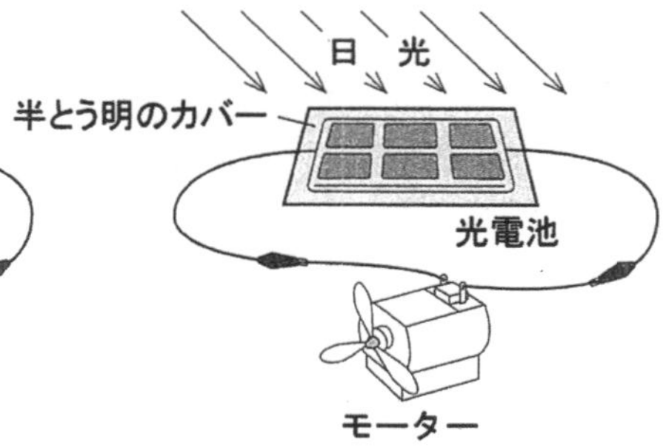

図4

（3）　光電池を保護するために，図4のように光電池を半とう明のカバーでおおうと，モーターの回転はどうなりますか。次の中から正しいものを1つ選び，記号を答えましょう。また，その理由をかんたんに答えましょう。

（ア）　はやくなる　　（イ）　おそくなる　　（ウ）　変わらない

（3）	記号		理由	

（4）　光電池の位置だけを変えて，図3のモーターの回転をはやくするためにはどうすればよいですか。図3を参考に右の図の［　　］に光電池の図を書き込みましょう。

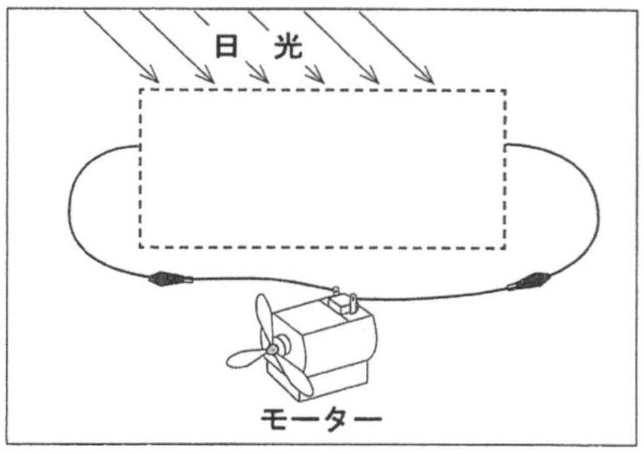

（1枚め）

受験番号	

※70点満点
（配点非公表）

令和四年度　岡山中学校　［A方式］　問題　Ⅱ

（45分）

課題１　次の文章は、筆者が森有正の文章を引用して「体験」と「経験」の違《ちが》いについて述べたものです。これを読んで、あとの(1)～(4)に答えましょう。

　人間はだれも「経験」をはなれては存在しない。人間はすべて、「経験を持っている」わけですが、ある人にとって、その経験の中にある一部分が、特に貴重《きちょう》なものとして固定し、その後の、その人のすべての行動を支配するようになってくる。すなわち経験の中のあるものが過去的なものになったままで、現在に働きかけてくる。そのようなとき、私は体験というのです。

　それに対して経験の内容が、絶えず新しいものによってこわされて、新しいものとして成立し直していくのが経験です。経験ということは、根本的に、未来へ向かって人間の存在が動いていく。一方、体験ということは、経験が、過去のある一つの特定の時点に凝固《ぎょうこ》したようになってしまうことです。

　だから、どんなに深い経験でも、そこに凝固しますと、これはもう体験になってしまうのです。これは一種の経験の過去化というふうに呼ぶことができましょう。過去化してしまっては、経験は、未来へ向かって開かれているという意味がなくなってしまうと思うのです。

（中略）

……絶えず、そこに新しい出来事が起こり、それを絶えず虚心坦懐《きょしんたんかい》に認めて、自分の中にその成果が蓄積《ちくせき》されていく。そこに「経験」というものがあるので、経験というのは、あくまで未来へ向かって開かれる。すべてが未来、あるいは将来へ向かって開かれていく。というのは、つまりまったく新しいものを絶えず受け入れる用意ができているということです。それが経験ということのほんとうの深い意味だと思うのです。

森有正『生きることと考えること』より　講談社現代新書

〈生きているもの〉を「 X 」と呼び、硬直《こうちょく》化した〈死んでいるもの〉は「 Y 」と呼んで区別しようというのが、森有正が最も大切にした思想です。そしてこの「 X 」こそが、私たちの生を未来に向かって開いてくれるものなのだ、と言っているのです。

「苦労が身になる」という言葉がありますが、「経験」をした人は苦労が身になりますが、一方「体験」止まりの人は、苦労は身にならずに「勲章《くんしょう》」*になります。

苦労が「経験」になっている人は、よほどこちらが質問しない限りは、自分からは苦労話をしないものですが、「体験」の人の場合は、こっちが聞いてもいないのにうんざりするぐらい苦労話をしてくれます。

「苦労が身になる」というのは、まさに身になってしまったわけですから、もはやその苦労は本人の一部になっている。そういう人からよく聞くのは「あの苦労があったからこそ、今の自分があるのだ」という言葉です。苦労が勲章のように外側にぶら下がっている人は、「苦労は買ってでもしろ」と言ったりしますが、その苦労で当の本人は実質的には変化・成長していなかったりします。

「身になる」というのは、「質」的に深い変化がその人に起こることです。ですから、その出来事がたとえ小さなものだったとしても、「経験」として深まることで、いろんなことにつながる普遍《ふへん》性が獲得《かくとく》されます。ですから、自分がそうなったことのない他人の状態についても、その人の思いや、その人にとって今は何が必要かというようなことが、自分の「経験」から適切につかめるようになるのです。「体験」止まりの場合には、「自分はそうなったことありませんので、分かりません」で終わってしまう。

ですから、深まっていない「体験」に基づいて「この人の状況《じょうきょう》は、自分のあの体験と似たようなものだから、同じだろう」と決め付けて、「そういう時は、こうすればいいのよ！」とアドバイスしたりすることは、共感とは似ても似つかぬ「ピント外れの親切」や「ありがた迷惑《めいわく》」になってしまいます。「体験」には、「経験」のように普遍性がないので、他のことには応用が利かないのです。

（泉谷閑示『「普通がいい」という病』から）

＊勲章…その人の功績をたたえて与えられる、しるし。

受験番号

1※

(1) ――「虚心坦懐」は、「心がすなおでこだわりを持たず、さっぱりとしていること」という意味を持つ四字熟語です。このほかに「心」を使う四字熟語にはどのようなものがありますか。漢字で一つ書きましょう。ただし、「心」は何回使ってもよろしい。

※

(2) X・Y の中には、どのような言葉を書き入れるのがよいですか。それぞれ本文中から抜《ぬ》き出して書きましょう。

X

Y

※

(3) ――『体験』の人の場合は、こっちが聞いてもいないのにうんざりするぐらい苦労話をしてくれます」とありますが、「体験」の人が「苦労話」をしたがるのはなぜですか。八十字以内で書きましょう。（、や。や「」なども一字に数えます。）

80字

※

(4) この文章で述べられている「経験」について説明した次の文の A・B に適当な言葉を書きましょう。A は三十五字以内、B は五十字以内で書きましょう。（、や。や「」なども一字に数えます。）

「経験」とは、A ことであり、その「経験」によって苦労を身につけた人は、B ことができるようになる。

A

35字

※

B

50字

※

受験番号

2※

課題２　あなたは中学生になり、夏休みの課題として自由研究をすることになりました。テーマを決め、何を使い、なぜそれに取り組むのかを、きっかけとなったことや見たり聞いたりしたことを含めて書きましょう。また、その自由研究からどんな結果が予想できると思いますか。二百字以内で書きましょう。（、や。や「」なども一字に数えます。段落分けはしなくてよろしい。一マス目から書き始めましょう。）

100字

200字

※

受験番号	

(1)※

3※

課題３　明子《あきこ》さんと一郎《いちろう》さんは，ＳＤＧｓ《エスディージーズ》について先生と話しました。あとの会話文を読んで，（１）～（４）に答えましょう。

先生：ＳＤＧｓという言葉を聞いたことがありますか。
明子：はい。「　Ａ　な開発目標」という意味の英語の略称《りゃくしょう》です。
一郎：2015年に国際連合で決定され，2030年までに達成することになっている目標です。
先生：なぜＳＤＧｓが定められたのでしょうか。
明子：将来，人々が幸福に生きるために定められたのだと思います。
一郎：そのためには環境《かんきょう》を大切にして，資源を使い切らないようにしなければならないと思います。

（１）　明子さんの会話文の　Ａ　にあてはまる言葉を漢字４字で書きましょう。

Ａ	

先生：ＳＤＧｓには17の目標があります。そのうち７「エネルギーをみんなにそしてクリーンに」の達成について考えてもらうためにグラフを用意しました。

ＳＤＧｓの17の目標

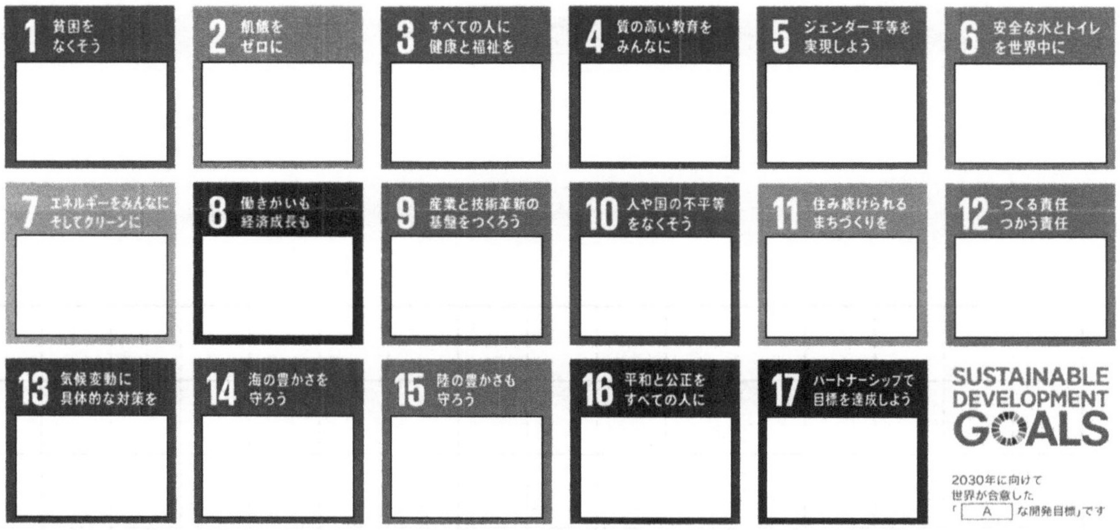

※イラスト省略

グラフ　日本の電源別発電電力量の推移

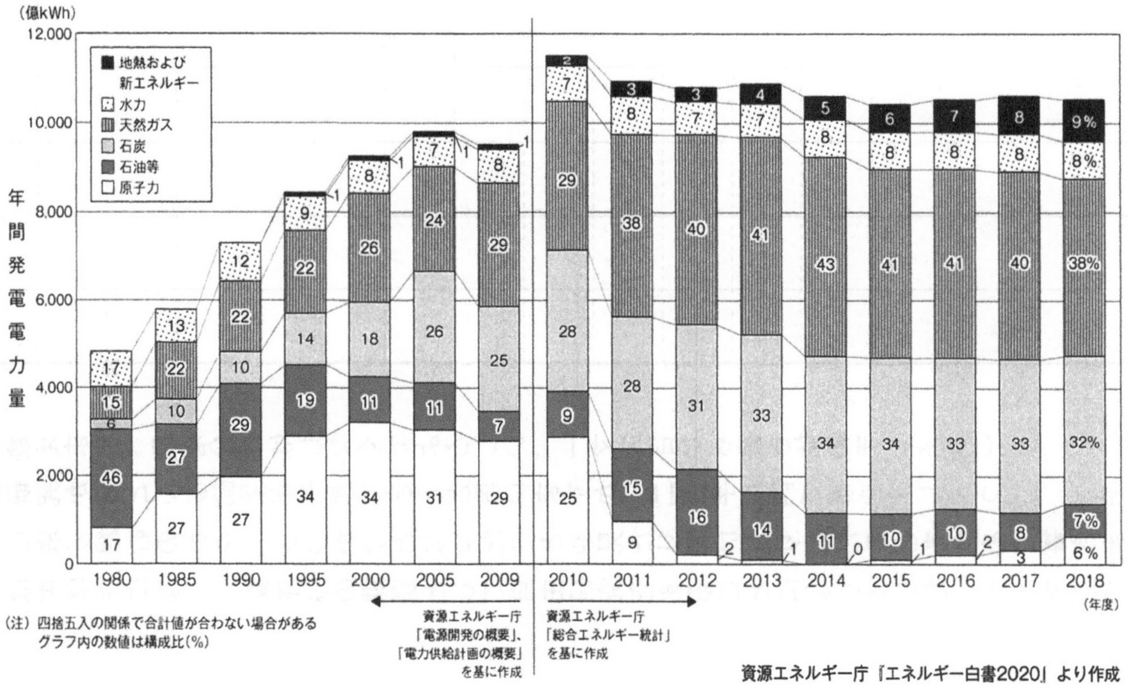

(注) 四捨五入の関係で合計値が合わない場合がある
グラフ内の数値は構成比(%)

資源エネルギー庁『エネルギー白書2020』より作成

（5枚め）

受験番号	

(2)※　(3)※　(4)※

一郎：グラフをみると，年間発電量が 1980 年は約[B]kWh でしたが，2010 年は約[C]kWh になっています。
明子：30 年間で約[D]倍になっています。その後は減少する傾向《けいこう》がみられます。

（２）　一郎さんと明子さんの会話文の[B]～[D]にあてはまる数字を考えて書きましょう。

B		C		D	

先生：2010 年から 2012 年にかけてみていくと，大きな変化がありますね。
明子：年間発電量に占める[E]の割合が小さくなっています。
一郎：原因は[F]ですね。

（３）　明子さんと一郎さんの会話文の[E]にあてはまる言葉と，[F]にあてはまる内容を考えて書きましょう。

E	
F	

明子：それがきっかけになって社会全体の電力に対する意識が変化して，年間発電量の増加がみられなくなったのですね。
一郎：ＳＤＧｓの７「エネルギーをみんなにそしてクリーンに」を達成できるかもしれませんね。
先生：これからもＳＤＧｓの他の目標についても考えてみてください。

（４）　ＳＤＧｓの７「エネルギーをみんなにそしてクリーンに」を達成するために，毎日の生活のなかであなたが心掛《こころが》けていること，あるいはこれから心掛けていきたいと考えていることを書きましょう。また，７「エネルギーをみんなにそしてクリーンに」以外のＳＤＧｓの目標を１つ選んで，同じように心掛けていること，あるいはこれから心掛けていきたいと考えていることを書きましょう。解答欄《らん》の（　　　）には 17 の目標のうちのどの目標を選んだかがわかるように数字を書きましょう。

（ ７ ）
（　　　）

国語問題

（60分）

（一〇枚のうちの一枚め）

※解答はすべて解答用紙に記入しなさい。問いに字数の指定がある場合は、句読点や記号も一字に数えて解答すること。

一　次の文章を読んで、後の問いに答えなさい。なお1～13は形式段落の番号です。

お詫び
著作権上の都合により、文章は掲載しておりません。
ご不便をおかけし、誠に申し訳ございません。
教英出版

国語問題

（一〇枚のうちの二枚め）

（ヤマザキマリ「たちどまって考える」による）

注(1) 瞠目 …… 驚《おどろ》いて目を見開くこと。
(2) パンデミック…… 感染症《かんせんしょう》の世界的流行。
(3) サバイブ …… 生き残ること。

問一 ═══線部①の漢字は読みを答え、②・③のカタカナは漢字に直しなさい。

問二 本文中の[1]～[3]に入れるのに適当な言葉を次の中からそれぞれ選び、記号で答えなさい。

ア 根源　イ 難易　ウ 具体　エ 洗礼

問三 〰〰線部の「思い込み」と本文中の意味合いが異なるものを、〰〰線部a～dの中から一つ選び、記号で答えなさい。

問四 ───線部(1)とありますが、そのようにしたのはなぜですか。それを説明した次の文の[　]に入れるのに適当な表現を本文中から四十字以内で探し、その最初と最後の五字を抜《ぬ》き出して答えなさい。

昭和という時代は、[　]ので、風呂から突然外国人が現れたとしても、人々は動じることなく受け入れると思ったから。

問五 ───線部(2)の指示する内容を答えなさい。

問六 ───線部(3)のように筆者がなったのはなぜですか。それを説明した次の文の[1]・[2]に入れるのに適当な表現をそれぞれ答えなさい。ただし、[1]は五字以内、[2]は漢字二字で答えなさい。

筆者には母親に対して[1]だという思いがあり、その思い描く母親の姿と[2]の姿との間にかけ離《はな》れた違いを感じて、受け入れることができなかったから。

国語問題

（一〇枚のうちの三枚め）

問七　本文を起承転結の四つに分けて、承を③から、結を⑫からとしたとき、転はどこから始まりますか。段落番号を答えなさい。

問八　本文について話し合っている四人の対話を読んで、［　］に入れるのに適当な表現をそれぞれ答えなさい。ただし、［1］～［3］は本文中から抜き出し、［4］は適当な言葉を入れて、ことわざを完成させなさい。また［3］は二十五字以内で抜き出し、その最初と最後の五字を答えることとします。

林さん　僕《ぼく》は歴史が好きだから、『テルマエ・ロマエ』は読みました。古代ローマの公衆浴場やトイレ事情など興味深かったです。実写化されて映画にもなっているから、そちらで知っている人もいるのではないかな。

南さん　筆者は、イタリアで長く生活しているそうですが、外国で暮らしていると、日本の常識が通用しない経験も多いでしょうね。思い通りになると思っていて、ならないと苦しい。だから思い通りにならないのが「普通」だと考える方がいい、という筆者の意見は実体験からきているんでしょうね。

小林さん　人生は楽しい経験ばかりじゃない。本文にもあるように、［1］や［2］のような思い通りにならない苦い経験は、生きるうえで必要だと私も思います。思い通りにいかないからこそ、そこからどうしたらいいか学んで人は成長するんじゃないでしょうか。

石川さん　いいこと言いますね。そういう負の経験によって、本文でいう［3］を人は養っていくということなんでしょう。その結果として、深い人間性と知恵をもった大人になれるのなら「苦労は買ってでもしろ」ですよね。

林さん　石川さんもいいこと言いますね。僕たちも「七転び［4］」の精神でしぶとく生きていきましょう。なんだかもう一回、あの漫画《まんが》が読みたくなってきました。

二　次の文章を読んで、後の問いに答えなさい。

主人公「穂積怜《ほづみれい》」は高校三年生で、同級生の「丸山和樹《まるやまかずき》（マルちゃん）」とともに美術部に所属している。「森川心平《もりかわしんぺい》」も同級生で、最近、指を骨折してしまった。

「どした？　なんかあった？」
「ううん……」
力なく首を振《ふ》った丸山は、気を取りなおしたようにあえて明るく、「怜も風呂《ふろ》行かない？」と持ちかけてきた。怜はすでに夕飯まえ、家の風呂に入っていたが、もちろん、
「いいね。ちょっと待ってて」
と答えた。急いで二階に上がり、風呂の道具をそろえて、また階段を駆《か》け下りる。
丸山は洗面器を抱《かか》え、店のまえでうつむきかげんに立っていた。怜はシャッターを半分だけ下ろし、丸山と連れだって、商店街のなかほどへと歩きだした。
「餅《もち》の湯」は、五、六人も入ればみちみちの浴槽《よくそう》しかない、古くてこぢんまりした公衆浴場だ。商店街の住民が当番制で清掃《せいそう》や管理をすることで、ほそぼそとつづいてきた。地元住民は木札を見せれば一回百円で入れるし、観光客

国語問題

も三百円を払《はら》えば利用できる。

源泉かけ流しで泉質がいいので、「この湯に浸《つ》からないと一日が終わらない」と言う近所の高齢者《こうれい》は多かった。長年「餅の湯」を利用してきたおばあさんたちは、たしかに年齢のわりに肌《はだ》がつやつやしている。そんな彼女たちが、商店街で店番をするついでに「餅の湯」の効能を観光客に吹聴《ふいちょう》するのだから、説得力がある。最近では、旅館やホテルをチェックアウトしたあと、帰りがけに「餅の湯」へ立ち寄る観光客もちらほらいた。タイル貼《ば》りの浴槽や、旧式の蛇口《じゃぐち》がついた狭《せま》い洗い場、二階にある畳敷《たたみじ》きの休憩所《きゅうけい》と檜《ひのき》の格天井《ごうてんじょう》など、レトロなつくりが「かわいい」と人気なのだそうだ。

とはいえ、怜と丸山が「餅の湯」を①オトズれたときには、あと三十分ほどで営業時間が終わる頃合《ころあ》いだったからか、男湯にほかに客はいなかった。出入り口の引き戸を開けてすぐ右手にある、二畳《にじょう》ほどの事務スペースで暇《ひま》そうにテレビを見ていた金物屋のおじさんに代金を渡《わた》し、下駄箱《げたばこ》に靴《くつ》を収める。

手早く髪《かみ》と体を洗い、二人そろって湯船に浸かると、自然と「ふぃー」と声が出た。ここの湯は無色透明《とうめい》だが、ほのかに海の香りがし、舐《な》めると少ししょっぱい。

「『餅の湯』に来た夜って、布団《ふとん》に入るとなんか足がむずむずするときがある」

と、怜は洗い場に立ちこめる湯気を見ながら言った。

「俺《おれ》もある。血行がよくなるからかな」

「見た目はふつうのお湯と変わらないのに、温泉って不思議だね」

会話が途切《とぎ》れ、怜は隣《となり》にいる丸山をさりげなくうかがった。丸山は電灯を映して揺《ゆ》れる湯面を眺《なが》めている。ふくふくとした耳たぶが熱気のせいで少し赤くなっている。

「俺さ、(1)自分がいやになったよ」

しばしの沈黙《ちんもく》ののち、丸山が静かに話しだした。

「どうして」

「心平が美大受けることにしたの、知ってる？」

「いや、初耳」

怜はびっくりし、湯のなかで丸山のほうに体を向けた。「いまからやってまにあうもんなの？　デッサンとか大変なんだろ」

「山本先生も驚《おどろ》いたみたいで、俺や美術の林先生にいろいろ聞いてきたよ」

山本先生の慌《あわ》てぶりを思い出したのか、丸山はちょっと笑った。「俺が通ってる丘《おか》の麓《ふもと》の絵画教室を紹介《しょうかい》してあげた。心平は部活があるから土日しか来られないし、まだ初級者コースだけど、デッサンはどんどんうまくなってる」

「学科だってあるのに、あいつなに考えてんだ」

「そっちはまた俺たちが②トックンしてあげればいいんじゃない」

丸山はあくまでも注(1)鷹揚《おうよう》である。「怜もこのあいだ、心平が粘土《ねんど》で作った馬の埴輪《はにわ》を見たでしょ。才能ってこういうことなのかもなあって、俺はつくづく思った」

「もしかして心平、土器づくりが楽しかったことを思い出して、美大を受けるなんて言いだしたの？」

「詳《くわ》しくは聞いてないけど、そうなんじゃないかな。絵画よりは陶芸《とうげい》とか彫刻《ちょうこく》とか、立体物に興味があるみたいだったし」

お湯から出した手で顔をぬぐった丸山は、ついでに表面張力を楽しむように、掌《てのひら》で二度ほど湯を叩《たた》いた。その行為《こうい》に、丸山にしてはめずらしいいらだちを感じて、

「だけどどうして、マルちゃんが自分をいやになるんだよ」

と、(2)怜はおずおずと尋《たず》ねた。

「心平が指を骨折したって聞いたとき」

丸山は低くかすれた声で言った。「俺はまっさきに、『じゃあしばらくデッサンの練習できないな』と思った。その

まま美大受験に飽《あ》きてくれればもっといいのにって喜んだ」

怜は咄嗟《とっさ》に言葉が出なかった。そうか、マルちゃんは心平に嫉妬《しっと》して、でもそんな自分がたまらなくいやなんだ。

二月にあった(3)文化祭で、丸山が出品した絵が思い浮《う》かんだ。ずっと取り組んでいたその油絵は、餅湯城と青い海が描《えが》かれているはずだったが、怜がしばらく部活をさぼっているあいだに、夜の海と丘のてっぺんに白く浮かびあがる不吉な廃墟《はいきょ》に変じていた。キャンバスのうえで、闇《やみ》からにじむ暗紫《あんし》の波濤《はとう》が逆巻く。マルちゃん、新境地だな、と怜は呑気《のんき》に思ったものだが、あれは自身に対する不安やあせりを感じた丸山の、荒々しい心象風景だったのかもしれない。

怜はといえば画用紙に適当に絵の具を塗《ぬ》りたくり、抽象画《ちゅうしょうが》だと言い張ってお茶を濁《にご》した。

「マルちゃんはずっと真剣《しんけん》に絵を描いて、美大を目指してきたんだから、ちらっとそんなふうに思っちゃうのも当然なんじゃないの」

「でも、骨折だよ？　大怪我《おおけが》だ。なのに一瞬《いっしゅん》でも喜ぶなんて、ほんとサイテーだ」

「いや、カンチョーが原因の骨折だし……」

なんとか丸山の気持ちを楽にしたくて、怜は必死になだめようとしたが、

「いいんだ、怜」

と丸山は立ちあがり、浴槽から出ていく。「とにかく自分のサイテーぶりをだれかに聞いてほしかっただけで……」

そこまで言って、丸山は洗い場にしゃがみこんでしまった。

「マルちゃん⁉」

どうやら湯あたりを起こしたらしい。怜は慌てて洗い場に飛びだし、シャワーなどという洒落《しゃれ》たものは「餅の湯」にはないので、蛇口から洗面器に冷水を汲《く》んで丸山の頭からかけた。

「マルちゃん、しっかりしろ！　おじさーん、ちょっと来てくださーい！」

金物屋のおじさんと③キョウリョクし、丸山を脱衣所《だついしょ》にかつぎだした。おじさんが持ってきてくれた貸し出し用のバスタオルで丸山をくるみ、板張りの床に横たわらせる。おじさんと二人がかりで団扇《うちわ》で扇《あお》いでいたら、ややあって丸山が意識を取り戻《もど》した。

「マルちゃん、大丈夫《だいじょうぶ》か」

「うん、ごめん。なんかクラッとした」

「よかったよかった。長風呂もほどほどにしないとな」

と、おじさんは餅湯温泉サイダーを怜と丸山におごってくれた。「ちょっと休んでから帰りなさい」

おじさんは表の電気を消し、浴槽の湯を抜《ぬ》いて掃除《そうじ》をはじめる。怜は持参したタオルを腰《こし》に巻いた格好のまま、丸山のかたわらにしゃがみこんだ。丸山も身を起こし、二人は脱衣所で冷えたサイダーを少しずつ飲んだ。

「またあの感じがする」

と丸山が唐突《とうとつ》につぶやいた。「なんだか死んじゃったあとみたいな」

「えーと、具合悪い？」

気分だけでなく頭の具合も悪くなったのかと、怜は怖々《こわごわ》と尋ねたのだが、

「大丈夫。かえってさっぱりした気持ちだよ」

と丸山は言った。「そういうとき、たまに不思議な感覚になる。俺はもうとっくに死んでて、いま怜と話しながらサイダー飲んでるのも、生前のことをあの世で思い返してるだけじゃないかって気がしてくる」

「へええ」

「怜はそういうことない？」

「ない、かなあ……」

やっぱりマルちゃんは繊細《せんさい》だ、と怜は感心した。駅前広場で注(2)重吾《じゅうご》と遭遇《そうぐう》したとき、まわりのすべてが遠のき、冷たく静かな死後の世界に入りこんでしまった感じはした。でも、丸山が言っているのは、たぶんそれとはちがうだろう。

国語問題

(4)怜の指さきは不可思議な充足感《じゅうそく》でぬくもった。あるいは、単純に温泉の効果かもしれない。
もっと親密で、満たされてあたたかな感覚。マルちゃんが感じる疑似死後《ぎじしご》に俺も存在してるんだなと思ったら、

黄色い光を投げかける電球が、じじ、じじ、と天井で鳴っている。餅湯にはＬＥＤではない照明がたくさんある。

「俺はマルちゃんのこと、サイテーなやつなんて思わない」

気恥《きは》ずかしかったが、怜は思いきって言った。「むしろ、(5)いいやつだと思ってる。いままでも、美大の話を聞いたあとも」

怜とてだれかに嫉妬するほど経済学部を志してみたいものだが、到底《とうてい》無理だ。絵を描くことに対する丸山の情熱、秘められたうねりは、怜にはまばゆく感じられた。そんな情熱を抱《かか》えながらも、心平の降って湧《わ》いたような美大受験話に対して親身に相談に乗ってやり、才能を認め、自身の物思いを醜《みにく》いと嫌悪《けんお》する丸山の優しさ、誠実さを、好ましく受け止めこそすれ、いやだなどと思うはずもない。

丸山はサイダーを飲み干し、

「そうかな……。さんきゅ」

と照れくさそうに言って、小さくげっぷをした。

（三浦しをん「エレジーは流れない」による）

注(1)　鷹揚　…　小さいことにこだわらず、ゆったりとしたさま。
(2)　重吾　…　怜の父親の名。それまで会ったこともなかった。

問一　═══線部①〜③のカタカナを漢字に直しなさい。

問二　〜〜〜線部とありますが、「お茶を濁す」の意味として最も適当なものを次の中から選び、記号で答えなさい。

ア　おしきる　　イ　ごまかす　　ウ　ふざける　　エ　じまんする

問三　───線部(1)とありますが、「丸山」が自分をいやになったのはなぜですか。最も適当なものを次の中から選び、記号で答えなさい。

ア　心平がデッサンを上達させる姿を見て、絵画教室を心平に紹介しなければよかったと考えてしまったから。
イ　心平が得意とする陶芸や彫刻などの立体物の制作については、自分の能力では勝てないと考えているから。
ウ　心平が骨折したことでデッサンの練習ができなくなり、その間に自分の方が上達できると考えているから。
エ　心平が骨折したとき心配するどころか、骨折をきっかけに美大受験を諦《あきら》めないかなと考えてしまったから。

問四　───線部(2)とありますが、この時の怜の気持ちの説明として最も適当なものを次の中から選び、記号で答えなさい。

ア　丸山の言いたいことがはっきりと分かってきたが、自分には丸山をなぐさめる資格はなく、丸山に何と声をかけたらよいか迷っている。
イ　丸山が心平に対して怒《いか》りを感じていることが心配で、友人関係がくずれてしまわないように、丸山の気持ちをなだめようとしている。
ウ　普段《ふだん》と異なる丸山の様子が気になり、詳しく知りたいが理由がはっきりしないため、どのように聞けばよいかと慎重《しんちょう》になっている。
エ　乱暴な様子の丸山に驚き、いらだちの原因も分からず恐《おそ》れを感じているが、丸山の気持ちを知りたいという思いを抑《おさ》えられないでいる。

国語問題

（一〇枚のうちの七枚め）

問五　――線部⑶とありますが、この絵について「怜」の考え方の変化を説明した次の文の［1］・［2］に入れるのに適当な表現をそれぞれ答えなさい。ただし、［1］は本文中から五字で抜き出し、［2］は当てはまる表現を考えて書きなさい。

はじめは丸山の絵を見たとき、［1］ととらえたが、今では［2］を感じた丸山の心の中の景色が表現されたものだったのかもしれないと思うようになった。

問六　――線部⑷とはどういうことですか。最も適当なものを次の中から選び、記号で答えなさい。

ア　年老いて死んだ後に、あの世でサイダーを飲みながら昔のことを語り合う二人を想像して楽しくなっているということ。

イ　冷たく静かな死後の世界に入り込んでしまった自分を、あたたかな現実の世界に丸山が連れ戻《もど》してくれ、救われた気分になったということ。

ウ　湯あたりを起こしてしまうほど長い時間湯船に浸かっていたため、意識がはっきりせず丸山の話でさらに夢見心地な気分になったということ。

エ　丸山が感じている死後のような世界に、自分という存在が当たり前のように受け入れられていることをうれしく感じているということ。

問七　――線部⑸とありますが、どのような点から「いいやつだと思っている」のですか。「嫉妬」「怪我」の二語を必ず用いて七十字以内で説明しなさい。

問八　本文を読んだ生徒たちが、気づいたことを発表することになりました。次のア～エは発表のために準備したメモです。本文の内容から読み取った内容として**ふさわしくないもの**を一つ選び、記号で答えなさい。

ア
　本文にくり返し描《えが》かれている電灯が、「怜」と「丸山」の間にある重く苦しい雰囲気《ふんいき》を、明るく豊かにすることにつながっています。また、商店街の人々が力を合わせる姿も、この場面の和《なご》やかな雰囲気につながっていると思います。

イ
　「心平」は型にはまらない自由なタイプのように感じました。一方、「丸山」は前々からずっと美大を目指して頑張《がんば》っている人物なので、この二人は、少し対照的だなと思いました。

ウ
　「餅の湯」は二人が通い慣れていて、打ち解けた場所だから「丸山」は「怜」に心の内をさらけ出しやすかったのだと思います。また、サイダーのような身近なものが出てきて、読者に銭湯の場面をより想像しやすくしていると思います。

エ
　「怜」は「丸山」を誠実でいいやつだと思っているけれど、「怜」自身も丸山をよく見ていて、気づかいができる人物だと思います。お風呂に二回入ったり、湯船でいらいらしている丸山に気付いていたりするところから思いました。

国語問題

三 次の各問いに答えなさい。

（Ⅰ） 岡山小学校の図書委員会に入っている妹尾《せのお》さんは、図書室の本の貸し出し冊数が少ないことが気になっていました。図書委員会で話し合いをした結果、二学期の目標は「図書室の本の貸し出し冊数を増やす」にしました。そこで、まず妹尾さんたちは、岡山小学校の児童に読書についてのアンケートを行いました。資料1と資料2はアンケート結果のグラフです。これを見て後の問いに答えなさい。

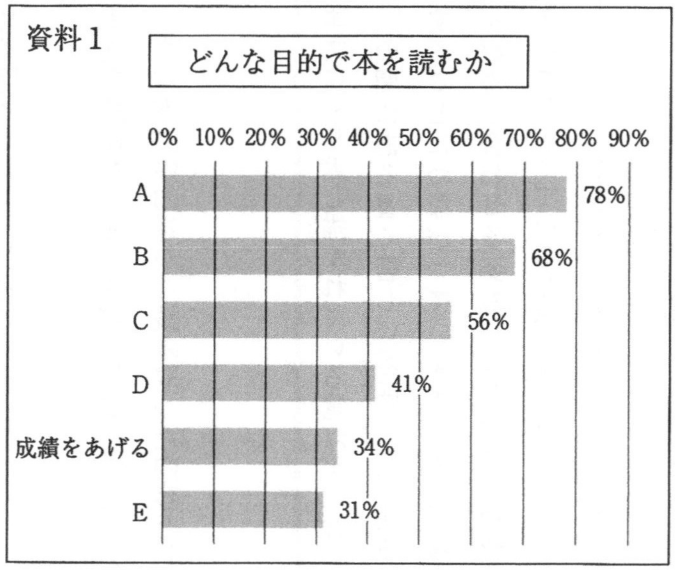

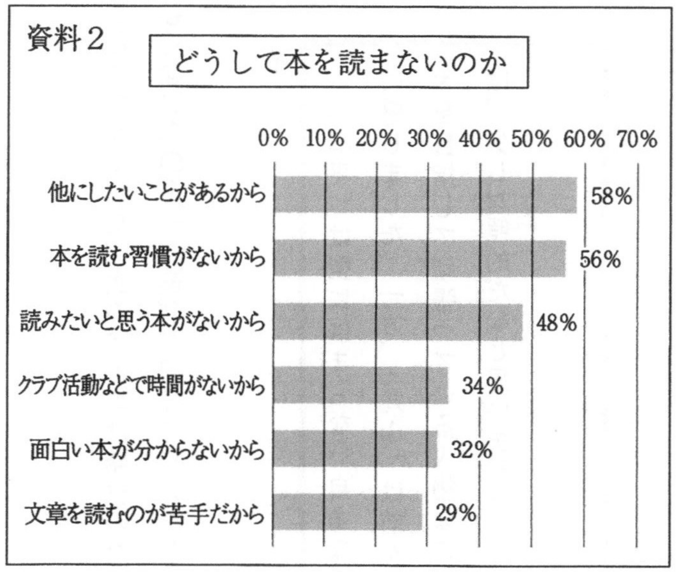

問一 次のア～オは資料1「どんな目的で本を読むか」の質問に対する回答項目《こうもく》です。後にある□の情報をもとに、資料1のA～Eに当てはまるように項目を並びかえたとき、AとCに該当《がいとう》するものをそれぞれ選び、記号で答えなさい。

ア 「興味・関心を深める」　イ 「課題や宿題などで必要がある」　ウ 「知らないことを調べる」
エ 「気分てんかんや暇《ひま》つぶし」　オ 「本の内容を楽しむ」

・「本の内容を楽しむ」と「気分てんかんや暇つぶし」の項目が上位二つに入っている。
・「気分てんかんや暇つぶし」は「成績をあげる」の二倍の人が回答している。
・「課題や宿題などで必要がある」ために本を読むと回答した人が一番少ない。
・「興味・関心を深める」ために本を読む人は、「知らないことを調べる」ために本を読む人よりも少ない。

問二 アンケートの結果をもとに、図書室の本の貸し出しを増やす取り組みを図書委員会で話し合いました。次のア～エは取り組みの内容です。資料2で分かったことをもとに考えられた内容として**誤りを含《ふく》んでいるもの**を、次の中から一つ選び、記号で答えなさい。

ア クラブ活動などで時間がなく、本を読む習慣がないという人が多いので、朝の会で毎日読書をする時間をつくる。

イ 読みたいと思う本がないという人が多いので、様々な分野のおすすめの本を紹介《しょうかい》する冊子を作成し、全校児童に配る。

ウ どの本が面白いか分からないという人がいるので、毎月図書室だよりを発行し、人気図書ランキングを載《の》せる。

エ 文章を読むのが苦手だから本を読まないという人がいるので、どこでも手軽に読むことができる電子書籍《しょせき》を紹介する。

中B方式
令4

国語問題

（一〇枚のうちの九枚め）

問三　妹尾さんは、図書委員会の新しい取り組みを全校児童に放送で伝えることにしました。その放送に向けて作成した原稿《げんこう》の□部分は、誤った言い方になっています。正しい言い方に直しなさい。

> みなさん、こんにちは。図書委員会の妹尾です。今日は、図書委員会からみなさんにお知らせがあります。
> 先週、図書委員会で話し合いをしました。その中で、特に話題になったことは、本の貸し出し冊数が少ないです。
> そこで図書委員会のメンバーで、岡山小学校のみなさんにもっとたくさん本を読んでもらうために何ができるか考えました。今日はみなさんに３つの新しい取り組みを紹介したいと思います。まず１つ目は…
> （中略）
> 以上です。
> １人でも多くの人が図書室に来てくれることを楽しみに待っています。
> 図書委員会からのお知らせでした。

（Ⅱ）次の小問に答えなさい。

問一　次の①～⑤の□にそれぞれ共通して入る体の一部を表す漢字一字を答えなさい。

① 揚《あ》げ□を取る　□止めを食う　□並みがそろう
② □が高い　□につく　□で笑う
③ □に負えない　□がかかる　□をぬく
④ □が利く　□が肥える　□を配る
⑤ □が上がらない　□を抱《かか》える　□を冷やす

問二　次の――線部①～③の誤りを正しく直して漢字で書きなさい。

① 学校のプールを地域の人々に解放する。
② 感染症《かんせんしょう》対策の強化を測る。
③ そろばん三級に任定された。

問三　次の①・②の□にそれぞれ適当な漢字一字を入れて、タテヨコの熟語を完成させなさい。

①
表 ↓ □ ↓ 役
再 → □ → 存

②
子 ↓ □ ↓ 色
和 → □ → 訓

算 数 問 題

※解答はすべて解答用紙に記入しなさい。

1，2，3，5(1)，6(1)は答のみを解答用紙に記入しなさい。その他の解答らんには，できるだけ式や途中《とちゅう》の計算を書き，式が書きにくいときには，図などをかいておきなさい。なお，円周率は 3.14 として答えなさい。

(60分)

1 次の □ の中にあてはまる数を入れなさい。

(1) $43 \times 47 = \square$

(2) $75 + (27 - 12 \div 3) = \square$

(3) $\frac{7}{4} + \frac{3}{8} - \frac{5}{6} = \square$

(4) $2.5 - 1.75 + 0.72 = \square$

(5) $25 \times 6.78 \times 16 = \square$

(6) $84 - 4 \times (15 \div 12 + 7 \times 2) = \square$

(7) $\frac{14}{3} \times 0.8 \div \frac{42}{5} = \square$

(8) $(4 - \square) \div \frac{11}{6} = \frac{3}{4}$

2 次の問いに答えなさい。

(1) 用意していたえんぴつを，1人5本ずつ配ると 18 本余るので，1人8本ずつ配ると6本足りなくなりました。はじめに用意していたえんぴつは何本ですか。

(2) 右の表は，A組とB組の生徒数と募金《ぼきん》額を調べたものです。生徒一人あたりの募金額は ① 組のほうが ② 組より ③ 円多いことがわかります。
①，②にはAまたはBを，③にはあてはまる数を入れなさい。

	A 組	B 組
生　徒　数	28 人	31 人
募金額の合計	2198 円	2356 円

(3) 4けたの整数の中で，2022 のように0を1つ含《ふく》み，その他の3つが同じ数字になるものは何個ありますか。

(4) 下の図のように，平行な2本の直線と，正三角形，正五角形があります。角㋐の大きさは何度ですか。

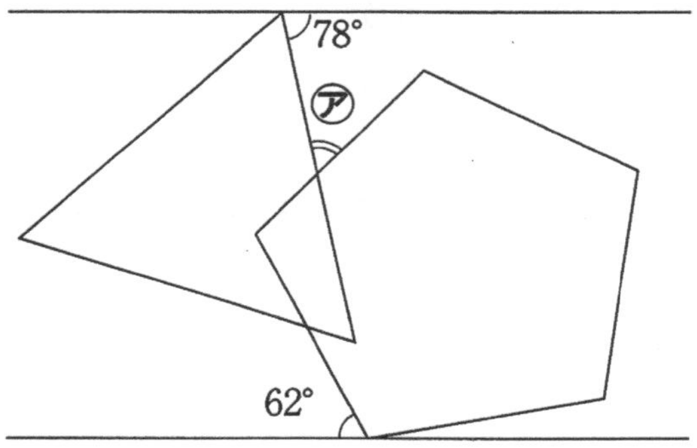

(5) 下のてん開図からできる角柱の体積は何 cm^3 ですか。

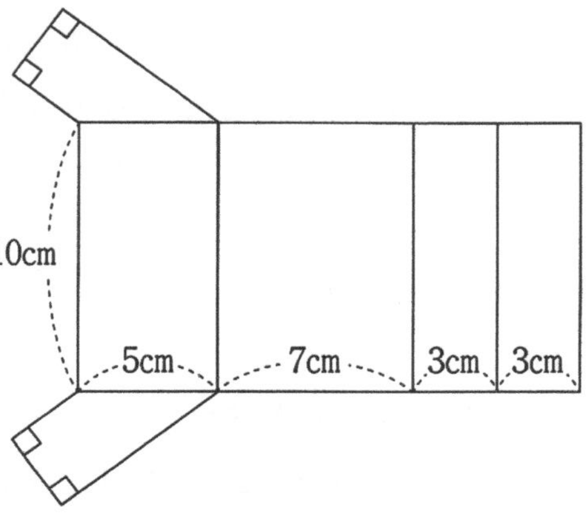

算　数　問　題

3 たかしさんは，１辺が1cmの正方形を５枚つなげて下のように10種類の図形を作りました。

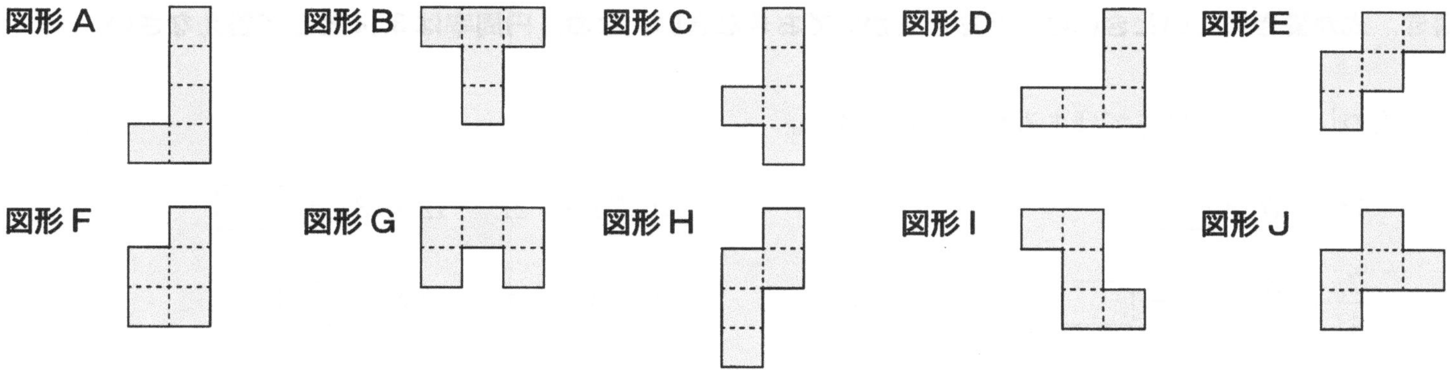

(1) **図形A～J**までの10種類の図形の中から次の図形をすべて選び，**A～J**で答えなさい。

①　線対称な図形

②　点対称な図形

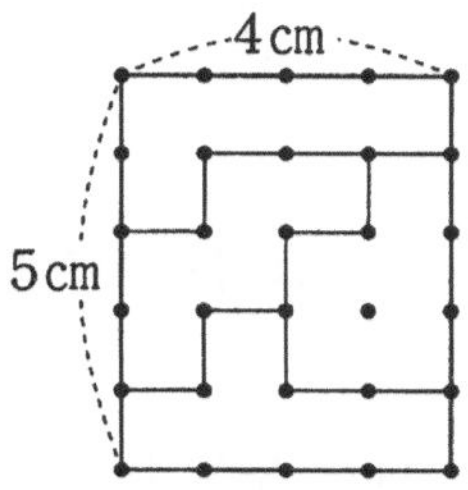

図１

(2) たかしさんは10種類の図形をすき間《ま》がないようにいくつか組み合わせて，いろいろな図形を作ろうと考えました。それぞれの図形は方向を変えても，ひっくりかえしてもよいものとして，それぞれが重ならないように並べます。

右の**図１**は，**図形A，C，E，F**を並べて，たて５cm，横４cmの長方形を作ったものです。

以下の問題の答えは，右の**図１**のようにかきましょう。

①　たかしさんは，たて5cm，横3cmの長方形を作るために**図形B**を右の図のようにおきました。残った部分に，10種類の図形の中から２種類の図形を選びすき間なく並べるには，どのように並べたらよいでしょうか。

解答用紙には，２種類の図形をどのように並べたのかをかきましょう。

①
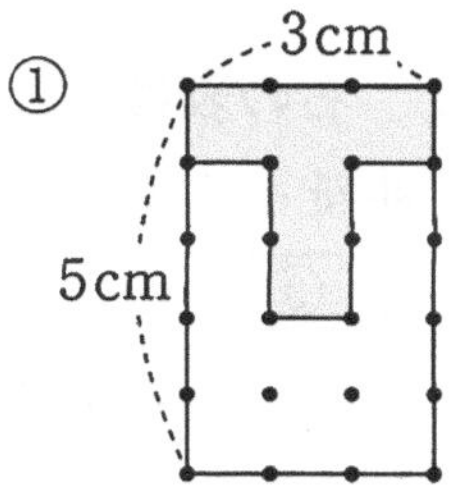

②　①で使った図形以外から３種類の図形を選び，たて5cm，横3cmの長方形を作るためには，どのように並べたらよいでしょうか。

解答用紙には，３種類の図形をどのように並べたのかをかきましょう。

②
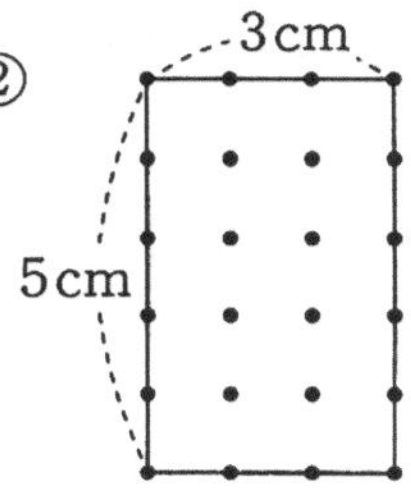

③　10種類の図形の中から５種類の図形を選び，1辺が5cmの正方形を作るためには，どのように並べたらよいでしょうか。

解答用紙には，５種類の図形をどのように並べたのかをかきましょう。

③
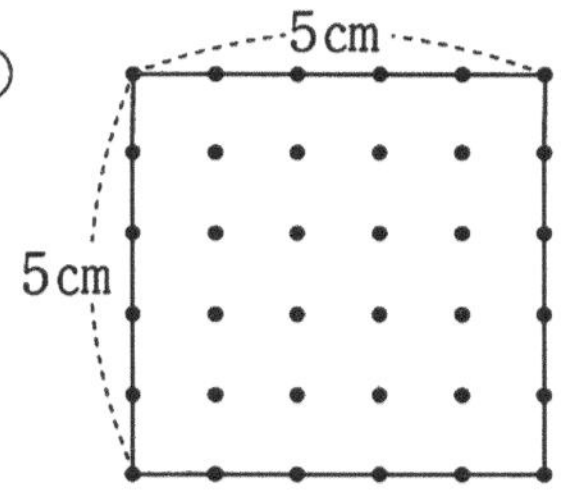

4 現在，はるこさんの自宅には，電力がいくらか蓄電《ちくでん》されています。また，毎日一定の電力を自家発電することで，さらに蓄電しています。そして足りない分は，電力会社から電力を購入《こうにゅう》しています。

ところがある日，電力会社からの電力が20日間購入できなくなりました。このとき，電力を１日に17 kWh※ずつ使うと８日ですべての蓄電はなくなり，１日に20 kWhずつ使うと５日ですべての蓄電はなくなります。

次の問いに答えましょう。　※kWh（キロワット時《じ》）…電力量の単位

(1) 自家発電している電力は，１日に何kWhですか。

(2) 最初に蓄電していた電力は，何kWhですか。

(3) １日に22 kWhずつ使うと，蓄電は何日でなくなりますか。

(4) 20日間ですべての蓄電がなくなるように使うためには，１日に何kWhずつ使えばよいですか。

算　数　問　題

5 (1)　辺ABが２cmの直角二等辺三角形ABCがあります。そこへ，右の図のように，点A，B，Cを中心とした半径１cmの円を３つかきます。

①　周りの長さ（太線部分）は何cmですか。

②　円が重なっていない部分（色をぬった部分）の面積は何cm^2ですか。

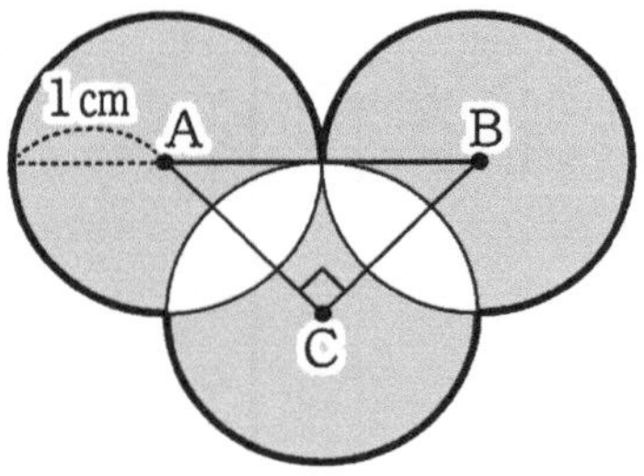

(2)　(1)の直角二等辺三角形ABCを右の図のように３つ並べます。

５つのそれぞれの点を中心とした半径１cmの円を５つかいたとき，円が重なっていない部分の面積は何cm^2ですか。

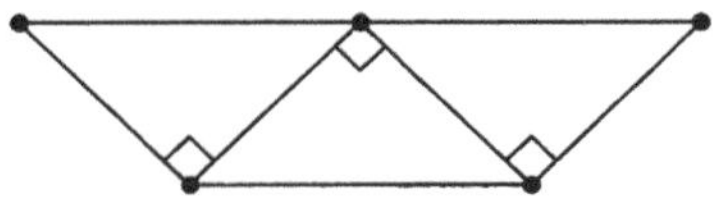

(3)　(1)の直角二等辺三角形ABCを右の図のように４つ並べます。

６つのそれぞれの点を中心とした半径１cmの円を６つかいたとき，円が重なっていない部分の面積は何cm^2ですか。

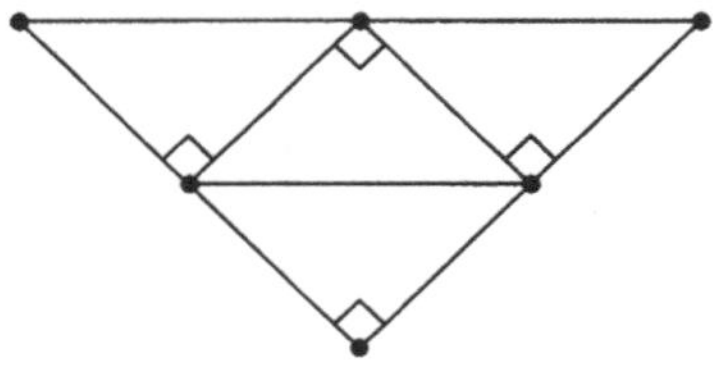

6　太郎《たろう》さんは10時にA地点を出発し，分速70ｍで歩いてB地点を通りすぎ，C地点に向かいました。また，花子さんも10時にC地点を出発し，分速60ｍで歩いてB地点に向かいました。花子さんはB地点に着いたら５分間休んで，今度は自転車でA地点に向かいました。右のグラフは，２人が同時に出発してからの時刻と２人の間《あいだ》のきょりを表したもので，花子さんがA地点に着いたところまでを表しています。

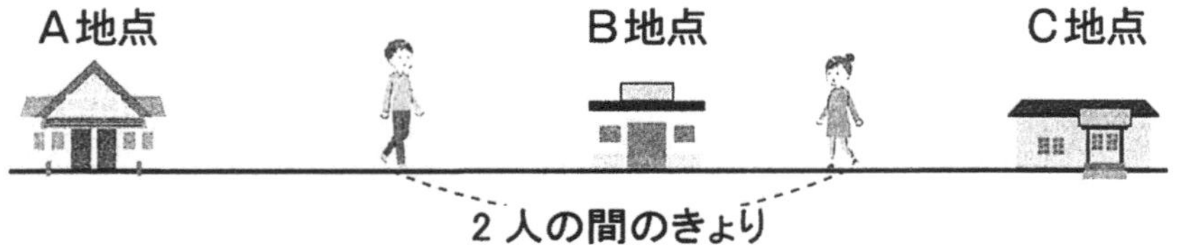

出発してからの時刻とそのときの２人の間のきょり

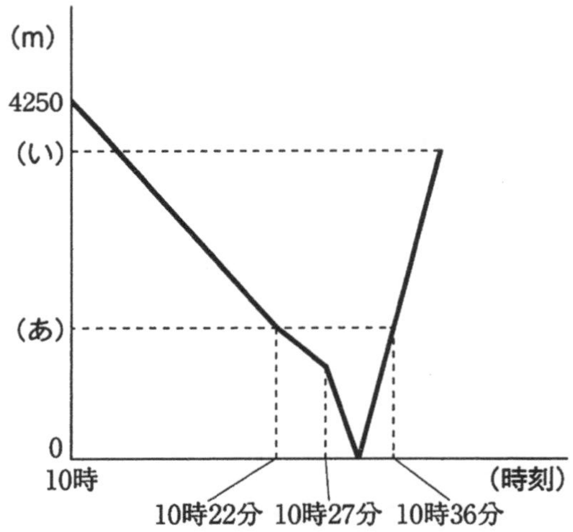

(1)　次の［　　］にあてはまる数字を入れなさい。

太郎さんはA地点を出発してから10時22分までに［ ① ］ｍ歩き，花子さんはC地点を出発してから10時22分までに［ ② ］ｍ歩いたので，グラフの**（あ）**の数は［ ③ ］となります。

(2)　花子さんが自転車で進んでいるときの速さは分速何ｍですか。

(3)　グラフの**（い）**の数を求めなさい。

理　科　問　題

※解答はすべて解答用紙に記入しなさい。

(40分)

1 ヒトの心ぞう，血管そして血液について，次の文章を読んで，下の問いに答えなさい。

ヒトの心ぞうは，心ぼうと（　①　）といわれる合計４つの部屋からできており，(a) 規則的な（　②　）といわれる収縮によって，からだ中に血液を送りとどけている。このとき血液は，肺で取り入れた酸素やおもに（　③　）で吸収した養分を細胞《さいぼう》にあたえている。そして，血液は心ぞうにもどるときに，二酸化炭素などの不要物を回収している。からだ中にはりめぐらされた血管には，(b) 動脈や静脈そして（　④　）があり，これらが血液の通り道となっている。

(1) 文章中の空らん（　①　）～（　④　）に，あてはまる語句を答えなさい。

(2) 文章中の下線部 (a) のようすは，手首の内側に指先をあてて，脈はくを調べることによってもわかる。健康なヒトが運動していないとき，１分間の脈はく数はおよそ何回ですか。正しいものを次の中から１つ選び，記号で答えなさい。

(ア) 10 ～ 20 回　　(イ) 30 ～ 40 回　　(ウ) 60 ～ 70 回　　(エ) 100 ～ 110 回

(3) 文章中の下線部 (b) の血管は，次のような特徴《とくちょう》がある。(2) の脈はくを調べることができる血管として，正しいものを下から１つ選び，記号で答えなさい。

動脈…………心ぞうから送り出された血液が流れる。
静脈…………心ぞうにもどる血液が流れる。
（　④　）………動脈と静脈をつないでおり，非常にほそい。

(ア) 動脈のみ　　(イ) 静脈のみ　　(ウ) （　④　）のみ　　(エ) 動脈と静脈

(4) 右の図はヒトの心ぞうのつくりを示している。文章中の下線部 (a) について，同時に収縮する心ぞうの部屋（A ～ C）の組み合わせとして正しいものを，次の中から１つ選び，記号で答えなさい。

(ア) AとB　　(イ) BとC　　(ウ) AとC　　(エ) AとBとC

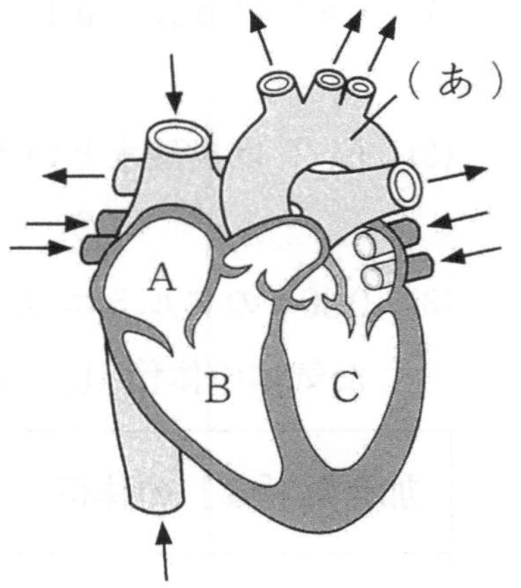

(5) 右の図の（あ）で示した血管の名称《めいしょう》を答えなさい。

(6) 右の図の矢印は，血液が流れる向きを示している。肺とつながる動脈の血液の流れを示す矢印は，図の中に何本ありますか。矢印の本数を答えなさい。

(7) 血液は，含《ふく》まれる酸素が多い動脈血と少ない静脈血に分けることができる。
右の図の矢印の中で，静脈血の流れを示すものは何本ありますか。矢印の本数を答えなさい。

(8) (3) の血管の特徴と (7) の血液の分け方を参考にして，次の文から正しいものを１つ選び，記号で答えなさい。

(ア) 肺とつながる静脈は，肺からもどる動脈血が流れる血管である。
(イ) 肺とつながる静脈は，肺に行く動脈血が流れる血管である。
(ウ) 肺とつながる静脈は，肺からもどる静脈血が流れる血管である。
(エ) 肺とつながる静脈は，肺に行く静脈血が流れる血管である。

(9) 血液の中には，赤血球という細胞が多く含まれている。血管内を赤血球が流れているようすを観察する方法として，もっとも適するものを次の中から１つ選び，記号で答えなさい。

(ア) スライドガラスの上にメダカをおき，水を含んだガーゼをかぶせて，尾《お》びれを肉眼で観察する。
(イ) 顕微鏡《けんびきょう》ののせ台の上にメダカをおき，尾びれにカバーガラスをかけて顕微鏡で観察する。
(ウ) チャックのついたポリエチレンのふくろにメダカと少しの水を入れ，尾びれを顕微鏡で観察する。
(エ) ウサギの耳の内側に強い光をあてて，肉眼で観察する。

理　科　問　題

2　７種類の水溶液《すいようえき》(ア)～(キ)を用意しました。

(ア)　アンモニア水　　(イ)　うすい塩酸　　(ウ)　砂糖水　　(エ)　食塩水

(オ)　水酸化ナトリウム水溶液　　(カ)　石灰水《せっかいすい》　　(キ)　炭酸水

この(ア)～(キ)の水溶液について **[操作１]** ～ **[操作５]** を行いました。実験の結果をもとにすると，水溶液を［ａ］～［ｇ］に分けることができました。次の図は，その手順を示したものです。このことについて下の問いに答えなさい。

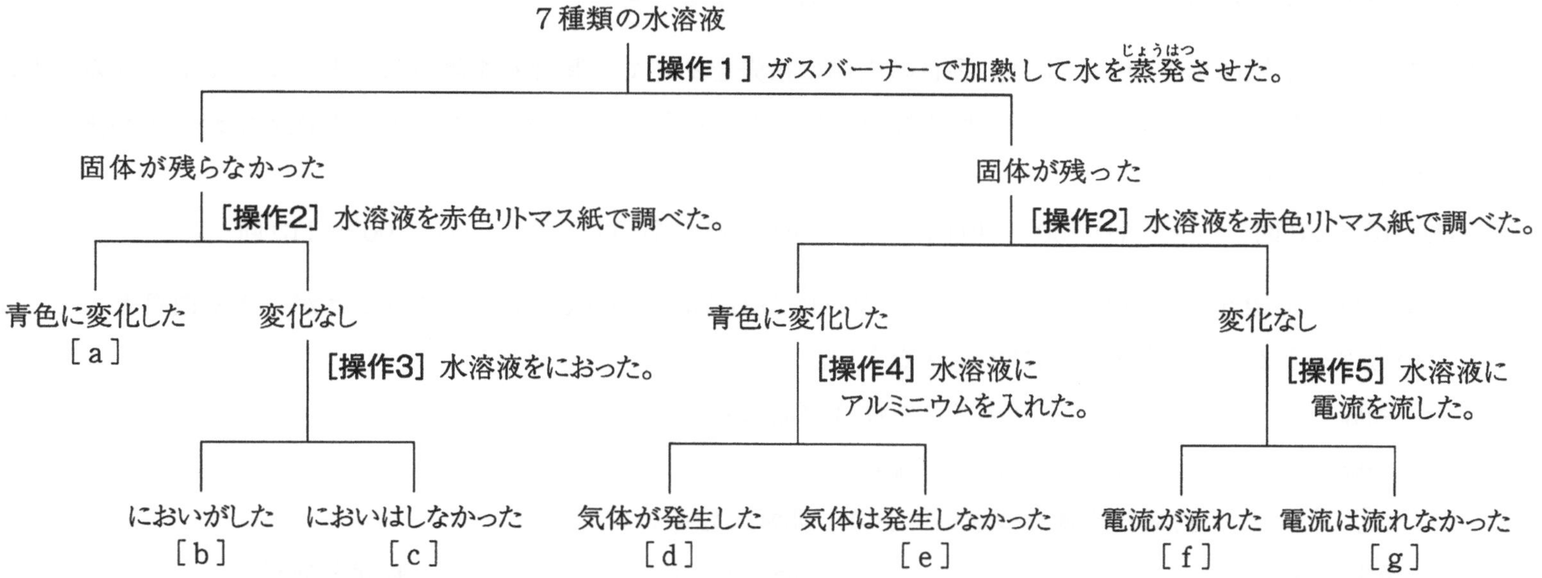

(1)　［ａ］，［ｂ］，［ｇ］にあてはまる水溶液は(ア)～(キ)のどれですか。それぞれ記号で答えなさい。

(2)　［ｃ］は炭酸水ということが分かりました。［ｃ］と［ｅ］を混ぜたときに観察できる変化を説明しなさい。

(3)　0.30ｇのアルミニウムに，ある一定の濃さの［ｄ］を加えました。このとき加えた［ｄ］の体積（mL）と発生した気体の体積（L）の関係を調べたところ，次の表のような結果となりました。

加えた［ｄ］の体積（mL）	0	20	40	60	80	100	120	140	160	180	200
発生した気体の体積（L）	0.00	0.13	0.27	0.40	0.40	0.40	0.40	0.40	0.40	0.40	0.40

（Ⅰ）このとき発生した気体の名称を答えなさい。

（Ⅱ）発生する気体の体積が1.2Lになるためには，①アルミニウムは何ｇ必要ですか。必要であれば小数第２位を四捨五入して小数第１位で答えなさい。また，②加えた［ｄ］の体積（mL）を求めなさい。

(4)　食酢《しょくす》の水溶液を用意して，**[操作１]** ～ **[操作５]** を行うと，［ａ］～［ｇ］のどの水溶液と同じ結果になりますか。(ア)～(キ)の中から１つ選び，記号で答えなさい。

理　科　問　題

3　日本における台風について，次の文章を読んで，下の問いに答えなさい。

熱帯の太平洋上では，太陽の強い日差しを受けて，海面から海水が蒸発して大量の水蒸気が発生する。水蒸気は（　①　）となり，そこに積乱雲ができる。積乱雲がいくつか集まって，（　②　）になる。さらに（　②　）は水蒸気をふくんだ空気により発達し，強い風がふくようになる。

(1)　文章中の空らんに入る語句の組み合わせとして正しいものを，次の中から1つ選び，記号で答えなさい。

記号	（　①　）	（　②　）
(ア)	上《じょう》昇《しょう》気流	熱帯高気圧
(イ)	上昇気流	熱帯低気圧
(ウ)	下降気流	熱帯高気圧
(エ)	下降気流	熱帯低気圧

(2)　文章中の下線部の積乱雲の図を，次の中から1つ選び，記号で答えなさい。

(ア)

(イ)

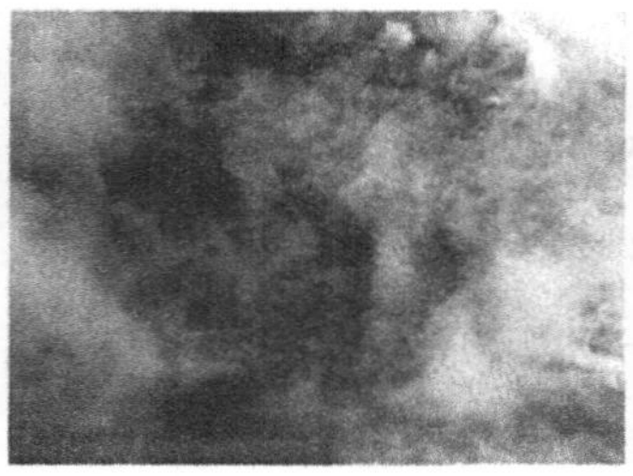

(ウ)

(エ)

(3)　台風の進路は，季節によっておおまかに決まっている。図1の A が示すのは何月の進路か。次の中から1つ選び，記号で答えなさい。

(ア)　6月　　(イ)　7月　　(ウ)　8月　　(エ)　9月　　(オ)　10月

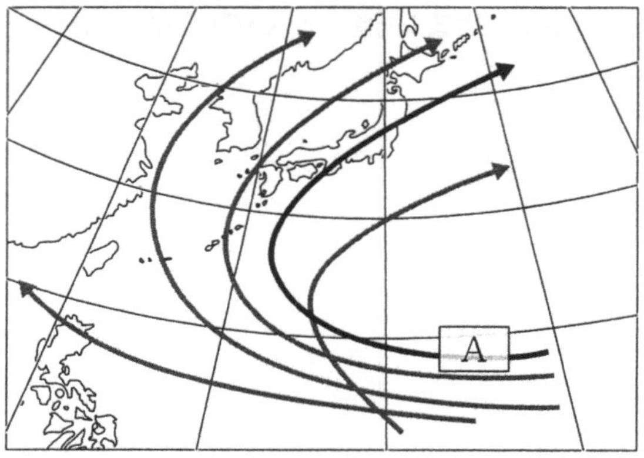

図1

(4)　台風は，発生する時期や進路は様々だが，風がふく方向はいつも同じである。上空から見た台風の風がふく方向を表したものを，次の中から1つ選び，記号で答えなさい。

(ア)　時計回り　　(イ)　反時計回り　　(ウ)　西から東　　(エ)　南から北

(5)　台風の空気の縦方向の流れはどうなっているか。次の中から1つ選び，記号で答えなさい。

(ア)

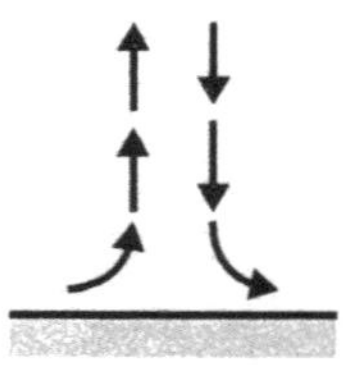

(イ)

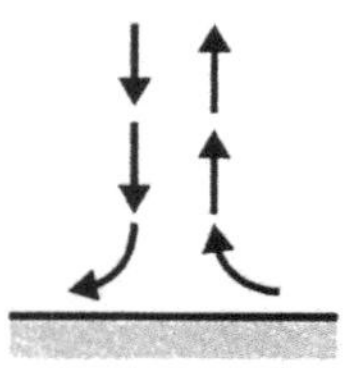

(ウ)

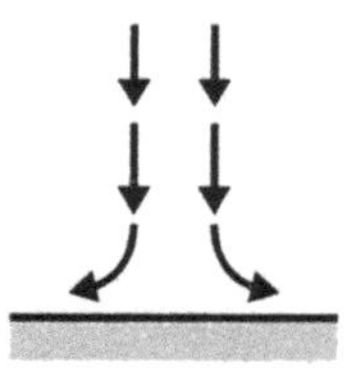

(エ)

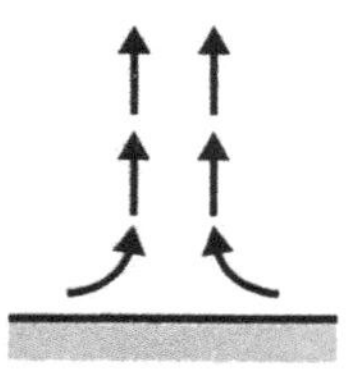

(6)　図2は，2020年10月10日の降水量を表している。台風のおおよその位置を図2の(ア)～(エ)から1つ選び，記号で答えなさい。

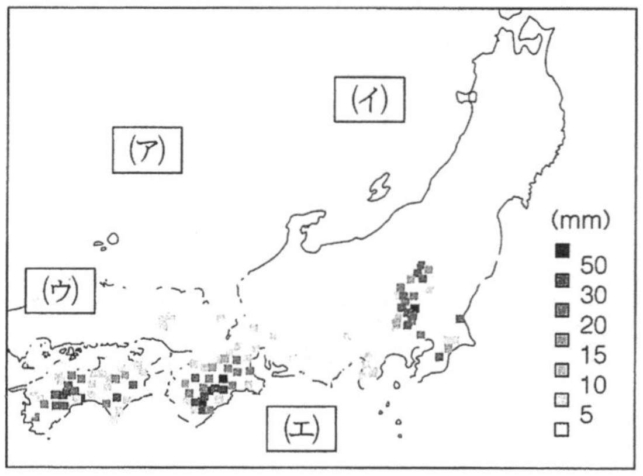

図2

理　科　問　題

(7)　ニュースで台風の進路予想を見ると，図3のような映像が流れた。このとき，「予報円」が表す内容を次の中から1つ選び，記号で答えなさい。

(ア)　風速 25m（秒速）以上の風がふくおそれがあるところ
(イ)　風速の変化が激しいと予想されるところ
(ウ)　台風の中心が進むと予想されるところ
(エ)　台風が発達した大きさ

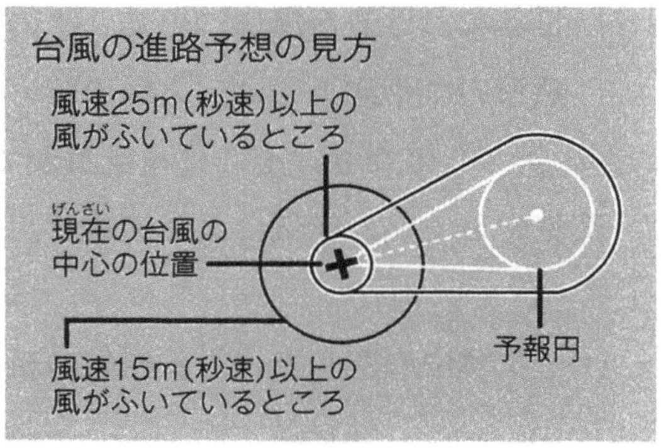

図3

(8)　気象庁では，発生するおそれがある気象災害の種類や危険度に応じて，注意報や警報，特別警報を発表する。次の中で，警報は存在するが特別警報は存在しないものを1つ選び，記号で答えなさい。

(ア)　こう水　　(イ)　大雨　　(ウ)　暴風　　(エ)　高潮

(9)　台風などの災害に備えて事前に準備をしておくことはとても重要です。次の準備や避難《ひなん》のポイントの中で，**あやまっているもの**を1つ選び，記号で答えなさい。

(ア)　事前に避難場所と安全な避難経路を確認しておきましょう。
(イ)　非常時の持ち出し品は，両手が使えるようにリュックなど背負える物に入れましょう。
(ウ)　火元を確かめ，ガスの元せん，電気のブレーカーを切りましょう。
(エ)　ヘルメットで頭を守り，長ぐつ・長そでの服・長ズボンを着用しましょう。
(オ)　救急車や消防車のじゃまになるので，できるだけ徒歩で避難しましょう。
(カ)　せまい道，へいのそば，川べりを通らない道を選び，マンホールやみぞにも注意しましょう。

理　科　問　題

4 ものの重さについて，次の問いに答えなさい。

(1) 次の組み合わせのうち，重さが異なる場合を1つ選び，記号で答えなさい。

(ア) ねん土の形を変える前と形を変えた後

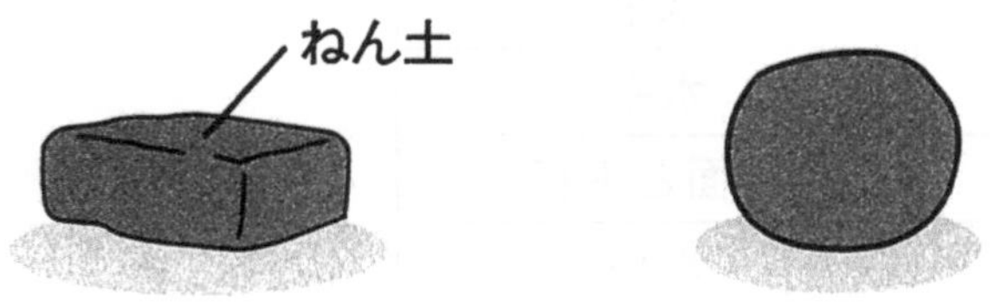

(イ) 鉄（5g）とわた（5g）

(ウ) 木のブロック3つを縦に積んだ場合とくずして置いた場合

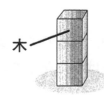

(エ) 鉄（$10cm^3$）と木（$10cm^3$）

次の文章は，ものの重さをはかる道具として，てんびんについて述べたものです。

てんびんは，(a) てこのつり合いを使って，重さをはかる道具です。大昔から存在し，現代でも (b) 上皿てんびんやさおばかりとして日常生活で利用されています。てんびんは，左右にのせたものの重さが異なるときは，（　①　）方にかたむき，重さが同じときは（　②　）になって止まります。この状態をつり合いの状態といいます。

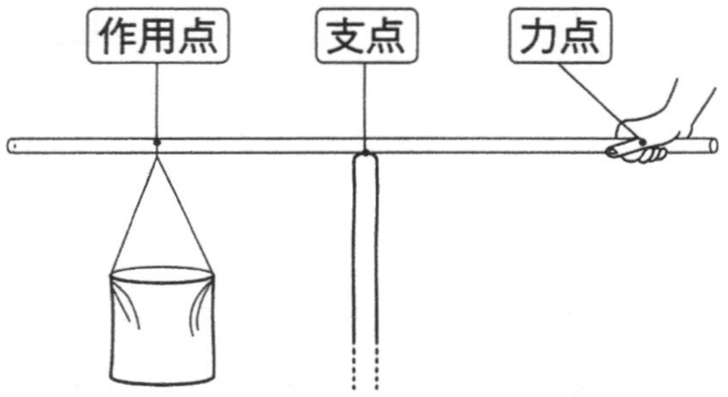

図 1

(2) 文章中の下線部 (a) のてこは，図1のように力点，支点，作用点が存在します。次のうち，力点，支点，作用点が図1のてこと同じ順番であるものを1つ選び，記号で答えなさい。

(ア) クリップ

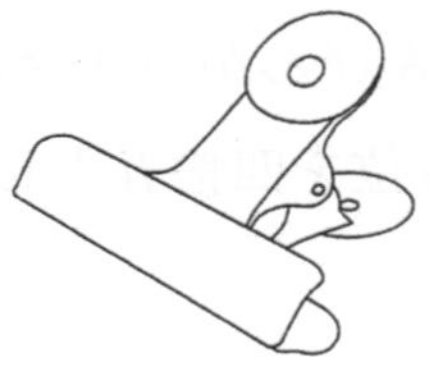

(イ) 空き缶《かん》つぶし

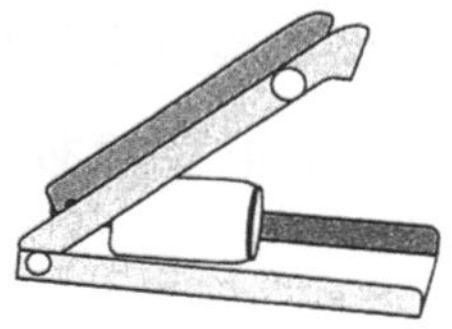

(ウ) ピンセット

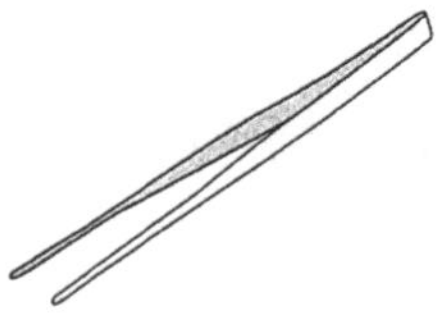

(エ) せんぬき

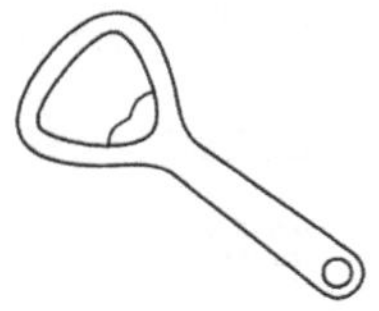

(3) 文章中の下線部 (b) の上皿てんびんの使い方として，もっとも適するものを次の中から1つ選び，記号で答えなさい。

(ア) はじめに重さをはかりたいものを一方のてんびんの皿の上に乗せ，次にもう一方のてんびんの皿の上におもりを一番重いものから順番にのせる。

(イ) はじめに重さをはかりたいものを一方のてんびんの皿の上に乗せ，次にもう一方のてんびんの皿の上におもりを一番軽いものから順番にのせる。

(ウ) はじめに一番重いおもりを一方のてんびんの皿の上に乗せ，次にもう一方のてんびんの皿の上に重さをはかりたいものをのせる。

(エ) はじめに一番軽いおもりを一方のてんびんの皿の上に乗せ，次にもう一方のてんびんの皿の上に重さをはかりたいものをのせる。

(4)　文章中の（　①　）（　②　）に当てはまることばの組み合わせとして，もっとも適するものを，次の中から1つ選び，記号で答えなさい。

記号	①	②
(ア)	軽い	水平
(イ)	重い	水平
(ウ)	小さい	地面と平行
(エ)	小さい	水平
(オ)	大きい	地面と平行
(カ)	大きい	水平

　ものの重さをはかるため，太さの変わらない長さ60cm，重さ60gの棒と糸を使い，図2のような棒の点Oが支点であるさおばかりを作成しました。ただし，さおばかりに使っている糸の重さは考えなくてよいものとします。

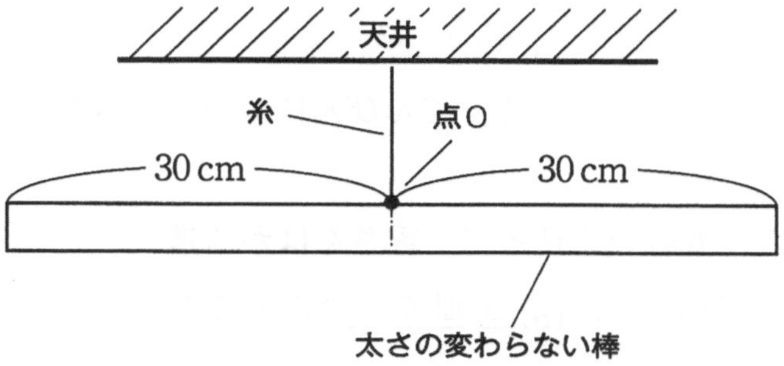

図2

(5)　図2の点Oから左に10cmのところから糸を垂らし，30gのおもりをつるしました。図2の点Oから右に20cmのところにおもりをつるして，てんびんをつり合いの状態にしたい。点Oから右に20cmのところにつるすおもりの重さとして正しいものを，次の中から1つ選び，記号で答えなさい。

(ア)　15g　　(イ)　30g　　(ウ)　45g　　(エ)　60g　　(オ)　120g

(6)　図2の点Oから左に20cmのところから糸を垂らし，同じ重さの白色のおもりを2個つるしました。図2の点Oから右に30cmのところに同じ重さの黒色のおもりを3個つるしたところ，てんびんがつり合いました。白色のおもりの1個の重さは黒色のおもり1個の何倍ですか。必要であれば小数第3位を四捨五入して小数第2位で答えなさい。

理　科　問　題

図３は図２のさおばかりの支点を点Ｏから左に 10 cm の点Ａにずらし，さらにその点Ａから左に 20 cm のところから糸を垂らし，30 g のおもりをつるしたものです。このとき，点Ａから右にはおもりをつるしていないにも関わらずさおばかりはつり合いました。

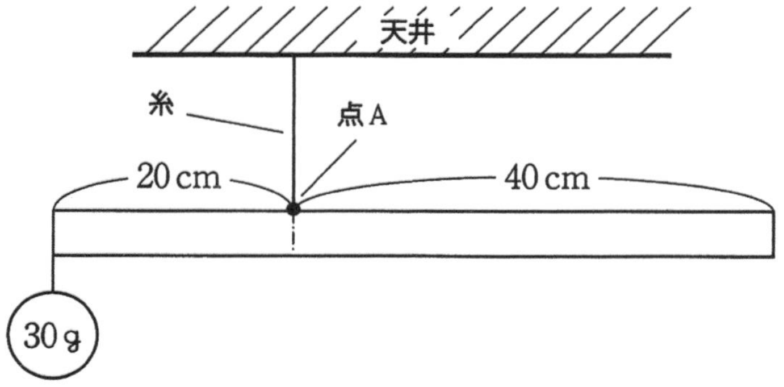

図３

(7)　図３の 30 g のおもりを取り除いたあと，点Ａから左に 10cm のところから糸を垂らし，100 g のおもりをつるしたところ，てんびんは左にかたむきました。このとき，点Ａから右に 20 g のおもりを取りつけることでつり合いの状態にしたい。20 g のおもりをつるすところまでの点Ａからの長さとして正しいものを，次の中から１つ選び，記号で答えなさい。

(ア)　10 cm　　(イ)　20 cm　　(ウ)　30 cm　　(エ)　35 cm　　(オ)　40 cm

太さの変わらない長さ 60 cm，重さ 60 g の棒を２本と，糸やおもりを組み合わせて図４のような模型を作ったところつり合いました。

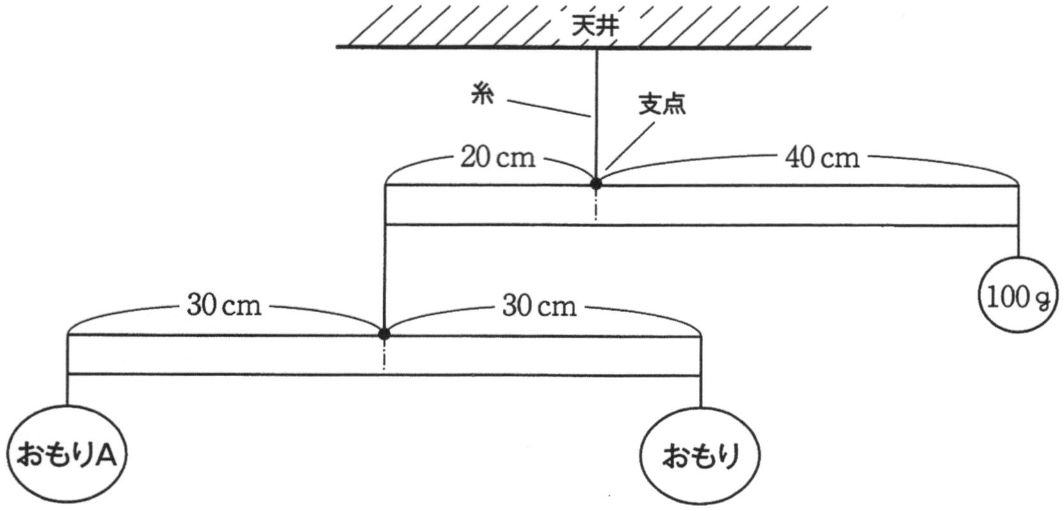

図４

(8)　図４のとき，おもりＡの重さは何 g ですか。必要であれば小数第１位を四捨五入して整数で答えなさい。

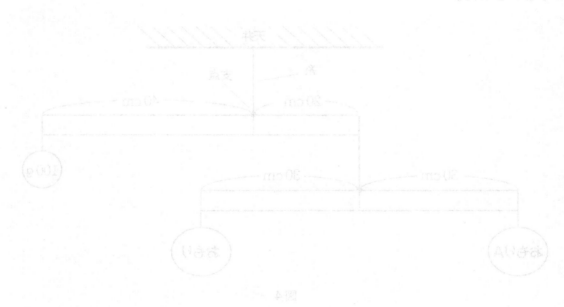

中B方式
令４

社　会　問　題

※解答はすべて解答用紙に記入しなさい。

(40分)

1 次の**資料Ⅰ**～**資料Ⅳ**を見て，あとの問１～問５に答えなさい。

資料Ⅰ　小麦の輸出量が多い国

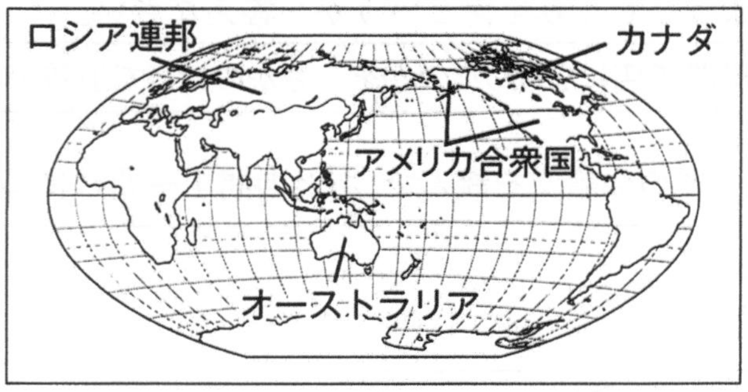

資料Ⅲ　小麦の生産がさかんな地域

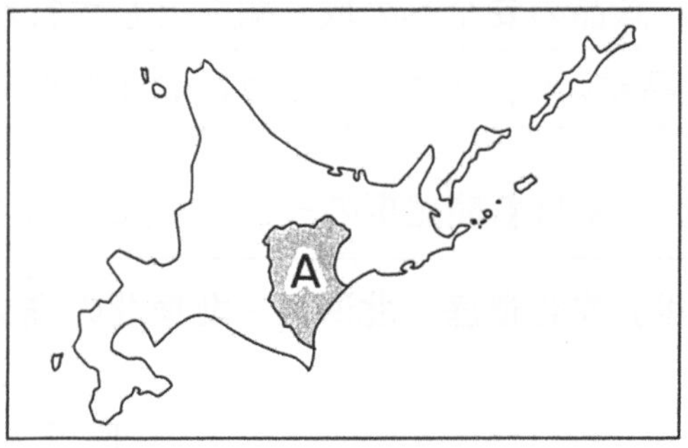

資料Ⅱ　日本の小麦の国内消費量と国内生産量

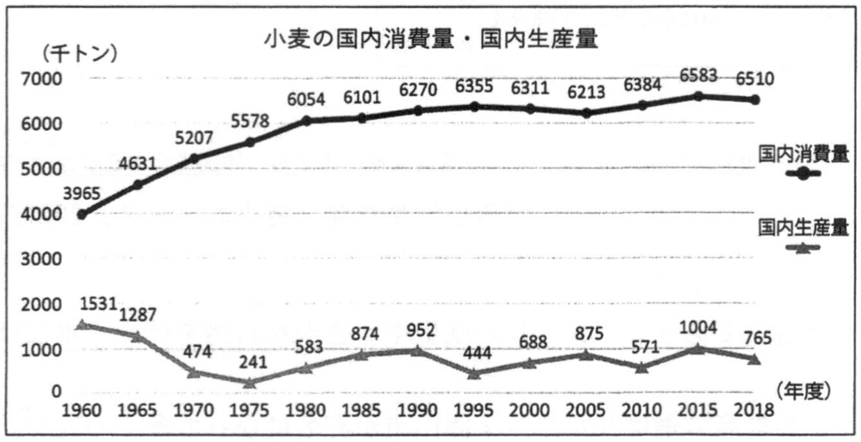

（矢野恒太記念会「数字でみる日本の100年(改訂第７版)」より作成）

資料Ⅳ

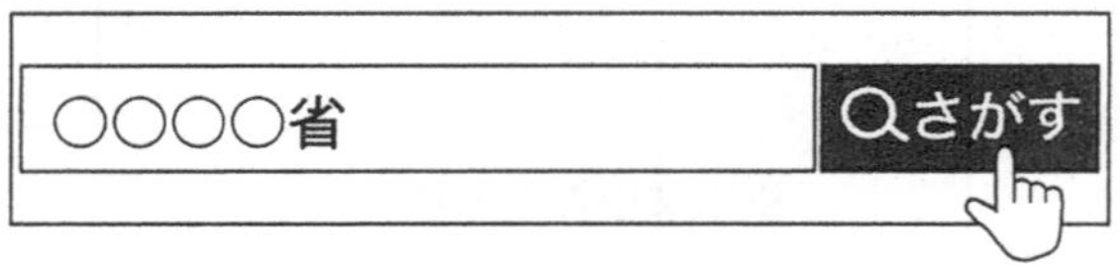

問１　**資料Ⅰ**を見て，次のA～Cの文の正誤の組合せとして正しいものを，下の表の**ア～ク**から１つ選び，記号で答えなさい。

A　地図や地球儀《ちきゅうぎ》に引かれている緯線《いせん》は，赤道を０度として南北を180度まで分けている。

B　地球を東半球と西半球に分けた場合，地図中の４つの国はすべて東半球に位置している。

C　地図中の４つの国すべてが，太平洋と大西洋の二つの大洋に面している。

	ア	イ	ウ	エ	オ	カ	キ	ク
A	正しい	正しい	正しい	誤り	正しい	誤り	誤り	誤り
B	正しい	正しい	誤り	正しい	誤り	正しい	誤り	誤り
C	正しい	誤り	正しい	正しい	誤り	誤り	正しい	誤り

問２　**資料Ⅱ**を見て，次の(1)～(3)の問いに答えなさい。

(1)　1960年以降，小麦の国内消費量は増加の傾向にあります。消費量が増えた理由を答えなさい。

(2)　1975年までは，小麦の国内消費量が増加しているにもかかわらず生産量は減少しています。生産量が減った理由を，「ねだん」という語句を必ず用いて答えなさい。

(3)　2018年の小麦の自給率（％）を重量から計算し，小数第１位を四捨五入して整数で答えなさい。

問３　1980年代からは，国（政府）によって米から小麦への転作が奨励《しょうれい》されたため，小麦の国内生産量は増え始めました。現在では，北海道が小麦の国内生産量の約６～７割を占めています。**資料Ⅲ**の**A**で示した地域では，北海道のなかでも特に大規模な小麦栽培《さいばい》が行われています。この地域にあてはまるものを，次の**ア～エ**から１つ選び，記号で答えなさい。

ア　根釧《こんせん》台地　　**イ**　石狩《いしかり》平野　　**ウ**　十勝《とかち》平野　　**エ**　上川盆地《かみかわぼんち》

問４　食料自給率の向上を図《はか》るために国（政府）がどのような取り組みを行っているのか，インターネットを利用して調べようと思います。**資料Ⅳ**中の○○○○に入る，農業等の発展や食料の安定供給の確保に中心的な役割をはたしている国の行政機関を，漢字４字で答えなさい。

社会問題

問５　国産食料品の消費拡大を目指した取り組みが進められるにつれて，地産地消の意識や食品に対する安全意識が高まっています。

食品の安全への取り組みとして行われている，次のようなしくみを何というか，答えなさい。

食品がいつ，どこで，どのように生産され，どのような流通経路で店にならんだのかを，さかのぼって追跡《ついせき》できるしくみ。

2　次の文章は新聞記事の一部です。この記事とその内容についての会話文を読んで，あとの問１～問８に答えなさい。

『世界文化遺産　北海道・北東北の縄文遺跡群《じょうもんいせき》』

（新聞記事の文章）

※本文中の下線部

ａ北海道　ｂ北海道・北東北の縄文遺跡《じょうもんいせき》群　ｃ日本の世界文化遺産は 20 件目　ｄ奄美《あまみ》大島，徳之島，沖縄島北部及《およ》び西表《いりおもて》島

毎日小学生新聞（毎小ニュース）2021/7/29

太郎《たろう》：縄文時代については学校の授業で勉強したばかりです。

先生：記事には他に自然遺産の登録も決まったと書いてありますね。長い歴史やｅ豊かな自然を持つ日本にはこうした世界遺産が他にもたくさんありますね。

太郎：僕《ぼく》の住んでいる岡山市の文化財や自然が世界遺産に選ばれたら，ｆ岡山市が有名になって多くの人が訪《おとず》れてくれるからとてもうれしいことだと思います。

先生：そうだね。でも世界遺産に登録されるまでにも様々な基準があり，一度登録されたものの，「危機遺産」としてブラックリストにのることもあるのだよ。

太郎：世界遺産に登録されるだけが目的ではダメなのですね。観光客が増加すればそれだけ環境が破壊《はかい》されるかもしれません。せっかくの世界遺産を保護して受け継《つ》いでいくには，国内レベルでの取り組み，国際レベルでの取り組みが必要ですね。

先生：日本では，文化遺産はｇ文化財保護法，自然遺産は自然環境保全法・自然公園法・森林法によって保護されていたり，これに関わる文部科学省や環境省などにもｈ必要な予算が割り当てられたりしています。また，資金が必要な国へ援助《えんじょ》するための国際的なしくみもあります。

太郎：きちんとそれぞれの世界遺産の価値を理解して，各地の環境を守るさまざまな取り組みに協力することも大切ですね。

問１　下線部ａについて，17世紀中ごろに北海道でアイヌが松前藩《はん》や幕府からの不当な扱《あつか》いに反発して立ち上がった。この時にアイヌを率いた人物を答えなさい。

問２　下線部ｂについて，縄文時代の説明として，**誤っているもの**を，次の**ア～エ**から１つ選び，記号で答えなさい。

ア　打製石器と磨製石器を使用していた
イ　土器や土偶《どぐう》などを製作していた
ウ　竪穴《たてあな》住居で生活していた
エ　戦《いくさ》で鉄製の武器を使用していた

問３　下線部ｃについて，日本の世界遺産と地域についての組み合わせとして，**誤っているもの**を，次の**ア～エ**から１つ選び，記号で答えなさい。

ア　日光の社寺　―　群馬県
イ　石見《いわみ》銀山遺跡とその文化的景観　―　島根県
ウ　平泉の仏国土（浄土《じょうど》）を表す建築・庭園および考古学的遺跡群　―　岩手県
エ　「神宿る島」宗像《むなかた》・沖ノ島と関連遺産群　―　福岡県

社　会　問　題

問4　下線部dについて，奄美大島に関する記述として，正しいものを，次のア～エから1つ選び，記号で答えなさい。

ア　この島は，江戸時代には金山開発が盛んに行われた。
イ　この島は，江戸時代には薩摩《さつま》藩の支配を受け，さとうきびの栽培が行われた。
ウ　この島は，日本の領土の中で人が住んでいる最も西の島である。
エ　この島は，たびたび火山の噴火《ふんか》が起こり，島の面積が年々大きくなっている。

問5　下線部eに関連して，(1)・(2)の問いに答えなさい。
(1)　日本三大急流の1つで庄内《しょうない》平野を流れている河川を答えなさい。
(2)　下の**図1**は，**図2**の**ア～エ**のいずれかの線に沿《そ》った地形断面図を示したものである。この断面にあてはまるものを，**図2**の**ア～エ**から1つ選び，記号で答えなさい。

（図1）

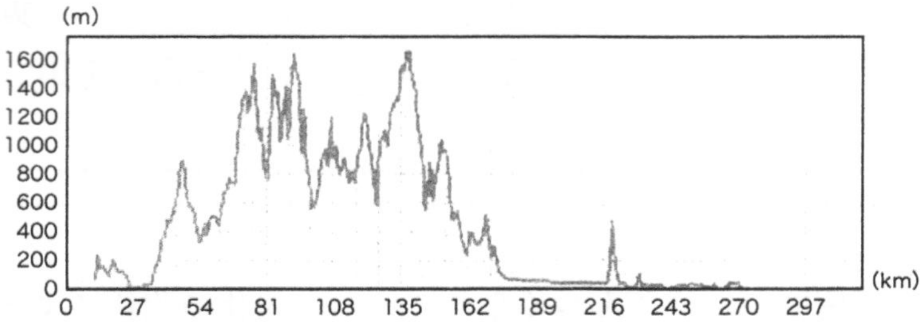

（図2）

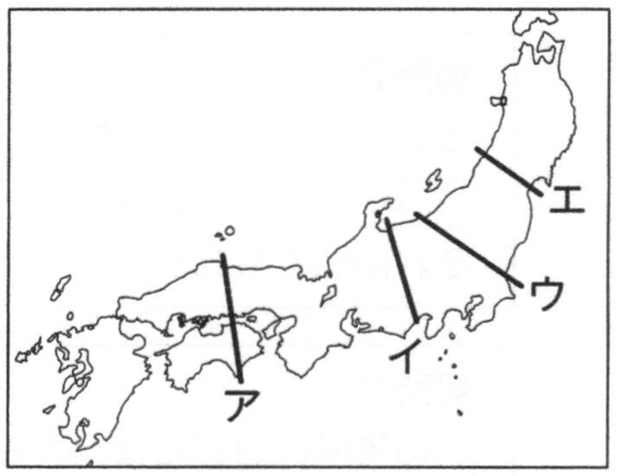

問6　下線部fに関連して，岡山市など各自治体の市長や市議会議員も国会議員と同じように選挙によって選ばれます。次の(1)・(2)に関する選挙年齢《ねんれい》について，それぞれ年齢を答えなさい。
(1)　市長や市議会議員の選挙に立候補できる年齢
(2)　市長や市議会議員の選挙に投票できる年齢

問7　下線部gに関連して，(1)・(2)の問いに答えなさい。
(1)　文化財保護法は1949年に仏教寺院である法隆《ほうりゅう》寺金堂の火災により，法隆寺金堂壁画《へきが》が焼損《しょうそん》したことをきっかけに制定された法律です，日本の仏教の歴史について述べたⅠ～Ⅲを年代順に正しく並びかえたものを，次の**ア～カ**から1つ選び，記号で選びなさい。
Ⅰ　各地の大名とその支配に反発する一向宗の信者が各地で争った。
Ⅱ　十七条の憲法で仏教をあつく信仰《しんこう》することが記された。
Ⅲ　極楽浄土へ行ける教えが広まり，天皇《てんのう》や貴族によって多くの阿弥陀《あみだ》堂がつくられた。

ア　Ⅰ－Ⅱ－Ⅲ　　**イ**　Ⅰ－Ⅲ－Ⅱ　　**ウ**　Ⅱ－Ⅰ－Ⅲ
エ　Ⅱ－Ⅲ－Ⅰ　　**オ**　Ⅲ－Ⅰ－Ⅱ　　**カ**　Ⅲ－Ⅱ－Ⅰ

(2)　右の図は国会で法律ができる流れを表しています。法律の制定について述べたものとして，正しいものを，次の**ア～エ**から1つ選び，記号で答えなさい。

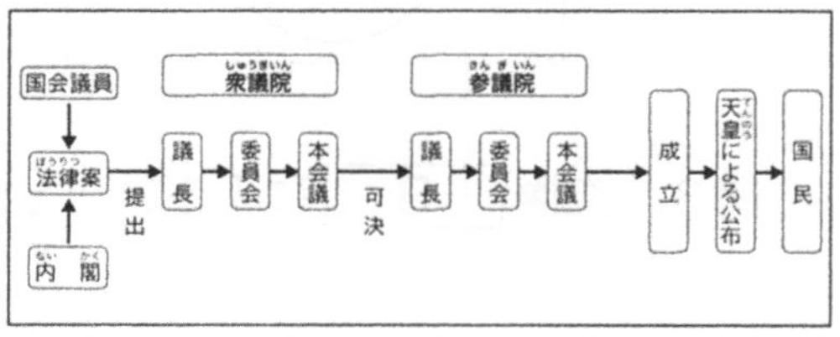

ア　法律案は衆議院と参議院それぞれ3分の2以上の賛成で可決される。
イ　同数の衆議院議員と参議院議員によって審議《しんぎ》される。
ウ　法律案は必ずしも先に衆議院が審議しなくてもよい。
エ　衆議院と参議院でそれぞれ可決された後に，公聴《こうちょう》会を開いて意見を聞くことがある。

問8　下線部hについて，右の日本の収入と支出のグラフを見て，それに関する記述Ⅰ～Ⅳの内容の正しいものの組み合わせを，次の**ア～エ**から1つ選び，記号で答えなさい。

2018年度の国の収入と支出

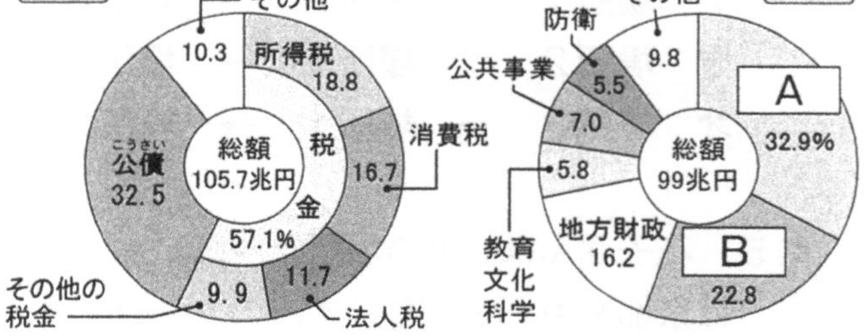

（「財務省 ホームページ」より作成）

Ⅰ　消費税で約17.7兆円の収入がある。
Ⅱ　公債《こうさい》費による収入は約 58.6 兆円である。
Ⅲ　支出の**A**には社会保障費が入る。
Ⅳ　支出の**B**には社会保障費が入る。

ア　Ⅰ・Ⅲ　　**イ**　Ⅰ・Ⅳ　　**ウ**　Ⅱ・Ⅲ　　**エ**　Ⅱ・Ⅳ

社会問題

3 私たちは旅を通して，その地の歴史を学ぶことができます。旅と歴史について述べた次の文を読んで，あとの問1～問5に答えなさい。

夏休みの国内旅行計画をたてた花子さんは，訪れたい場所の歴史を調べてみました。以下は，花子さんが訪れようとしている**場所1～3**について調べた内容です。

場所1
ここは，源頼朝《みなもとのよりとも》が幕府を開いた場所である。北，西，東の方角は山に囲まれていて，南には海があり，守りやすい場所となっていた。室町《むろまち》時代にもここに重要な拠点《きょてん》がおかれたらしい。

場所2
この場所は，710～784年の間の都である。唐《とう》の長安をまねてつくられたらしい。東西南北にのびる道路は［ A ］のように区切られていた。743年に聖武《しょうむ》天皇が［ B ］をつくる命令を出して，この場所の近くにそれがつくられた。

場所3
この場所の周辺には大きな前方後円墳《ぜんぽうこうえんふん》がたくさんつくられていた。大化の改新によってここに都がおかれたこともあるという。豊臣秀吉《とよとみひでよし》はここに城を築いた。江戸時代には，「天下の台所」とよばれた。

問1　上の**場所1**に幕府がおかれていた時代と関係のある文として正しいものを，次の**ア～エ**から1つ選び，記号で答えなさい。

ア　元の大軍が2度にわたって攻めてきた。
イ　絵《え》踏《ふ》みを行って，キリスト教を厳しく取り締まった。
ウ　織田信長《おだのぶなが》が安土《あづち》城を築城した。
エ　西日本を中心に米づくりが広がっていった。

問2　上の**場所2**の空欄《くうらん》［ A ］に入る語句をイメージできる図はどれか，次の**ア～エ**から1つ選び，記号で答えなさい。

ア

イ
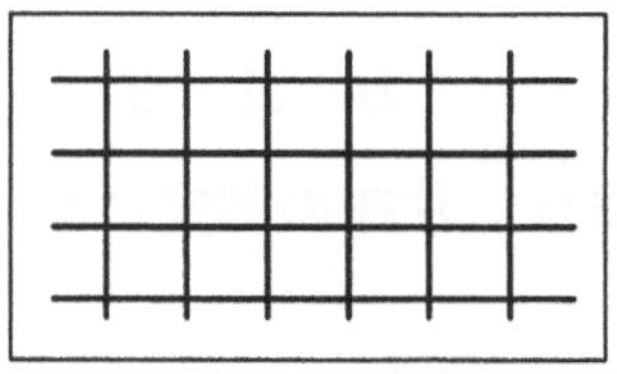

ウ
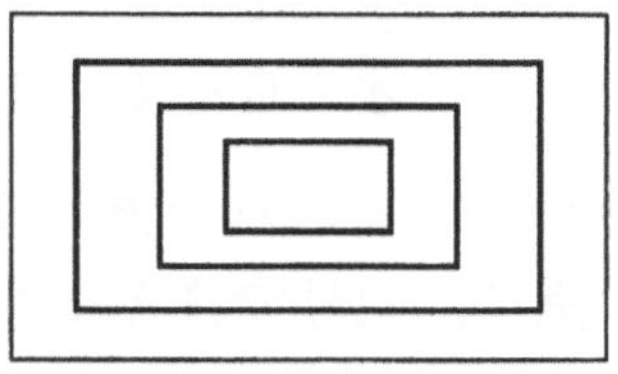

エ
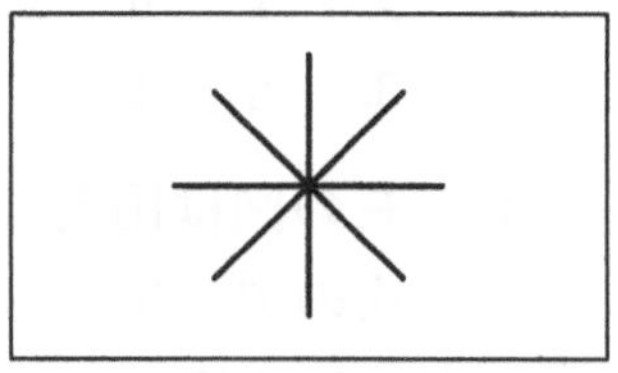

問3　空欄［ B ］に入る語句を漢字2文字で答えなさい。

問4　花子さんは，上の**場所1～3**のいずれにも，政治の中心地であった時期があることに気がつきました。**場所1～3**が，政治の中心となった順に正しく配列されているものを，次の**ア～カ**から1つ選び，記号で答えなさい。

ア　場所1　→　場所2　→　場所3　→　場所1
イ　場所1　→　場所3　→　場所2　→　場所1
ウ　場所2　→　場所1　→　場所3　→　場所2
エ　場所2　→　場所3　→　場所1　→　場所2
オ　場所3　→　場所1　→　場所2　→　場所3
カ　場所3　→　場所2　→　場所1　→　場所3

問5　花子さんは，上の**場所1～3**に加えて京都も訪れることにしました。京都の歴史を調べていくと、平安時代には京都を中心として日本風の文化が生まれたことがわかりました。日本風の文化が生まれた理由を説明しなさい。

受験番号

国語解答用紙

（一〇枚のうちの一〇枚め）

★次の点に注意して答えなさい。

問いに「三十字以内で答えなさい」というように、字数の指定がある場合には、句読点や記号も一字に数えて解答すること。

一

問一 ①（って） ② ③

問二 1 2 3

問三

問四 最初 最後

問五

問六 1 2

問七

問八 1 2 3 最初 最後 4

二

問一 ①（れ） ② ③

問二

問三

問四

問五 1 2

問六

問七

問八

三

（Ⅰ）

問一 A C

問二

問三

（Ⅱ）

問一 ① ② ③ ④ ⑤

問二 ① ② ③

問三 ① ②

※100点満点
（配点非公表）

合計

得点欄《らん》

一								二								三（Ⅰ）			三（Ⅱ）		
一	二	三	四	五	六	七	八	一	二	三	四	五	六	七	八	一	二	三	一	二	三

中B方式
令4

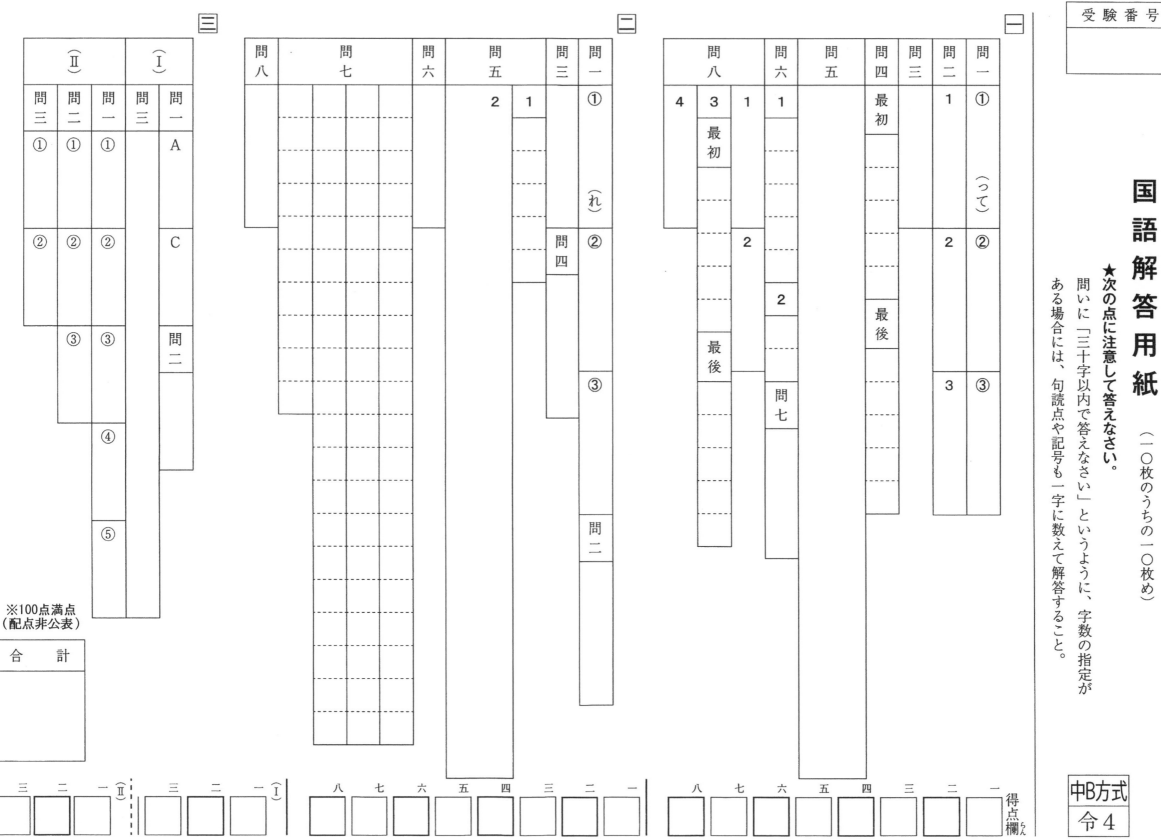

受験番号

算数解答用紙

（５枚のうちの４枚め）

中B方式
令４

1

(1)		(2)	
(3)		(4)	
(5)		(6)	
(7)		(8)	

2

(1)	本
(2)	① 組のほうが ② 組より ③ 円多い
(3)	個
(4)	度
(5)	cm^3

3

(1)	①
	②

(2)

①

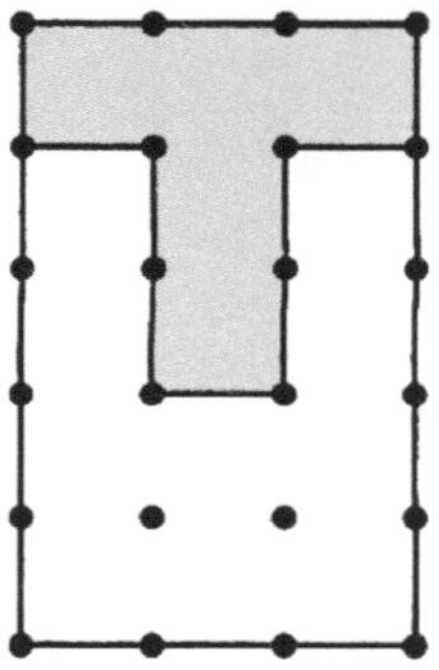

②

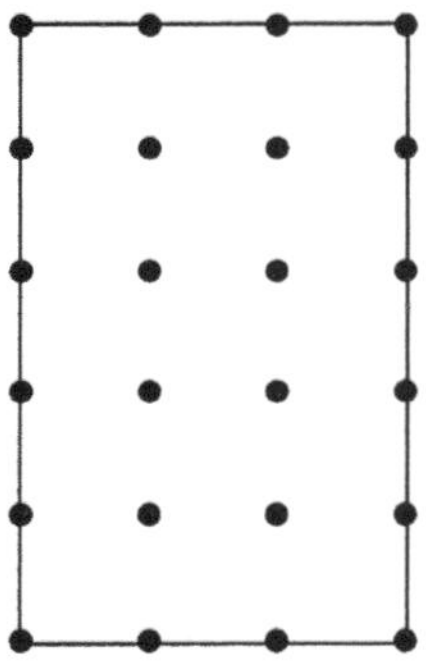

③

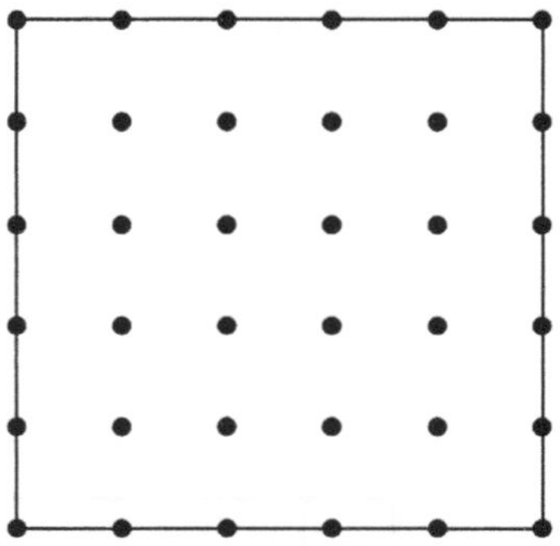

4

(1)

答	kWh

(2)

答	kWh

(3)

答	日

(4)

答	kWh

小計1	

合計	

※100点満点
（配点非公表）

受験番号

算数解答用紙

中B方式
令4

（5枚のうちの5枚め）

5

(1)
① cm
② cm^2

(2)

答 cm^2

(3)

答 cm^2

小計2

6

(1)
① m
② m
③

(2)

答 分速 m

(3)

答

受験番号

理科解答用紙

（８枚のうちの８枚め）

中B方式
令４

1

(1)	①		②		③		④
(2)		(3)		(4)		(5)	
(6)		(7)		(8)		(9)	

1

2

(1)	[a]	[b]	[g]
(2)			
(3)	(Ⅰ)	(Ⅱ) ①　　g	(Ⅱ) ②　　mL
(4)			

2

3

(1)		(2)		(3)		(4)	
(5)		(6)		(7)		(8)	
(9)							

3

4

(1)		(2)		(3)		(4)	
(5)		(6)	倍	(7)		(8)	g

4

合計	

※50点満点
（配点非公表）

受験番号

社会解答用紙

（５枚のうちの５枚め）

中B方式
令４

1

問１					
問２	(1)				
	(2)				
	(3)　　　　％				
問３		問４	省	問５	

1 2 3 4 5 1

1 2 3 4 5

2

問１		問２		問３	
問４		問５	(1)	(2)	
問６	(1)　　　　歳	(2)　　　　歳			
問７	(1)	(2)		問８	

6 7 8 2

3

問１		問２		問３	
問４					
問５					

1 2 3 4 5 3

合計	

※50点満点
（配点非公表）

令和５年度　岡山中学校［A方式］問題Ⅰ　(45分)

（1枚め）

受験番号		1※	2※	3※	4※	※70点満点（配点非公表）	※

課題１　太郎《たろう》さんと花子《はなこ》さんが本に書かれているISBNコードについて話をしています。あとの（１）～（４）に答えましょう。

太郎：本の裏表紙にたくさん数字が書かれているけど，あれは何？
花子：ISBN コードという，出版物を特定するための番号だよ。書店の検索機《けんさくき》にこの番号を入力すると，在庫や値段，どこに置いてあるかまで調べられるんだよ。
太郎：とても長い数字だけど，何か意味があるのかな。
花子：ISBN978-(国記号)-(出版社記号)-(書名記号)-(チェック数字）で構成されているみたいだね。
太郎：日本の国記号は４だから，僕のもっている本はISBN978-4- …ではじまるものばかりだ。でも，これだけ長い番号だと入力間違《まちが》いをしそうで怖《こわ》いな。
花子：それを防ぐのが，チェック数字の役割みたいだよ。
太郎：いま手元にある本のISBNコードは「ISBN978-4-410-80391-8」だから，それで試してみよう。
花子：チェック数字をのぞいた12けたの数「978441080391」を，次の手順で考えるみたいだよ。

（チェック数字を決める手順）
①　左から奇数《きすう》番めの数の和を求める。
②　左から偶数《ぐうすう》番めの数の和に３をかけたものを計算する。
③　①と②で計算した数を足して，その一の位の数字を10から引く。
ただし，一の位の数字が０の場合はチェック数字を０とする。

（１）　978441080391 の左から奇数番めの数の和を答えましょう。

（２）　978441080391 の左から偶数番めの数の和に３をかけるといくらになるか答えましょう。

花子：（手順）の③で得られる数がチェック数字だよ。
太郎：本当だ，８になった。
花子：前に計算した２つの数を足したものに，チェック数字を加えると10で割りきれるね。
太郎：この性質を使えば，ISBN コードが欠けても復元できそうだね。

（３）　ISBN978-4-887-420□8-6 の□に当てはまる１けたの数を答えましょう。

（４）　ISBN978-4-518-27481-4 の「518」の３つの数字の中に１つだけ数字の間違いがあることがわかりました。その間違いを訂正《ていせい》したとき，978-4-□-27481-4 の□に当てはまると考えられるものをすべて答えましょう。また，どのようにして求めたかも説明しましょう。

説明

課題２　太郎さんと花子さんは，地域のお祭りで行う流しそうめんについて話をしています。あとの（1）～（3）に答えましょう。ただし，必要があれば円周率は 3.14 として答えましょう。

太郎：お祭りで行う流しそうめんが楽しみだね。
花子：そうめんが流れるコースはどのくらいの大きさになるのかな。

公園に高さ1.5mの土台を用意します。図１のような竹を，図２のように一直線につないで，土台の上から一定の角度でそうめんを流し，地面から 30 cm 上のところに流れ着くようにします。

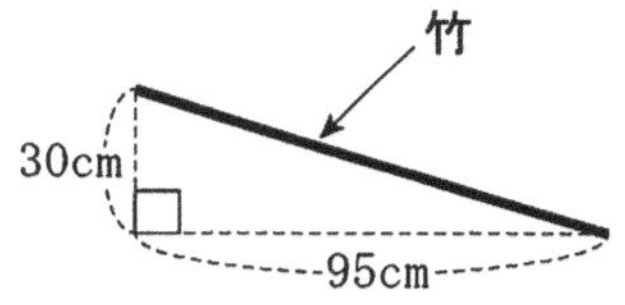

図１

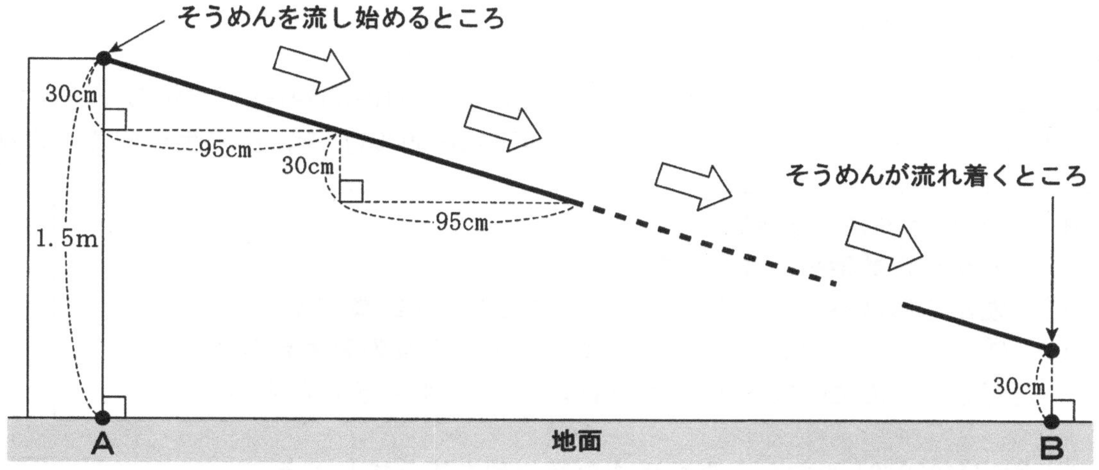

図２

（1）　図２のようにそうめんを流し始めるところの真下の地点をＡ，そうめんが流れ着くところの真下の地点をＢとします。図２のＡＢ間の距離《きょり》は何ｍか答えましょう。

m

太郎：そうめんを流すコースを増やすことはできないのかな。
花子：同じ方向にコースを増やすと人が集まりすぎるから，流す方向を変えてみたらどうかな。

（2）　土台の底面は１辺の長さが 80 cm の正方形で，図３のように４か所から矢印の方向にそうめんを流すことにします。図４のようにそうめんが流れるところの真下の地点から半径１ｍの円の中には子どもが地面に座ることができます。ただし，土台の中には子どもが座ることはできません。そうめんが流れる竹の周りで子どもが座ることができる範囲《はんい》について，図５のマス目に斜線《しゃせん》を記入しましょう。１マスは１辺 20 cm です。

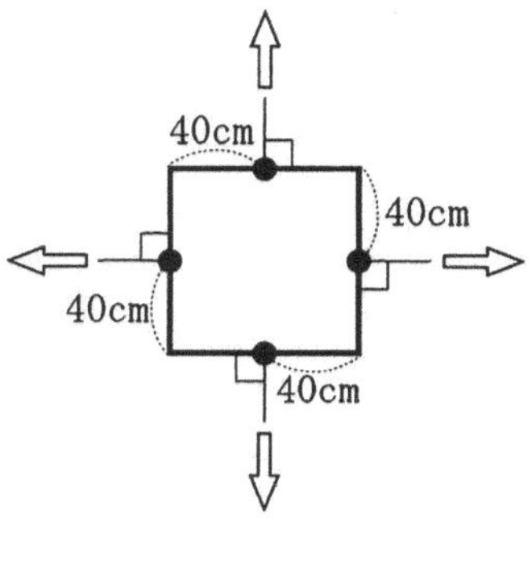

図３

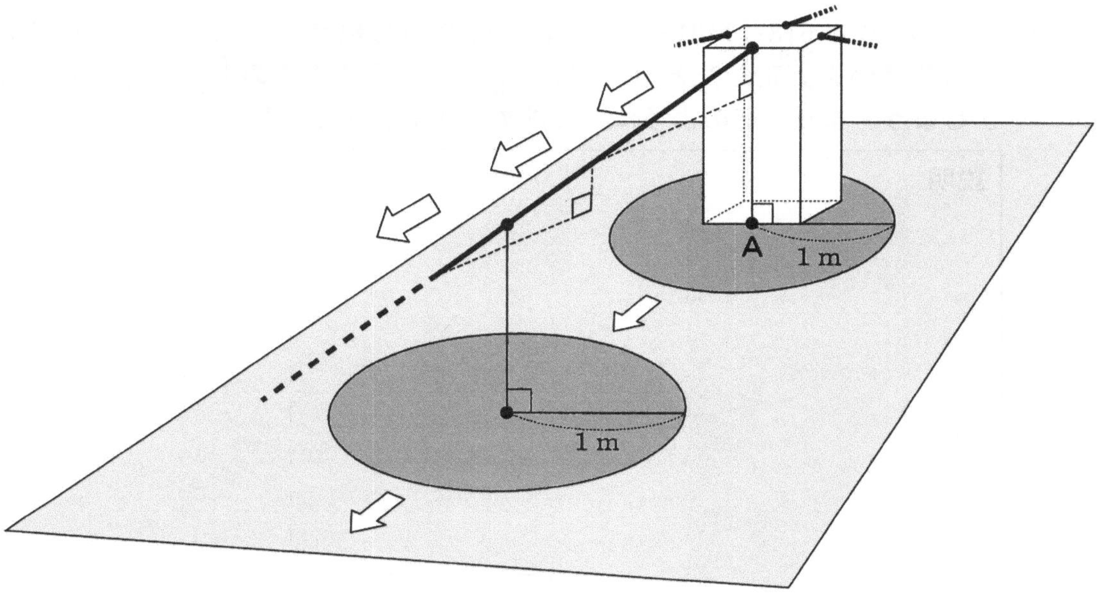

図４

受験番号	

２※ ３※ ※

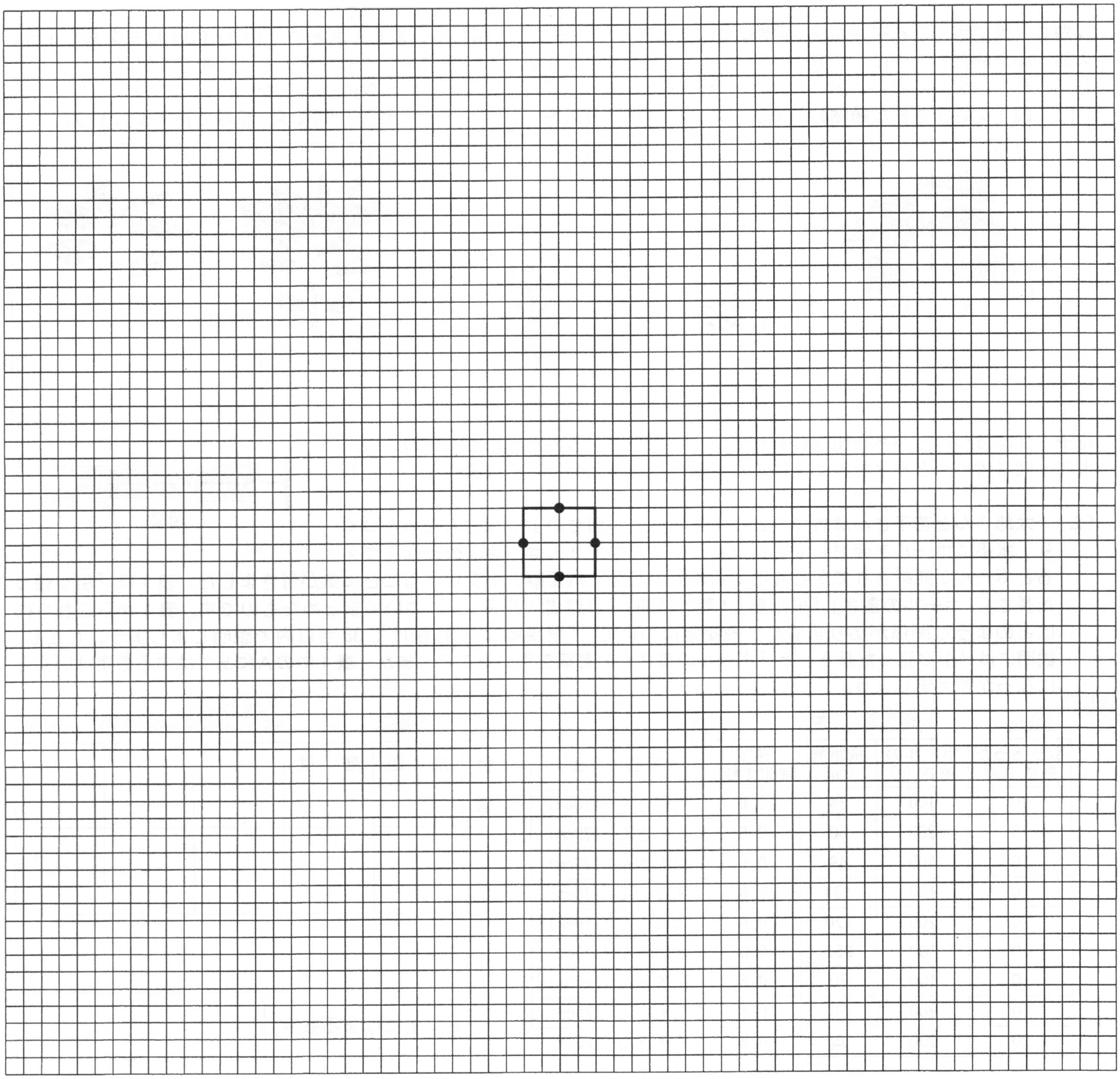

図５

（３） 子どもが座ることができる範囲の面積は何m^2か答えましょう。

m^2

受験番号		1※	2※	3※	※

課題３　太郎さんと花子さんは，小学校で印象に残っていることを話しています。あとの（１）～（３）に答えましょう。

太郎：印象的だったのは，校庭の草抜き大会かな。苦手な作業でも工夫で楽しく取り組めることを学んだよ。

花子：最初は楽しくないと思ったけど，草の種類を語ってくれた先生の姿は印象的だったな。

（１）　図１はさまざまな植物の図です。エノコログサの図を（ア）～（オ）から１つ選び，記号で答えましょう。

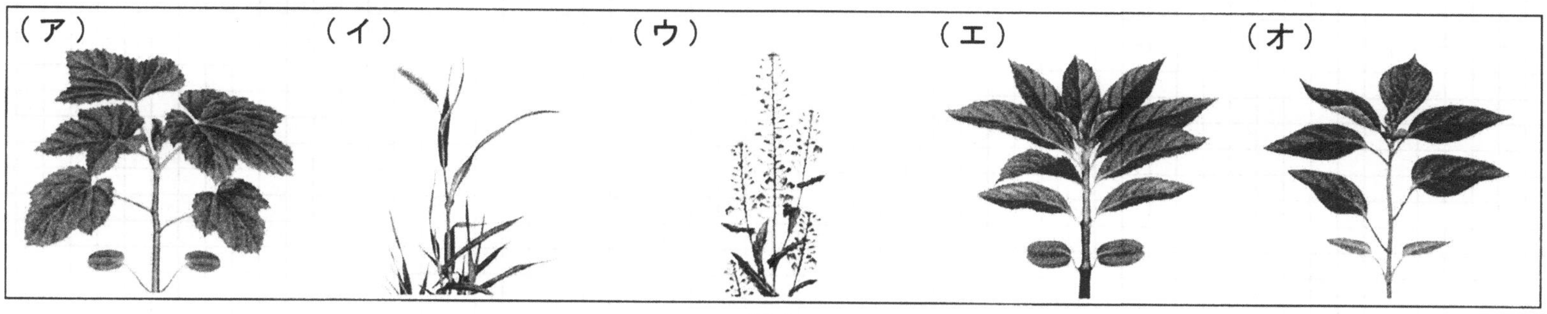

図１

花子：私は竹づつとバネを組み合わせてボールを発射するのが面白かったね。

太郎：同じ竹づつとバネなのに人によって飛ぶ距離が変わったのは興味深かったね。

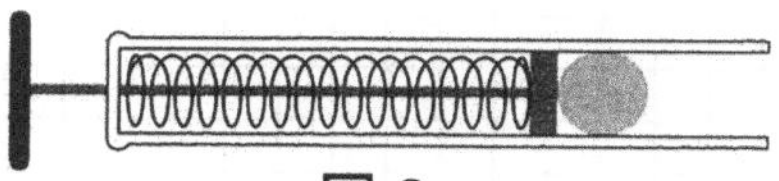

図２

（２）　太郎さんと花子さんは竹づつとバネを使って，図２のようなおもちゃをつくり，水平にボールを発射して遊びました。遊ぶ中で２人は，実験の条件を変えるとボールが発射されてから着地するまでの距離（飛距離）が変化することに気が付きました。表１は「引っ張った長さ」「ボールの重さ」「飛距離」「落下時間」「実験者（身長）」についてまとめたものです。表１からこれらにはどのような関係がありますか。飛距離について，「飛距離は、」に続けて35字以内で説明しましょう。ただし，説明には「引っ張った長さ」と「ボールの重さ」の言葉を用いること。また，表１中のＡにあてはまる数字はいくらになるか答えましょう。

表１

引っ張った長さ（cm）	ボールの重さ（g）	飛距離（cm）	落下時間（秒）	実験者（身長）
10	100	84	0.6	太郎さん（170cm）
10	200	60	0.6	太郎さん（170cm）
10	300	49	0.6	太郎さん（170cm）
20	100	168	0.6	太郎さん（170cm）
20	200	120	0.6	太郎さん（170cm）
30	100	252	0.6	太郎さん（170cm）
10	100	70	0.5	花子さん（120cm）
10	200	50	0.5	花子さん（120cm）
20	200	Ａ	0.5	花子さん（120cm）

説明	飛	距	離	は	、					5
					10					15
					20					25
					30					35

Ａにあてはまる数字	

太郎：飛ばすといえば，水の性質を利用した水ロケット。すごくよく飛んだね。

花子：そうだね。そう思えば小学校でたくさんのことを学んだね。今から中学校が楽しみだね。

（３）　太郎さんと花子さんは図３のような水ロケットを製作しました。

製作方法

①　炭酸飲料用のペットボトルに，つばさとノーズコーンをつけて，少量の水を入れる。
②　空気ポンプでキャップの部分から空気を入れる。
③　十分空気を入れたところでロケットをはなし，飛ばす。

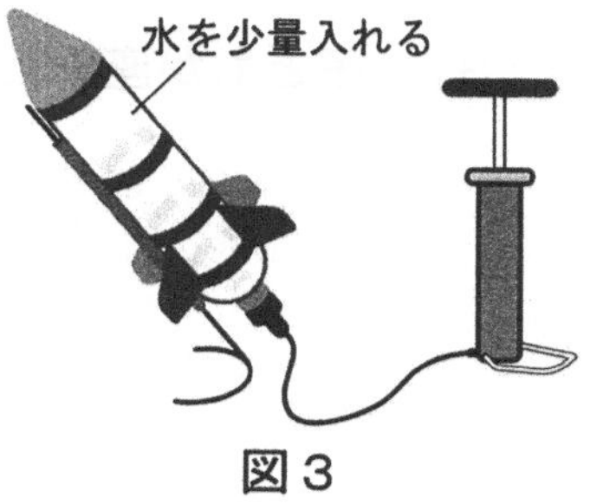

図３

水ロケットが飛ぶ理由

空気と水を同じ容器に入れ，おし縮めようとすると，（　ａ　）がおし縮められ，（　ｂ　）はおし縮められない。おし縮められた力を利用して，水ロケットが飛ぶ。

（ａ）と（ｂ）に入る適切な語句を書きましょう。

ａ：	ｂ：

（1枚め）

※70点満点
（配点非公表）

受験番号	

令和五年度　岡山中学校　［A方式］　問題Ⅱ

（45分）

課題1　次の文章を読んで、あとの⑴～⑷に答えましょう。なお、設問の都合上、本文を一部省略しています。

およそ三〇〇年前にジャーナリズムが誕生して以降、一貫《いっかん》して変わらない最重要の原則がある。それは、ジャーナリズムにおいては、市民に提供される情報が創作ではなく、事実＝本当にあったことでなければならないという原則である。ジャーナリズムの九原則の第一項《こう》に挙げられた「ジャーナリズムが第一に責任を負うべきものは真実である」がこれである。

ジャーナリストは事実をつかむことに全力を挙げ、事実を伝えるのが使命である。また、ジャーナリストはストーリーをこうせいし、意見を述べることもあるが、その場合でも事実に基づいてストーリーをこうせいし、事実に基づいて意見を述べなければならない。そして、その事実は「真実」でなければならない。小説やドラマは、それがどんなに優れた作品であっても、事実によってこうせいされてはいないのでジャーナリズムではない。

市民との間でこうした約束があるからこそ、ジャーナリズムにおいてフェイクニュース（虚偽《きょぎ》情報）は許されない。本書でも後に少し触《ふ》れるが、フェイクニュースを見抜《ぬ》くには様々なテクニックがあり、近年は「フェイクニュースの見抜き方」に狙《ねら》いを絞《しぼ》った優れた著作も相次いで出版されている。

しかし、フェイクニュースに騙《だま》されさえしなければ事実に辿《たど》り着けるのかというと、そうではない。「事実とは何か」という問題は、突《つ》き詰《つ》めて考えていくと、実はいくつもの複雑で難しい問題を含《ふく》んでいる。そこで本章では、ジャーナリズムの生命線である「事実」という問題について考えていきたい。

まず、次の三つの短い言葉（命題）を読んで欲しい。

（一）白い鳥は白い
（二）白い鳥は飛べる
（三）白い鳥は美しい

三つの言葉はいずれも白鳥について説明したものだが、全く性格の異なる言葉である。（一）の「白い鳥は白い」は議論の余地のない命題である。私が「白い鳥は白い」と言おうが、あなたが「白い鳥は白い」と言おうが、結論は「白い鳥は白い」しかない。「白い鳥」は「白い」から「白い鳥」なのであって、「白くない鳥」は「白い鳥」ではない。このように形式的な証明手続きによって真偽が判定できる命題を分析《ぶんせき》命題という。（中略）

私たちがニュースに接した際、その内容の真偽が問題になるのは、（二）の「白い鳥は飛べる」のような言葉（経験命題）に接した時である。なぜなら、「白い鳥」の中には白鳥のように「飛べる鳥」もいるし、養鶏《ようけい》場で飼育されているニワトリのように「ほとんど飛べない鳥」もいる可能性があるからである。したがって、私たちは「白い鳥」が飛べるのか飛べないのか、飛べる鳥と飛べない鳥の両方がいるのか——などを文献《ぶんけん》などに当たって調べたうえで、「白い鳥は飛べる」の真偽を判定しなければならない。

白い鳥が飛べるか否かを判定するだけならば、大半の人が鳥類図鑑《ずかん》や鳥類に関するウェブサイトなどにアクセスして情報を集め、容易に真偽を判定できるだろう。

しかし、現実の世界には、事実を確定させることが難しい情報が溢《あふ》れ返っている。真偽を判定するために実験が有効な場合もあるが、社会的な事象については実験が不可能なケースがほとんどである。（中略）

では、（三）の「白い鳥は美しい」という情報（価値命題）についてはどうだろうか。

（三）の「白い鳥は美しい」は、個人の主観に基づく主張、意見、感想を述べたものである。「白い鳥」の中には「美しい鳥」も「美しくない鳥」もいるだろうが、そもそも美に絶対的な基準は存在しない。私にとって「美しい」鳥も、読者のあなたにとっては「美しくない」鳥かもしれない。「美しい」か「美しくない」かは価値判断の問題である。人間が一〇〇人いれば一〇〇通りの、一〇〇〇人いれば一〇〇〇通りの価値基準があり、その価値基準に基づく価値判断（意見・感想）がある。したがって、主張や意見や感想は人の数だけ存在する。

（白戸圭一『はじめてのニュース・リテラシー』ちくまプリマー新書から）

受験番号

(1) 国語辞典で「こうせい」を調べると複数の熟語が載《の》っていました。次の四つの意味のうち、――の「こうせい」の意味として最も適切なものを選び、記号で答えましょう。また、その意味に合う漢字を書きましょう。

ア　公平で正しいこと。また、その状態。

イ　人々の生活を健康で豊かにすること。

ウ　いくつかの要素をまとまりのある一つのものに組み立てること。

エ　印刷物の体裁や文字の誤り、図版・色などの不備な点を正すこと。

記号

漢字

※

(2) ――「こうした約束」とありますが、「約束」とはどのようなことですか。三十五字以内で書きましょう。

（、や。や「」なども一字に数えます。）

35字

※

(3) 次に示す命題は、（A）分析命題、（B）経験命題、（C）価値命題のどれにあたりますか。記号で答えましょう。

また、そのように考える理由を解答らんに書きましょう。

命題　世界地図はおもしろい

記号

理由

※

(4) 次に示す「経験命題」は事実を確定させることが難しいと考えられますが、それはなぜでしょう。本文をふまえて、その理由を六十字以内で書きましょう。（、や。や「」なども一字に数えます。）

命題　牛乳をたくさん飲む人は背が伸《の》びる

60字

※

1※

受験番号

課題２　あなたの小学校時代を表す漢字一文字を答え、その漢字を選んだ理由を具体的な経験をふくめて書きましょう。また、これからの中学校生活をよりよいものにするための決意を表す漢字一文字を答え、その漢字を選んだ理由を書きましょう。字数は全部で二百字以内としますが、字数の割合は百字ずつでなくてもかまいません。

それぞれ『「　」を選んだ理由は・・・』から始めましょう。

（、や。や「」なども一字に数えます。段落分けはしなくてよろしい。）

小学校時代を表す漢字

中学校生活への決意を表す漢字

「　」を選んだ理由は

200字　　100字

※

2※

（4枚め）

受験番号		(1)※		3※

課題３　明子《あきこ》さんと一郎《いちろう》さんは，日本の交通とそれに関わる産業について調べ，先生を交えて話し合いました。あとの会話文を読んで，（１）～（３）に答えましょう。

明子：交通といえば，昔の日本では交通の要所に［ A ］があったと学習しました。

一郎：時代によってその役割が変わったようですね。

明子：どのような変化があったのかを**資料１**にまとめました。

先生：時代によって［ A ］の役割が変化していることがよく分かりますね。

資料１

室町《むろまち》時代	江戸《えど》時代
経済的な目的のために［ A ］を通る人から通行税をとった。	治安維持のために［ A ］を通る人や物を検査した。

（１）　会話文と資料１の［ A ］にあてはまる語句を漢字２字で書きましょう。

A	

一郎：私は交通というと，航空に興味があります。そこで，日本にはどれだけの空港があり，年間でどのくらい利用されているかを調べて10位までの空港を**資料２**にまとめました。やはり，有名な東京国際空港や成田国際空港は利用者が多いですね。

先生：国内線，国際線ごとの旅客数を比べてみるとおもしろいかもしれませんよ。

明子：本当ですね。国内線と国際線で分けると，順位が逆転する空港がありました。宮崎空港と静岡空港の旅客数を**資料３**にまとめましたが，どうしてこのような差ができるのでしょう。

資料２

順位	空港	旅客数（人） 年間の国内・国際線の合計	旅客数（人） 年間の国内線のみ
1	東京国際	82, 220, 018	65, 396, 052
2	成田国際（千葉県）	39, 541, 269	7, 460, 914
3	関西国際	28, 663, 014	6, 705, 358
4	福　岡	23, 035, 578	17, 566, 603
5	新千《ち》歳《とせ》（北海道）	22, 814, 950	19, 506, 738
6	那《な》覇《は》	20, 613, 619	17, 464, 568
7	大阪国際	15, 765, 029	15, 765, 029
8	中部国際（愛知県）	12, 590, 387	6, 402, 130
9	鹿児島	5, 769, 120	5, 441, 900
10	仙《せん》台《だい》	3, 718, 180	3, 339, 002

（国土交通省の資料から一部引用，令和元年分）

（２）　資料３のＢ空港とＣ空港は，それぞれ宮崎空港と静岡空港のどちらになると考えますか。資料２，資料３をもとに，考えた理由もふくめてあなたの考えを書きましょう。

資料３

	旅客数（人） 国　内	旅客数（人） 国　際
Ｂ空港	3, 164, 654	71, 796
Ｃ空港	476, 821	275, 733

（国土交通省の資料から一部引用，令和元年分）

Ｂ（　　　）空港	理由
Ｃ（　　　）空港	理由

先生：最後は交通に関係する産業の話をしましょう。日本の自動車産業です。

明子：学校では，自動車に関係する環境《かんきょう》問題についても学習しました。

一郎：二酸化炭素排出削減《はいしゅつさくげん》のために，ハイブリッド車，燃料電池自動車，電気自動車など様々な自動車が開発されていますね。そういった車へすぐに移行すればよいのでしょうが，やはりまだまだ課題があるようです。

（３）　今回の話し合いで，環境に配慮《はいりょ》した自動車にも課題があることを知りました。電気自動車のメリット（良い点）とデメリット（良くない点）について，あなたの考えをそれぞれ書きましょう。ただし，メリットには，二酸化炭素排出削減に関すること（環境に良い　など）以外の内容を書きましょう。

メリット	
デメリット	

中B方式
令5

国語問題

（60分）

（九枚のうちの一枚め）

※解答はすべて解答用紙に記入しなさい。問いに字数の指定がある場合は、句読点や記号も一字に数えて解答すること。

一　次の文章を読んで、後の問いに答えなさい。

数年前から、日本では15歳《さい》以下の子どもの数より飼われている犬猫《ねこ》の数が上回ったといわれている。犬猫以外にもモルモットや小鳥、亀《かめ》、金魚など多種にわたるペットがいる。日本は世界でも有数なペット大国となった。

一方で、日本はロボット大国としても知られている。(1)人間の代わりに重い荷物を運ぶ産業用ロボット、深海や地雷《じらい》原など危険な場所で働く探索《たんさく》用ロボット、診療《しんりょう》や手術を補助する医療用ロボットなど、さまざまな用途《ようと》で開発され、すでに実用化されているものもある。最近ひときわ注目を①アびているのがヒューマノイド（人間型）ロボットだ。

パナソニックのエボルタ電池を搭載《とうさい》した手のひらサイズのミニロボットは、アメリカのグランドキャニオンの登頂に成功した。乾電池《かんでんち》の性能を証明する試みだったが、見ている私たちは、ロボットがロープを登るたびにがんばれと声援《せいえん》を送りたくなった。このロボットを製作した高橋智隆《たかはしともたか》氏によると、これからはロボットに仕事をしてもらうのではなく、ペットのようにつき合えるヒューマノイドの時代だという。直立二足歩行をするホンダのアシモも、人間と協調しながら動くヒューマノイドロボットに変身しつつある。

ロボットは20世紀初めに化学的合成人間として登場し、その後主体性を人間に委《ゆだ》ねる機械として定義されるようになった。アイザック・アシモフのロボット三原則（人間への安全性、命令への②フクジュウ、自己防衛）は有名である。それが時代を経て、人間に愛護される対象として生まれ変わろうとしているのだ。

私は、ペットや動物とロボットは対極的な存在だと思う。動物は人間とは姿形が違《ちが》うし、コミュニケーションの方法や求めていること、理解の仕方も異なる。それでも私たちは動物に話しかければ、彼《かれ》らなりの方法でそれにこたえてくれるはずだと思いこんでいる。単に私たちが彼らの反応を勝手に解釈《かいしゃく》しているだけかもしれないが、それを証明するのは難しい。それに、そんなことを確かめなくても支障はない。ペットと共存できていれば、私たちは満足感を覚える。

ロボットは正反対だ。人間がつくったから、人間の計算通りに動いてくれなければ困る。仕事を効率よく安全に進めるために、不満を言うことなく、同じことを何度でもくり返してくれる。融通《ゆうずう》は利かないが、人間の望む通りに改善し動かすことができる。だから、その前で人間は不安を抱《いだ》かない。何トンもあるトラックが目の前に迫《せま》ってきても不安を感じないのに、ゾウが目の前に迫れば恐怖《きょうふ》にかられる。それはゾウの心が読めず、人に慣れていても何をするか完全には予測できないからだ。ヒューマノイドはいくら外見が人間に似ていても、機械である限りそのような不安を覚えずにすむ。ロボットは動物のような命や魂《たましい》をもっていないからである。

その常識がどうやら変わりはじめた。(2)今、動物の姿をしたロボットたちが人間の世界で活躍《かつやく》しはじめている。イヌのＡＩＢＯやアザラシのパロは、安全で手間のかからないペットとして人々の心を癒《い》やしている。ヒューマノイドがそういった特徴《とくちょう》をもって人間の世界に入ってくるかもしれない。現代の技術では、人間の語りにロボットが反応するだけでなく、人間に語りかけてくれることも可能だそうだ。人間のしたいことを先回りして提案してくれるものもできつつある。ネット上のマーケットのように、その人の過去の注文にもとづいて次に求めるものを提案してくれるのである。

ペットの動物とロボットとの溝《みぞ》は急速に埋《う》まりつつある。ひょっとしたら、子どもの代わりにロボットをもつ人が増えるかもしれない。ロボットはいつまでも子どもでいてくれるし、不満を言わずに介護《かいご》までしてくれるからだ。

しかし、(3)ロボットと動物の違いは重要だと私は思う。生物は自分が生きるために自己主張をし、成長し、やがて死んでいく。私たちに制御《せいぎょ》できない自然の営みだ。それに寄り添《そ》い、共感することで、自分も生物であることを実感する。動物を完全には操作できないから、その主張を認め、相手を信頼《しんらい》しようとする。その心の動きは相手が人間であっても同じことだ。

ヒューマノイドの登場は人間が今、自己主張せずに気遣《きづか》ってくれるパートナーを求めていることを示唆《しさ》している。ただそれは、ロボットを人間にするのではなく、人間のロボット化、機械化を意味してはいないだろうか。

最近の人工知能（ＡＩ）ブームは、人間のロボット化を加速しているような気がする。人工知能は膨大《ぼうだい》なデータを

国語問題

瞬時《しゅんじ》に分析《ぶんせき》することができ、深層学習によって必要なソフトを自動的に探しあて、適切な分析方法を考案することができる。今、さまざまな場所で利用されつつあり、生活は効率的に便利になってきている。それは喜ばしいことだが、同時に人間がＡＩ的になってきていることが注(1)危惧《きぐ》されているのだ。

ＡＩを東大に入学させようとする「東ロボくんプロジェクト」を実施《じっし》してきた新井《あらい》紀子《のりこ》さんは、ＡＩは文章の意味を理解することが苦手だという。ある言葉にまつわるこれまでのデータを検索し、それが使われてきた文脈に沿って解答するので、その言葉が使われているその文章の意味を読んでいるわけではないからだ。たとえば、おいしいイタリアンレストランを教えてと質問し、その後でまずいイタリアンレストランを探すとき、「まずい」という言葉がほとんど使われないので、「うまい」場所に注(2)収斂《しゅうれん》してしまうのである。これは、(4)驚《おどろ》いたことに、日本の中高生にＡＩの苦手な質問をしてみると、かなりの割合で誤って答えてしまうという。これは、子どもたちの頭脳がAI的になっているせいだと新井さんは言う。文章の意味を考えずに、言葉を検索して頭のなかで個々の属性だけをつなぎ合わせているのである。これでは、せっかく「思考力・表現力・判断力」を向上させようとして記述式の試験を導入しても、成績は上がらない。読解力が低いままに大学で高等教育を受けても、知識も技術も身につけることはできないと新井さんは嘆《なげ》く。

これは、人間が言語を手にして以来、(5)脳の中身を外部化してきた当然の、しかし大いに危惧すべき結果なのではないかと私は思う。

言語は、環境《かんきょう》を名づけ、それをもち運びせずに他者に伝える効率的なコミュニケーションである。見えないものを見せ、現実にはないものを想像させて、人間に因果的な思考や抽象《ちゅうしょう》的な概念《がいねん》をもたらした。文字は言葉を化石化させて時間や空間を超《こ》えて伝達できる道を開き、電子メディアの登場は画像や映像の技術を③カクシンして、人間の視覚と聴覚《ちょうかく》の世界を急速に拡大した。これらの過程を通じて、人間はそれまで脳にとどめておいた記憶《きおく》や知識を外部のデータベースに収納し、そこにアクセスさえすればいつでも利用できるシステムを構築したのである。

少し前まで頭で覚えていたことが、今ではスマホのなかに納まっている。友人の電話番号も、地理情報もこういったデータベースに頼《たよ》らざるを得なくなっている。生まれたときからスマホを手にしている子どもたちは、こういったＩＣＴ社会に慣れてしまっている。そのうち、データを利用して考えることさえも、ＡＩに④任せてしまうようになりはしないだろうか。文章を読解する能力をもたなくても、ＡＩさえあれば生きていける。でもそうなったとき、人間は動物ではなくロボットに近い存在になっているのではないだろうかと私には思えるのである。

（山極寿一《やまぎわじゅいち》「ゴリラからの警告『人間社会、ここがおかしい』」による）

注(1)　危惧…ある物事の結果を心配し恐《おそ》れること。

注(2)　収斂…一つにまとめること。

問一　═══線部①・②・③のカタカナを漢字に直し、④の漢字の読みをひらがなで答えなさい。

問二　───線部(1)とありますが、これらは人間との関係からみると、どのような機械に分類されますか。本文中から十二字で探し、抜《ぬ》き出して答えなさい。

問三　───線部(2)とありますが、それは人間が「動物の姿をしたロボットたち」のどのようなところに魅力《みりょく》を感じているからですか。「ロボット」、「動物」の特徴をふまえて七十字以内で説明しなさい。

問四　───線部(3)のように筆者が述べるのはなぜですか。それを説明した次の文の［ 1 ］・［ 2 ］に入れるのに適当な言葉を本文中から探し、それぞれ抜き出して答えなさい。

ロボットと動物との違いが消滅《しょうめつ》すると、人間が生物の自然の営みに自分を重ねて［ 1 ］ことがなくなり、生きた相手の意思を受け入れ信頼するという［ 2 ］を失うことにつながると考えられるから。

国語問題

（九枚のうちの三枚め）

問五 ――線部(4)とありますが、ここでの「AI的」とはどういうことですか。最も適当なものを次の中から選び、記号で答えなさい。

ア 自分にとって都合の良いコミュニケーションしか受け付けないということ。
イ 自分自身で考えたり判断したりすることを苦手としているということ。
ウ 多くの情報を記憶し、個々の属性によって分類することができるということ。
エ これまでの経験から判断して答えを導き出そうとすることがあるということ。

問六 ――線部(5)とありますが、このことに最もよく関わっている言語の側面を次の中から選び、記号で答えなさい。

ア 言語は事物に名前を付け、その事物がその場になくても他者に指し示すことができる。
イ 言語は言葉を通じて事物を想像させ、抽象的な思考を可能にする。
ウ 言語は、音声によって効率よく情報を伝達し合うことができる。
エ 言語は文字によって膨大な情報を蓄積《ちくせき》し、いつでも利用できる。

問七 本文を読んで生徒が話し合いました。筆者の考えに合うものを次の中から一つ選び、生徒の番号で答えなさい。

生徒1 危険な作業や時間のかかる高度な処理が安全に迅速《じんそく》にできるので、ロボットが人間に代わってできることがどんどん増えてきているのはいいことだと思います。
生徒2 増えるのはいいことだと思いますが、チェスの大会でロボットが対戦相手の子どもの指を挟《はさ》んで怪我《けが》をさせるという事故も起きているので、ロボットを制御する技術をもっと向上させる必要があると思います。
生徒3 技術が向上するのはいいけれど、人間の仕事をロボットが奪《うば》うことになって将来的に失業する人が出てきたら困ります。機械と人間との住み分けをしないといけないと思います。
生徒4 人間は自分たちに便利な物をたくさん生み出してきましたが、作り出した物によって人間としての大事な特性を損《そこ》なわないようにしないといけないと思います。
生徒5 人間も動物と同じ生き物だということを忘れないようにしないといけません。機械は機械でしかないので、暴走しないよう人間が正しく使いこなすことが大事だと思います。

二

次の＜文章Ⅰ＞、＜文章Ⅱ＞は、「金曜日のヤマアラシ」という物語の二つの場面です。＜文章Ⅰ＞は物語のはじめのほう、＜文章Ⅱ＞はおしまいのほうにあります。読んで後の問いに答えなさい。

小学六年生のウタは、二年前に母親を亡《な》くして、父親のさくちゃんと二人で暮らしている。ウタのクラスに桐林敏《きりばやしびん》という男子が転校してきたが、態度がとげとげしいことから、家で話題にするときには「ヤマアラシ」とあだ名で呼ぶことにした。さくちゃんはおもちゃの動物フィギュアの原型をデザインする仕事をしていて、「ヤマアラシ」に関心を示している。

＜文章Ⅰ＞

国語問題

お詫び
著作権上の都合により、文章は掲載しておりません。
ご不便をおかけし、誠に申し訳ございません。
教英出版

国語問題

（九枚のうちの五枚め）

＜文章Ⅱ＞

お詫び
著作権上の都合により、文章は掲載しておりません。
ご不便をおかけし、誠に申し訳ございません。
教英出版

国語問題

（蓼内《たてない》明《あき》子《こ》「金曜日のヤマアラシ」による）

問一 ═══線部a・bの説明として適当なものを次の中からそれぞれ選び、記号で答えなさい。

a 本望だ

ア 真心をこめて感謝を示す　　イ 願いがかなって満足する
ウ うらみを忘れられる　　エ 心から喜びを感じる

b 身を乗り出した

ア 興味をもつ気持ちを表す　　イ 心配する気持ちを表す
ウ うれしい気持ちを表す　　エ 共感の気持ちを表す

問二 ───線部(1)の説明として最も適当なものを次の中から選び、記号で答えなさい。

ア 洗濯《せんたく》で色あせていくエプロンを見て、母親の思い出も薄《うす》れていくことをウタが寂《さび》しく思っているということ。
イ 母親のエプロンを父親が毎日着ることで古びてしまったことをウタが気にくわないと感じているということ。
ウ 料理のできなかった父親が一生懸命《けんめい》ご飯作りに励《はげ》んできた時間の重みをウタが大事に思っているということ。
エ 時間とともに父親のエプロン姿が板につき、料理の腕も上がってウタがうれしいと感じているということ。

国語問題

問三 ――線部**(2)**とありますが、ここより前の「二年前の食事の様子」と、ここ以降の「現在の食事の様子」が並べて描《えが》かれていることで何が読み取れますか。次の中から最も適当なものを選び、記号で答えなさい。

ア ウタの食事のしかたが以前より下品になって、父親が情けなく思っていること。

イ ウタが父親のつくる食事に満足している気持ちを、父親に伝えようとしていること。

ウ ウタが食欲旺盛《おうせい》で好き嫌《きら》いのない、健康優良児に育ったこと。

エ ウタが食欲をみせて、元気な日常生活を取りもどしていること。

問四 ――線部**(3)**とありますが、さくちゃんがパエリアを作った理由をどのように理解したのですか。それを説明した次の文の［　］に入れるのに適当な言葉を、四十字以内で答えなさい。

さくちゃんがパエリアを作ったのは、［　］からだと理解した。

問五 ――線部**(4)**とありますが、前回までの「敏くんのイメージ」はどのようなものだったのですか。本文中から二点探し、それぞれ九字で抜《ぬ》き出して答えなさい。

問六 ――線部**(5)**とありますが、写真の中の母親の様子と対照的な様子を表現している一文を**〈文章Ⅱ〉**から探し、最初の五字を抜き出して答えなさい。

問七 ――線部**(6)**とありますが、「背中のいたみ」はウタのどのような気持ちの表れですか。**〈文章Ⅱ〉**をふまえて、七十字以内で説明しなさい。

問八 本文について述べた次の感想のうち、読み取った内容として**ふさわしくないもの**を次の中から一つ選び、生徒の番号で答えなさい。

生徒1 父親と娘がユーモアのある会話をしていて、仲の良さがうかがえます。父親が娘に食事を作るシーンには娘への愛情を感じます。

生徒2 ウタは積極的に自分から父親にヤマアラシの話をしています。彼《かれ》のサッカーのうまさを語っているところは、ジェスチャーを交えていて、ウタの得意気な様子が目にうかびました。

生徒3 病院まで大好きな母親に会いに来るけれど、ウタには今の状態に慣れることのできない強い違和感《いわかん》もあって、毎日それに向き合うことはつらかったと思います。本の世界に一人で没頭《ぼっとう》しようとしたときに、友だちとのやくそくを持ち出したのは、お母さんを傷つけたくない気持ちもあったのだろうと思います。

生徒4 ウタは、二年前に病室から帰る自分のうしろ姿が母親にどのように見えていたのかを気にしています。本文に「今日の帰りのヤマアラシのうしろ姿」が原因で心の中が黒っぽくなった、という箇所《かしょ》もあって、二人のうしろ姿には、何か関連があるように謎《なぞ》っぽく書いてある気がしました。

国語問題

三　次の各問いに答えなさい。

（Ⅰ）俳句と短歌について授業で学習をした中学生の妹尾《せのお》さんが、発展学習の課題として自分の好きな俳句と短歌の鑑賞文《かんしょうぶん》を書きました。次の鑑賞文中の[1]～[5]に入れるのに適当な表現を、自分で考えて答えなさい。

蒲公英《たんぽぽ》やローンテニスの線の外　　子規　（明治三十一年　初出）

たんぽぽの綿毛を吹《ふ》いて見せてやる
いつかお前も飛んでゆくから　　俵万智　（出典　小学館「たんぽぽの日々」）

わたしはタンポポが好きなので、タンポポが入っている俳句と短歌を選びました。

俳句の季語「蒲公英」の季節は[1]です。ローンテニスは芝《しば》のコートで行うテニスを指しています。

作者の正岡子規《まさおかしき》は明治時代に活躍《かつやく》した人で、野球が大好きなことで有名ですが、スポーツ全般が好きだったのでしょう。まだ明治時代は日本にテニスが入ってきてまもないころです。場所は整備も完全じゃない、できたばかりのコートかもしれません。[2]色で引かれた線と、緑の芝生《しばふ》、タンポポの黄色が目に鮮《あざ》やかに浮《う》かんできます。もしも[3]ならば、じゃまなタンポポは、むしり取られていたはずです。あるいはプレイヤーに踏《ふ》まれていたにちがいありません。それをまぬがれる絶妙《ぜつみょう》な位置に咲《さ》くけなげなタンポポを発見し、作者はふと優しいなごんだ気持ちになったのだ、と思います。

短歌には倒置法《とうちほう》が用いられています。だから[4]のあとに句点（。）を打つことができます。作者の俵《たわら》万智《まち》さんがこの作品を作ったのは、子育て中のとき。綿毛を飛ばす遊びを教えながら、その綿毛が[5]に重なって見えたのだと思います。いつか離《はな》れるときを想像して切なく感じながら、でもそのときはしっかり背中を押《お》して送りだそうという気持ちがこめられていると感じました。

（Ⅱ）次の各問いに答えなさい。

問一　次の①～③について、二つの文の□に共通して入る言葉を、下の語群から選び、それぞれ記号で答えなさい。

①彼《かれ》は蕎麦《そば》を□食べている。
彼は後悔《こうかい》を□引きずっている。

②水は□わき出た。
父は□説教した。

③妹が□泣き始めた。
腹が□痛み始めた。

ア　こんこんと
イ　さらさらと
ウ　しくしくと
エ　ずきずきと
オ　ずるずると
カ　つるつると
キ　めらめらと
ク　ぺらぺらと

問二　次の□に、対になる漢字一字をそれぞれ入れて、対義語を完成させなさい。

例　向[上]　↔　低[下]

①　□進　↔　□退

②　□純　↔　□雑

算 数 問 題 (60分)

※解答はすべて解答用紙に記入しなさい。

1，2，3(1)(2)，4(1)(2)，5(1)(2)(3)は答えのみを解答用紙に記入しなさい。その他の解答らんには，できるだけ式や途中《とちゅう》の計算を書き，式が書きにくいときには，図などをかいておきなさい。なお，円周率は 3.14 として答えなさい。

1 次の □ にあてはまる数を入れなさい。

(1) $17 \times 119 = \square$

(2) $68 + (36 - 12 \div 6) = \square$

(3) $\frac{3}{4} + \frac{5}{6} - \frac{2}{5} = \square$

(4) $15.2 - 8.68 = \square$

(5) $8 \times 1.1 + 6 \times 2.2 - 2.5 \times 4.4 = \square$

(6) $10.2 - 4.2 \div (14 - 8) \times 5 = \square$

(7) $1\frac{5}{9} \div 3.6 \div \frac{2}{9} = \square$

(8) $3 - \frac{13}{6} \div (\square - \frac{3}{4}) = 1$

2 次の問いに答えなさい。

(1) ① 49 の約数は何個ありますか。

② 1 から 30 までの整数のなかで，約数がちょうど 3 個ある整数をすべて答えなさい。

(2) ある本を，全体の $\frac{3}{5}$ より 6 ページ多く読んだところ，残りはまだ 30 ページありました。

この本は全部で何ページありますか。

(3) たかしさんのクラスは，男子が 20 人，女子が 16 人います。算数のテストをしたところ，クラスの平均点は 70 点でした。男子だけの平均点が 68.8 点のとき，女子だけの平均点は何点ですか。

(4) 右の図のように，1 辺の長さが等しい正五角形と正六角形の 1 つの辺をぴったり重ねました。
三角形ＡＢＣにおいて，角**ア**は何度ですか。

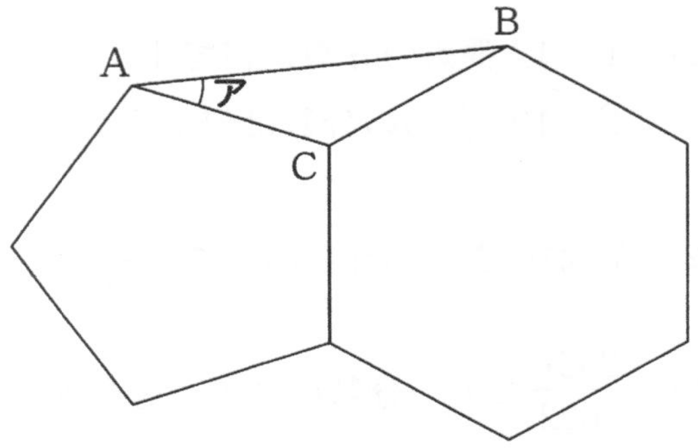

(5) 右の図のように，たて 8 cm，横 5 cm の長方形を，直線ＡＢを軸《じく》として 1 回転させてできる立体（回転体）について，次の問いに答えなさい。

① この回転体の体積は何 cm^3 ですか。

② この回転体の表面積は何 cm^2 ですか。

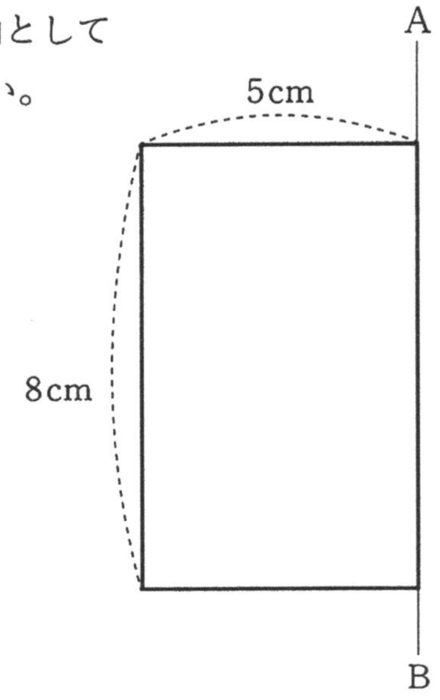

算数問題

3 下の表は，10 円玉，50 円玉，100 円玉，500 円玉の 1 枚分の重さについて調べ，まとめたものです。次の問いに答えなさい。

10 円玉	50 円玉	100 円玉	500 円玉
4.5 g	4 g	4.8 g	7 g

(1) 10 円玉，50 円玉，100 円玉をそれぞれ 2 枚ずつ用意します。

① この 6 枚のうち，3 枚を組み合わせてできる金額は全部で何通りありますか。

② ①のなかで，2 番めに大きい金額は何円ですか。

(2) 袋《ふくろ》に 10 円玉，50 円玉，500 円玉の 3 種類の硬貨《こうか》がそれぞれ 1 枚以上入っています。袋の中の硬貨すべての重さが 40.5 g であるとき，その合計金額としていちばん大きくなるのは何円ですか。

(3) 袋に 10 円玉，50 円玉，100 円玉，500 円玉の 4 種類の硬貨がそれぞれ 1 枚以上入っています。袋の中の硬貨すべての重さは 60.9 g であり，その合計金額が 1200 円以下であることがわかっているとき，考えられる金額は何円ですか。

4 次のように，ある規則にしたがって分数が並んでいます。例えば，5 番めの分数は $\frac{9}{10}$，8 番めの分数は $\frac{16}{15}$ となります。次の問いに答えなさい。

$\frac{1}{2}$，$\frac{4}{3}$，$\frac{5}{6}$，$\frac{8}{7}$，$\frac{9}{10}$，$\frac{12}{11}$，$\frac{13}{14}$，$\frac{16}{15}$，……

(1) ① 12 番めの分数は何ですか。

② 101 番めの分数は何ですか。

(2) 50 番めまでの分数のうち，$\frac{21}{20}$ より小さい数は何個ありますか。

(3) $\frac{2021}{2022}$ までの分数の中で，分母が 7 の倍数で分子が 8 の倍数である分数は何個ありますか。

算　数　問　題

５ 下の**図１**の点Ｐは，点Ａを出発して，長方形ＡＢＣＤ上を矢印の方向に進み続けます。点Ｑは，点Ｐと同時に点Ｅを出発して，長方形ＥＦＧＢ上を矢印の方向に進み続けます。点Ｐと点Ｑの速さは同じで，一定の速さで進みます。

また，下の**図２**のグラフは，点Ｐが点Ａを出発してからの時間と三角形ＡＢＰの面積を表したものです。ただし，点Ｐが辺ＡＢ上にあるときは三角形ができないので，三角形ＡＢＰの面積は０とします。なお，このグラフは点Ｐが点Ａを出発し，長方形を２周して点Ａに戻《もど》ってきたところまでを表しています。次の問いに答えなさい。

図１

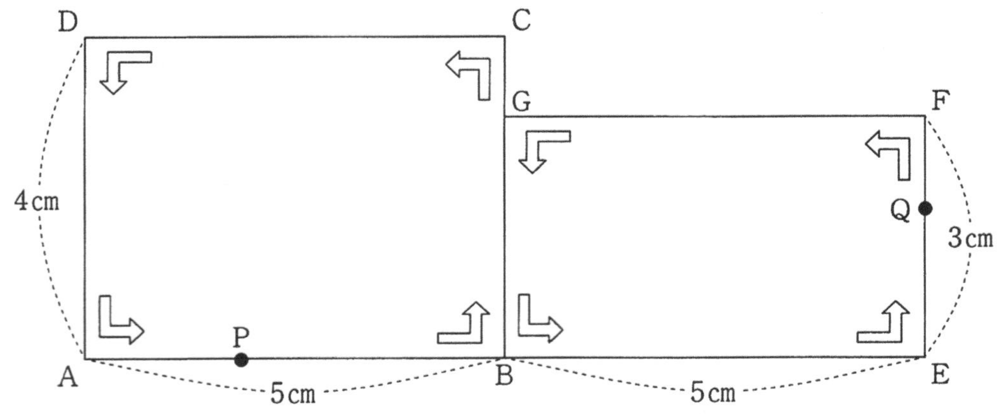

図２

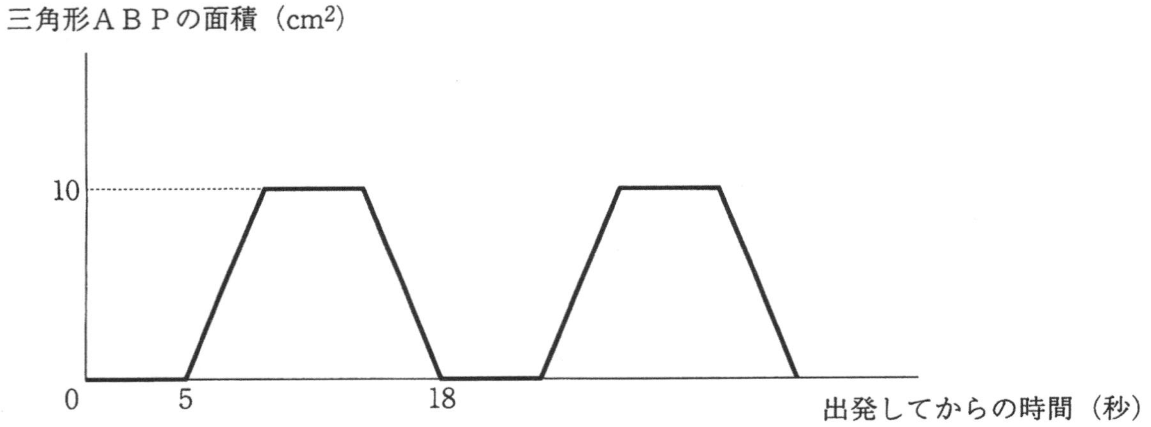

(1) 次の［　　］にあてはまる数を入れなさい。

点Ｐが進む速さは毎秒［ ① ］cmです。出発してから７秒後の三角形ＡＢＰの面積は［ ② ］cm^2，７秒後の三角形ＢＥＱの面積は［ ③ ］cm^2です。また，点Ｐと点Ｑがはじめて重なるのは出発してから［ ④ ］秒後です。

(2) 点Ｐと点Ｑがはじめて重なった地点で２回めに重なるのは，出発してから何秒後ですか。

(3) 直線ＰＱと対角線ＢＤがはじめて平行になるのは，出発してから何秒後ですか。

(4) 三角形ＡＢＰと三角形ＢＥＱの底辺をそれぞれ辺ＡＢ，辺ＢＥとします。点Ｐと点Ｑが出発してから，三角形ＡＢＰと三角形ＢＥＱの高さが等しくなるときがあります。点Ｐと点Ｑがはじめて重なった地点を１回めとしたとき，４回めに高さが等しくなるのは出発してから何秒後ですか。

理　科　問　題 （40分）

（10枚のうちの１枚め）

※解答はすべて解答用紙に記入しなさい。

1　日本の季節と生き物について，次の問いに答えなさい。

(1)　あたたかくなってくると，学校の校庭ではいろいろな変化が見られます。「春への季節の変化をあらわしていること」や「春の校庭の観察から考えられること」としてふさわしくないものを，次の文の中から１つ選び，記号で答えなさい。

ア　「校庭のサクラがさいていました。」

イ　「花だんにアゲハが飛んできていました。」

ウ　「グリーンカーテンのヘチマが花だんから3階のベランダまで育っていました。」

エ　「あたたかくなって，虫が増えてきました。虫がくらしやすくなったのではないでしょうか。」

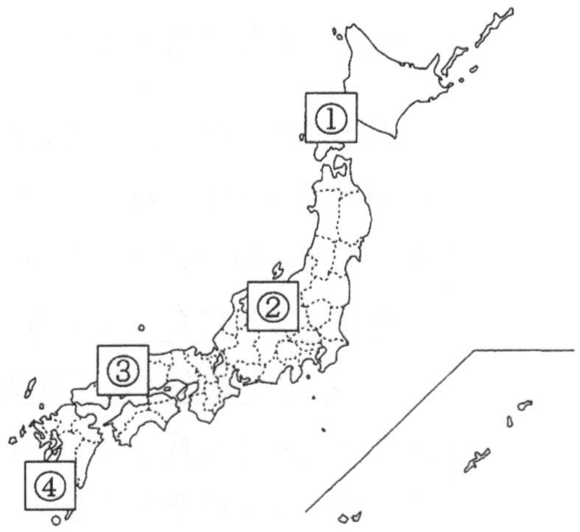

図１

(2)　サクラがさく時期は地域によってちがいます。図１の中でサクラがさく時期がもっともおそい地域の番号を①～④から１つ選びなさい。

(3)　季節の変化は身の回りの生物を観察することでも感じることができます。次の中で，春の訪れを告げる虫の正しい組み合わせを ア ～ オ から１つ選び，記号で答えなさい。

a　モンシロチョウ　　b　カブトムシ　　c　ナナホシテントウ　　d　コオロギ　　e　セミ　　f　ミツバチ

ア　a，b，d　　イ　a，c，f　　ウ　b，c，e　　エ　b，d，e　　オ　c，d，e

(4)　季節ごとに身近な生き物を観察するには，虫メガネを使うと便利です。虫メガネの使い方や注意点としてあやまっているものを，次の中から１つ選び，記号で答えなさい。

ア　虫メガネで太陽を見ない。

イ　日光を集めて，人の体や服に当てない。

ウ　日光を集めて，温度計の液だめに当てない。

エ　レンズに細かい砂がついたときは，ふき取る。

(5)　ミツバチの中で，はたらきバチは，花のみつなどを巣に持ち帰った後にえさ場の位置を仲間に教える行動をとります。その行動を，次の中から１つ選び，記号で答えなさい。

ア　巣でえさ場を向いて鳴く。　　イ　巣でえさ場を見つめる。

ウ　巣でダンスをする。　　エ　巣からえさ場に連れていく。

(6)　季節によって移動する種類の鳥がいます。移動する行き先はさまざまですが，定期的に長い距離《きょり》を移動するものを「わたり鳥」と呼んでいます。日本にやってくる「わたり鳥」の中で，ツバメやホトトギスは「夏鳥」と呼ばれていますが，「夏鳥」の説明として正しいものを，次の中から１つ選び，記号で答えなさい。

ア　春から夏にかけて，南方から飛来する鳥。　　イ　夏から秋にかけて，南方から飛来する鳥。

ウ　春から夏にかけて，西方から飛来する鳥。　　エ　夏から秋にかけて，西方から飛来する鳥。

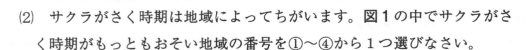

理科問題

(7) セミの鳴き声は，種類によって大きく異なります。そして日本では，セミの鳴き声を特ちょう的な音で表現します。次の中で，「カナカナ」と鳴くセミを1つ選び，記号で答えなさい。

ア アブラゼミ　　イ ミンミンゼミ　　ウ クマゼミ　　エ ヒグラシ

(8) 次の文章は，ある中学生の感想文です。理科の観点で見るとあやまっている部分を，下線部 ア ～ エ の中から1つ選び，記号で答えなさい。

> 近年では「酷暑《こくしょ》」と呼ばれる日もめずらしくない。夏休みの昼間は，クーラーが効いたリビングで過ごすのが現代っ子であるぼくの日課だ。テレビをつけると，ア<u>ヒマワリ畑一面に花がさいている</u>映像が映っている。午後3時を過ぎると少しすずしくなるので，散歩をするのも日課だ。家の周りの畑には イ<u>トウモロコシが食べごろに育っている</u>。少し歩くとやはり暑くなって木のかげに入る。毎年のことだが，この時期になると ウ<u>たくさんどんぐりが落ちている</u>。ぼんやりとそれを拾い，そこから見える エ<u>ヒョウタンがつるを巻き付けて大きく育っている</u>様子をながめた。ぼくも夏のまばゆい光をたっぷり浴びて，天高くのびていこう。そして，ぼくの夢をかなえ，ぼくの天分を発揮しよう。

(9) 秋になると，植物の葉の色が紅葉《こうよう》，あるいは黄葉《こうよう》し変化する。次の植物のうち，紅葉するものはどれか。次の中から1つ選び，記号で答えなさい。

ア カエデ　　イ イチョウ　　ウ カラマツ　　エ ツバキ

(10) 冬になると，冬眠《とうみん》をして冬を過ごす生物がいます。クマも冬眠をする生物ですが，冬眠中のクマの体温はおおよそ何℃か。次の中から1つ選び，記号で答えなさい。

ア 10～15℃　　イ 30～35℃　　ウ 45～50℃　　エ 体の外の気温と同じ

(11) 虫は，種類ごとにどのような状態・場所で冬を過ごすか決まっています。次の表の中で「モンシロチョウ」と「カマキリ」が入るのは表中の ア ～ オ のどれか，それぞれ1つずつ選び記号で答えなさい。

状態＼場所	土の中・落ち葉の下	木の枝・草むら	巣の中	水中
卵	バッタ	イ	—	アキアカネ
幼虫	カブトムシ	カミキリムシ	—	オニヤンマ
さなぎ	ア	ウ	オ	—
成虫	ナナホシテントウ	エ	アリ	ゲンゴロウ

理　科　問　題

2　気体Ａ，気体Ｂ，気体Ｃが３つのびんにそれぞれ入っています。見た目では，どのびんに何の気体が入っているかわかりません。次の問いに答えなさい。

(1)　気体Ａは，生活の中で利用されています。次の問いに答えなさい。

①　気体Aのびんに，グラウンドの白線を引く粉をとかした水よう液を加えると変化が起きました。水よう液の変化と気体Ａの名前について，正しいものを次の中から１つ選び，記号で答えなさい。

	水よう液の変化	気体Ａの名前
ア	液体がとう明になった。	二酸化炭素
イ	液体が白くにごった。	二酸化炭素
ウ	液体がとう明になった。	プロパンガス
エ	液体が白くにごった。	プロパンガス
オ	液体がとう明になった。	一酸化炭素
カ	液体が白くにごった。	一酸化炭素

②　気体Ａは，-80℃に冷やすと固体にすることができ，物を冷やすための冷きゃく材として使用されています。固体の名前を書きなさい。また，固体となった気体Aの温度をあげ，状態の変化を観察しました。状態の変化についての説明として，正しいものを次の中から１つ選び，記号で答えなさい。

ア　固体から液体へと変わる。
イ　固体から液体となり，さらに気体へと変わる。
ウ　固体がばらばらにくだけ散る。
エ　固体から気体へと変わる。

(2)　気体Ｂは，空気中に含まれる気体です。次の ａ ～ ｄ の説明を読み，気体Bの名前を答えなさい。

ａ　生物が呼吸をするときに，はきだす。
ｂ　ものを燃やすはたらきがない。
ｃ　空気中の体積の半分以上は気体Bである。
ｄ　-196℃で液体になる。

(3)　気体Ｃは，二酸化マンガンの入った三角フラスコに過酸化水素水を加えて得ることができました。次の問いに答えなさい。

①　気体Ｃについて，あてはまらないものを，次の中から２つ選び，記号で答えなさい。

ア　水にとけにくい。
イ　空気より軽い。
ウ　肺やエラでとりこまれる。
エ　空気の体積の約２割は気体Ｃである。
オ　無色・無しゅうである。
カ　鉄や銅とは反応しない。

②　二酸化マンガンは，他の物質の反応を手助けするが，自分自身は変化しない物質です。二酸化マンガンと同じように，反応を手助けしている物質がはたらいている現象として，正しいものを次の中から１つ選び，記号で答えなさい。

ア　水にぬれた10円玉を放置しておくと，一部がさびた。
イ　水蒸気を冷やすと水が得られ，さらに冷やすと氷が得られた。
ウ　だ液を入れたでんぷんよう液を36℃で10分あたためたものにヨウ素液を加えても青紫色にならなかった。
エ　うすい塩酸にBTBよう液を加えると液は黄色くなった。
オ　塩化ナトリウム水よう液を蒸発皿で加熱して水分を蒸発させると結しょうが得られた。

理　科　問　題

③　気体Ｃの集め方として最も適するものはどれか。次の中から1つ選び，記号で答えなさい。

ア

イ

ウ

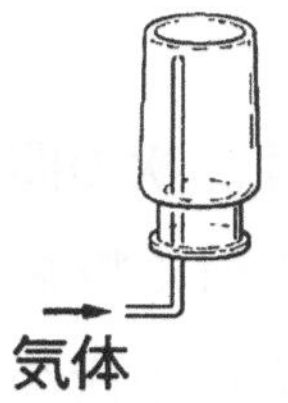

エ

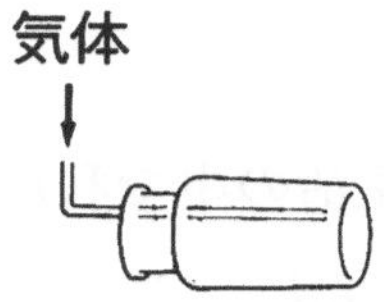

④　表は過酸化水素の量に対して得られる気体Ｃの量である。気体Ｃは１Ｌあたりで1.43gの質量をもつ。0.15gの気体Ｃを得るために必要な過酸化水素の量は何mLか。小数第1位を四捨五入して答えなさい。

過酸化水素の量に対して得られる気体Ｃの量

過酸化水素　　(mL)	5	10	15	20	25	30
得られた気体Ｃ　(mL)	2.5	5.0	7.5	10.0	12.5	15.0

3　次の文を読み，下の問いに答えなさい。

川を流れる水には，地面をけずったり，土や石を運んだり，流されてきた土や石を積もらせたりするはたらきがあります。流れる水が地面をけずるはたらきを（　ア　），土や石を運ぶはたらきを（　イ　），流されてきた土や石を積もらせるはたらきを（　ウ　）といいます。

(1)　文中の空らんに，あてはまる語句を答えなさい。

(2)　ある川について，海からの距離と各地点の高さのようすを調べました。**図１**はその結果をまとめたものです。Ａ地点での川のようすを観察した記録として，正しいものを下の中から１つ選び，記号で答えなさい。

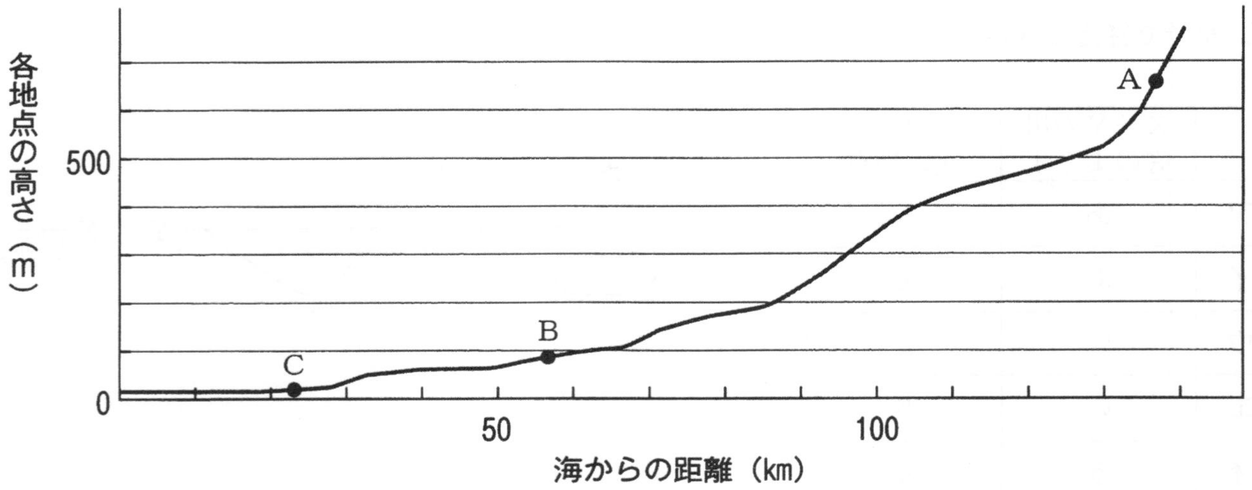

図１

ア　まわりは深い谷で川の幅《はば》はとてもひろく，水の流れが速い。
イ　まわりは平地で川の幅はとてもひろく，水の流れはゆるやかである。
ウ　まわりは深い谷で川の幅はせまく，水の流れが速い。
エ　まわりは平地で川の幅はせまく，水の流れはゆるやかである。

(3)　**図１**のＡ地点，Ｂ地点，Ｃ地点で観察された石のようすにちがいがありました。Ａ地点の川原の石を正しく説明している文を次の中から１つ選び，記号で答えなさい。

ア　大きな角ばった石が多い。
イ　大きなまるい石が多い。
ウ　小さな角ばった石が多い。
エ　小さなまるい石が多い。

理　科　問　題

⑷　図２は図１のＢ地点の川のようすを示しています。次の問いに答えなさい。

①　川原が観察されるのはどこですか。図２の中の **ア** ～ **オ** から１つ選び，記号で答えなさい。

②　大雨によって川の水が増えることで，もっとも災害《さいがい》がおこりやすいと考えられるところを図２の中の **ア** ～ **オ** から１つ選び，記号で答えなさい。

③　図２の川が曲がっている部分について，水の流れる速さと川底のようすを観察しました。図２の中のＸ－Ｙの部分の川底の模式図と，ａとｂで水の流れが速い地点の組み合わせとして正しいものを，次の **ア** ～ **カ** から１つ選び，記号で答えなさい。

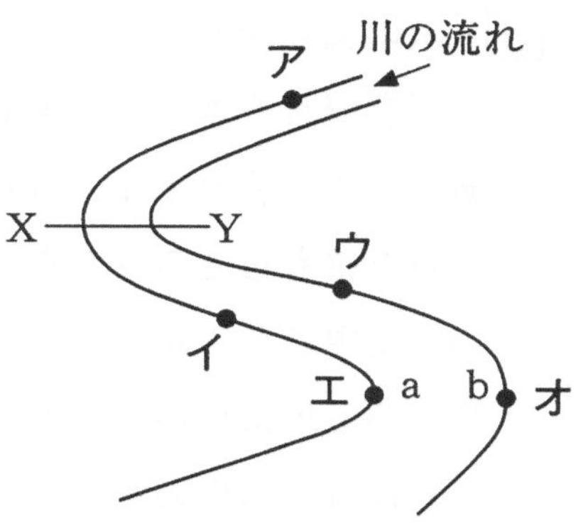

図２

	Ｘ－Ｙの川底のようす	流れが速い地点
ア	あ	a
イ	あ	b
ウ	い	a
エ	い	b
オ	う	a
カ	う	b

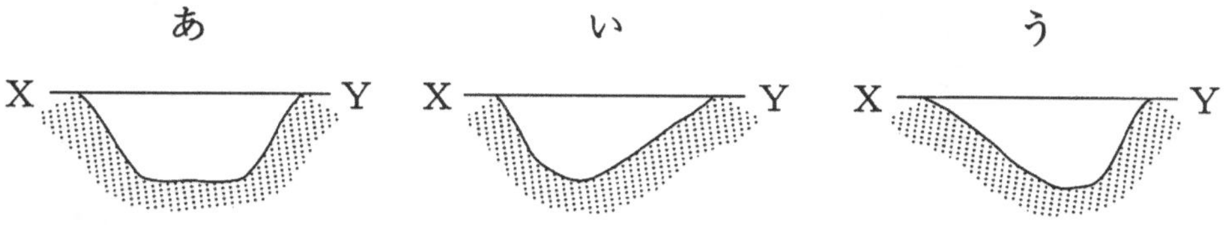

⑸　図１のＣ地点で，川の断面積《だんめんせき》１ m^2 あたり１秒間に平均 40kg の重さの水が運ばれていました。この時，Ｃ地点での流れの速さは１秒間に何cmか答えなさい。

⑹　図１のＣ地点で，運ばれてきた土に草や木が生えて島のようになった中州《なかす》が川幅《はば》の中間地点にできていました。また，水の流れは中州で２つに分かれ，分かれる前と比べて速くなっていました。水の流れが速くなっている理由を次の中から１つ選び，記号で答えなさい。

ア　川底が浅くなることで，１秒間に流れる水の量が増えるため。
イ　川底が浅くなることで，１秒間に流れる水の量が減るため。
ウ　水の流れる幅がせまくなることで，１秒間に流れる水の量が増えるため。
エ　水の流れる幅がせまくなることで，１秒間に流れる水の量が減るため。

⑺　図１の川では堤防《ていぼう》をつくるなどして水による災害を防ぐ工夫がされてきました。しかし最近ではそれだけではなく，いろいろな生き物がすみやすいような工夫もされています。その工夫として，最も適切なものを次の中から１つ選び，記号で答えなさい。

ア　川岸や川底をコンクリートで固めて，きれいな水が流れるようにする。
イ　河川を改修するときに自然の石も用いて，コンクリートの上に土をかぶせる。
ウ　曲がっている川をまっすぐになおす。
エ　堤防を土だけでつくり，少しずつけずれていくようにする。

4 磁石《じしゃく》について，次の問いに答えなさい。なお，本文中の方位磁針《じしん》は黒くぬられている方をＮ極とする。

⑴ 次の中から正しいものを１つ選び，記号で答えなさい。

ア ２つの磁石を近づけたとき，同じ極どうしは引き合う。

イ Ｎ極だけ，Ｓ極だけの磁石が存在する。

ウ 磁気が強い棒磁石を時計皿にのせて自由に動くようにすると，決まった向きで止まる。

エ 磁石にアルミニウム棒を接触させておくと，アルミニウム棒が磁石のように磁力を帯びる。

⑵ 次の中から磁石にくっつくもの，くっつかないものの組み合わせになっているものを１つ選び，記号で答えなさい。

ア スチールかんと新品の１円玉　　イ 食塩とペットボトル

ウ 新聞紙と銅板　　エ ガラスコップと木材

⑶ 身近な存在である磁石だが，地球自体も大きな磁石である。地球をとすると，そこに置かれた方位磁針のようすとして，もっとも正しいものを１つ選び，記号で答えなさい。

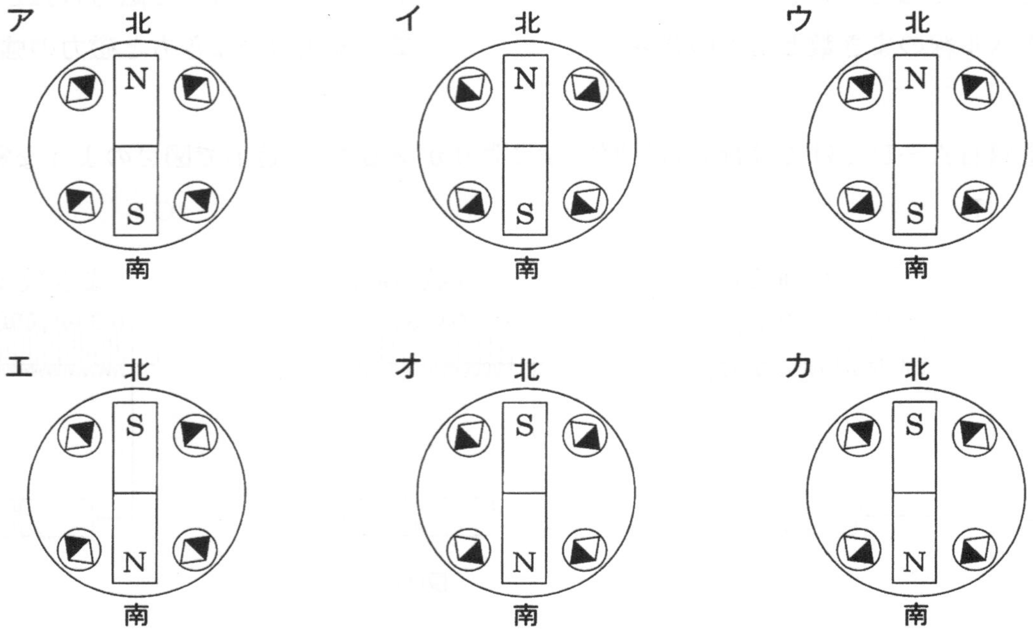

色々な性質を持つ磁石ですが，世の中では電磁石《でんじしゃく》としても数多くの場面で利用されています。この電磁石の性質を調べるため，図１のような４種類の電磁石Ａ～Ｄを作りました。電磁石はエナメル線をポリエチレン管にまき，まき数100回，200回，300回のコイルを作り，一部のコイルには鉄くぎを入れました。

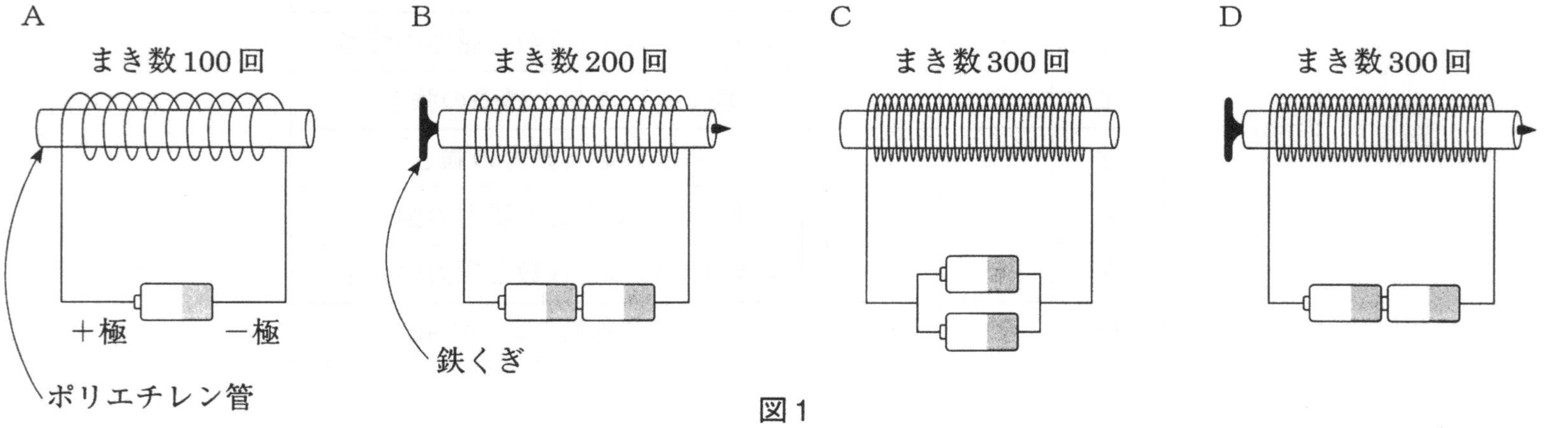

図１

⑷　電磁石《でんじしゃく》を用いた実験で注意しなければならないことを，次の中から１つ選び，記号で答えなさい。

ア　電気をよく通す必要があるため，実験の前にエナメル線の表面はすべて紙やすりなどではがしておく。

イ　実験ごとでエナメル線の長さが変わるといけないので，どんなに余ってもエナメル線は切らずにまとめておく。

ウ　手間を省くため，電流は実験時以外でも流したままにする。

エ　実験結果をすぐにパソコンにまとめる場合は，パソコンのすぐそばで実験をすることが大切である。

⑸　図１の電磁石Ａ～Ｄのうち，もっとも磁力《じりょく》の強い電磁石を１つ選び，記号で答えなさい。

ある条件の効果を調べるために，他の条件は全く同じにして，その条件のみを除いて行う実験のことを対照実験といいます。

⑹　図１の電磁石Ａ～Ｄから２つを選び，それらを比べることで行うことができる対照実験を次の中から１つ選び，記号で答えなさい

ア　電池の数と磁力の強さ　　イ　鉄くぎの有無と磁力の強さ

ウ　エナメル線のまき数と磁力の強さ　　エ　電池のつなぎ方と磁力の強さ

図１の電磁石Ａ～Ｄだけでは行える対照実験に限りがあるため，追加で図２のような電磁石Ｅ～Ｇを作りました。

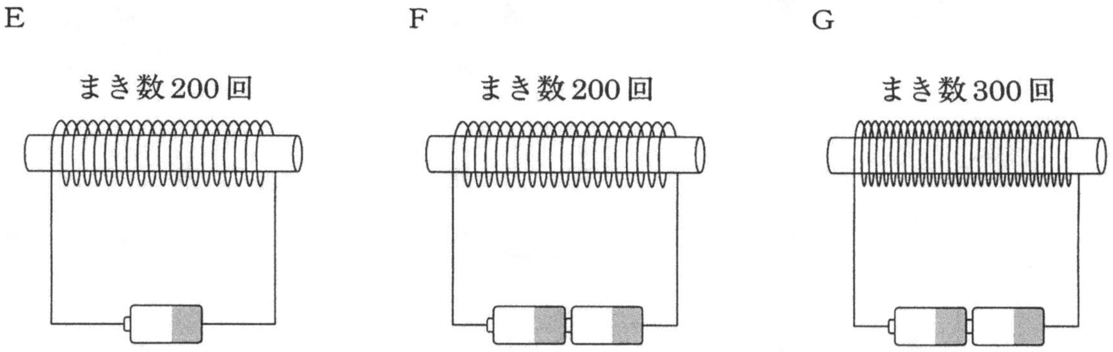

図２

⑺　図１，図２の電磁石の組み合わせと，対照実験で比べることができる内容について正しいものを次の中から１つ選び，記号で答えなさい。

記号	図１	図２	比べることができる内容
ア	A	F	電池の数と磁力の強さ
イ	B	G	電池のつなぎ方と磁力の強さ
ウ	C	E	エナメル線のまき数と磁力の強さ
エ	D	F	鉄くぎの有無と磁力の強さ
オ	A	G	電池の数と磁力の強さ
カ	B	E	電池のつなぎ方と磁力の強さ
キ	C	F	エナメル線のまき数と磁力の強さ
ク	D	G	鉄くぎの有無と磁力の強さ

理　科　問　題

(8)　図３は電磁石《でんじしゃく》とそのまわりに置かれた方位磁針《じしん》の様子を表している。図４のように電磁石と方位磁針を設置しました。図４のａ，ｂ，ｃの方位磁針が向いている方向として正しい組み合わせを次の中から１つ選び，記号で答えなさい。

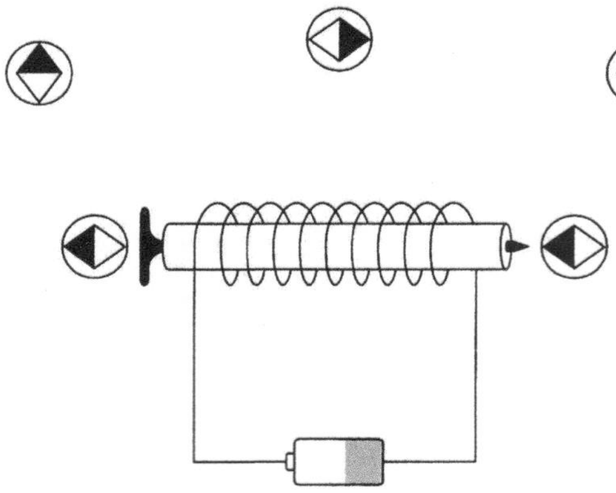

図３

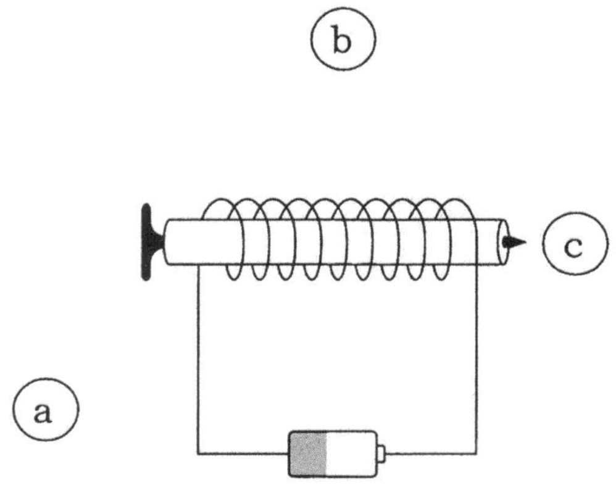

図４

記号	a	b	c
ア			
イ			
ウ			
エ			
オ			
カ			
キ			
ク			

社　会　問　題　(40分)

※解答はすべて解答用紙に記入しなさい。

1　次の**資料**Ⅰ～**資料**Ⅴを見て，あとの問1～問7に答えなさい。

資料Ⅰ　昭和47年のできごと

３月　山陽新幹線「新大阪駅～岡山駅間」が開通し，東京～岡山間が新幹線で結ばれる。
６月　北陸新幹線基本計画が決定する。
11月　東北自動車道が開通する（埼玉県岩槻《いわつき》インターチェンジ～栃木県宇都宮インターチェンジ間）
　この年の７月に内閣総理大臣となる田中角栄が，工業の地方分散や新幹線や高速道路などの高速交通網《もう》整備といった政策構想を記した『日本列島改造論』を６月に出版し，ベストセラーとなる。

資料Ⅱ　新幹線の路線図

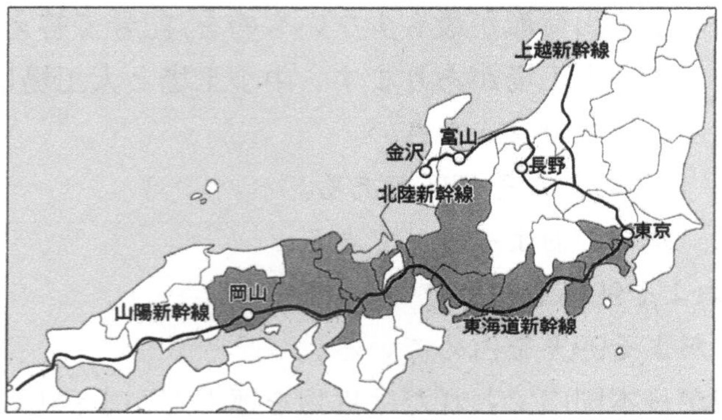

資料Ⅲ　都道府県別の工業（2019）

	工業出荷額（億円）	工 場 数	働 く 人（千人）
1位（　ア　）	481864	26739	872.0
2位（　イ　）	178722	12833	367.7
3位　静岡	172749	15152	425.4
4位（　ウ　）	172701	30231	475.4
5位（　エ　）	163896	13483	374.8

工場数と働く人は2020年6月1日現在
（矢野恒太記念会「日本のすがた2022」より作成）

資料Ⅳ　国内貨物輸送量の輸送機関別割合と
高速道路の長さの推移

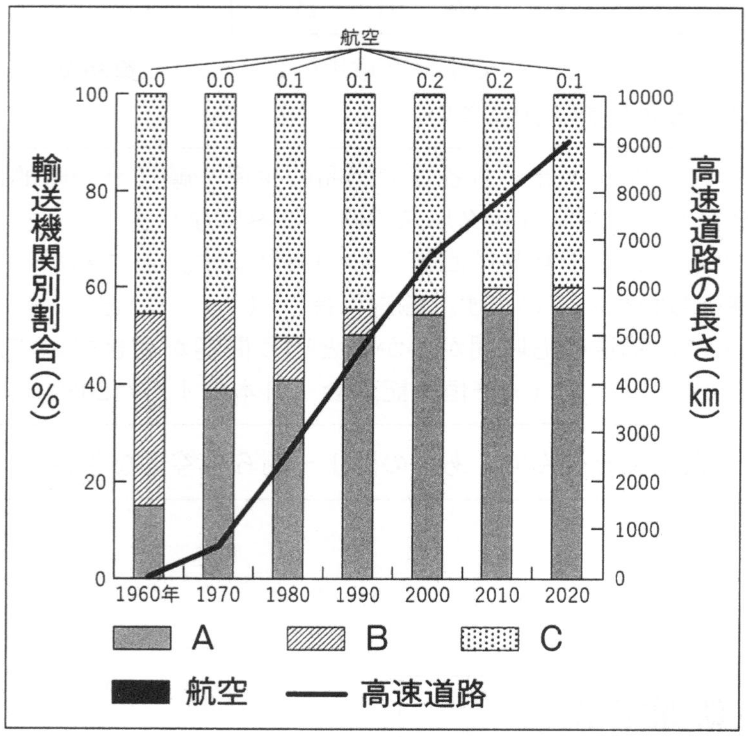

（矢野恒太記念会「数字でみる日本の100年改訂第７版」，各年度版「日本国勢図絵」より作成）
※貨物輸送量はトンキロで算出。トンキロは，輸送したそれぞれの貨物について，その重さ（トン）に輸送した距離《きょり》（キロメートル）をかけて全部合計したもの。
※高速道路は1963年に名神高速道路の一部で初めて開通した。

資料Ⅴ

（　　　　　　　　）船

社　会　問　題

問１　**資料Ⅰ**の表題にある昭和47年は西暦《せいれき》何年のことか。４けたの数字で答えなさい。

問２　**資料Ⅱ**を見ると，北陸新幹線の長野～富山・金沢間が短距離《きょり》ルートではなく，大きく曲がったルートをとっていることがわかります。このようにルートが大きく曲がっている理由には地形が関係しています。その理由として最も適当なものを，次の**ア～エ**のうちから１つ選び，記号で答えなさい。

ア　ラムサール条約に登録されている釧路湿原《くしろしつげん》があり，環境《かんきょう》を破壊《はかい》しないで工事をすることが困難であるため。

イ　日本で一番大きな湖である琵琶《びわ》湖があり，橋をかけることもトンネルを掘《ほ》ることも困難であるため。

ウ　木曽《きそ》川，長良《ながら》川，揖斐《いび》川の三つの大きな川が流れており，川に橋をかけることが困難であるため。

エ　高く険しい飛騨《ひだ》山脈がそびえており，山脈を超えることもトンネルを掘ることも困難であるため。

問３　**資料Ⅲ**は，都道府県別工業出荷《しゅっか》額第１位から第５位までの都府県を示しています。第１位から第５位まではすべて**資料Ⅱ**中に［　　　］で示した岡山～東京間で新幹線が通過するいずれかの都府県です。**資料Ⅲ**中の（　**ア**　）にあてはまる都府県名を答えなさい。

問４　**資料Ⅲ**中の（　**ア**　）～（　**エ**　）のうち，１工場あたりの工業出荷額が最も少ないものを，記号で答えなさい。

問５　工場には働く人の数が少ない中小工場と，働く人の数が多い大工場があります。中小工場と大工場について述べた文として正しいものを，次の**ア～エ**から１つ選び，記号で答えなさい。

ア　働く人の数が300人未満の中小工場の工業出荷額は，全体のおよそ47％である。

イ　働く人の数が3000人未満の中小工場の工業出荷額は，全体のおよそ47％である。

ウ　働く人の数が300人以上の大工場は，工場数全体のおよそ99％を占めている。

エ　働く人の数が3000人以上の大工場は，工場数全体のおよそ99％を占めている。

問６　**資料Ⅳ**は，高速道路の長さと鉄道・自動車・船・航空が日本国内でどれだけ貨物を運んだかを示したものです。**資料Ⅳ**中の**Ａ～Ｃ**には，輸送機関のうち鉄道，自動車，船のいずれかがあてはまります。自動車と船にあてはまる記号の組み合わせとして正しいものを，次の**ア～カ**から１つ選び，記号で答えなさい。

	ア	イ	ウ	エ	オ	カ
自動車	A	A	B	B	C	C
船	B	C	A	C	A	B

問７　次の文章はコロナ禍《か》による世界貿易の混乱について述べたものです。文章中の（　　　）と**資料Ⅴ**の（　　　）にはすべて同じ語句が入ります。（　　　）に入る語句を答えなさい。

　新型コロナウイルスの世界的な感染《かんせん》拡大によって，2020年春から各国で商品の生産や輸送が一時的に止まりました。2020年の世界貿易は，2008年秋に起きたリーマンショック以来の落ちこみになりました。
　2020年秋から感染が最悪の状態を脱《だっ》したことから，世界の貿易は回復しつつあります。ところが，アメリカ合衆国の港で貨物が集中したために，船の入港待ちが続いています。輸送に使う（　　　）と（　　　）船が世界中で不足して，船の運賃が高くなったうえに，輸送にも時間がかかるという問題が起きていて，世界経済に悪影響《えいきょう》がでています。　（矢野恒太記念会「日本のすがた2022」より）

2　次の文章は新聞記事の一部です。記事とそれに続く会話文を読んで，あとの問１～問６に答えなさい。

「沖縄の歴史を知ろう」

（新聞記事）

お詫び：著作権上の都合により，掲載しておりません。ご不便をおかけし，誠に申し訳ございません。
教英出版

（朝日新聞EduA一色清　一部改　2022/5/13）

社　会　問　題

先生：今年は沖縄が日本に復帰して50年になります。記事の中にある「沖縄について知っておきたいこと」についてみんなで考えてみましょう。

太郎《たろう》：沖縄はもともと a 独立した王国だったのですね。

先生：そうです。独立国として，中国や日本，東南アジアの国々と交易をおこなっていました。

太郎：その時代に建てられたのが首里《しゅり》 b 城ですね。

先生：その首里城が c 1609年に，日本の d ある藩《はん》の軍勢に占拠《せんきょ》されました。それ以来，この国は中国との関係を維持しながら，日本にも服属する形をとっていました。

もう一つ沖縄の歴史で覚えておかないといけないことは，太平洋戦争における沖縄戦です。

太郎：沖縄戦は，太平洋戦争で最大規模の地上戦でしたよね。

先生：この地上戦で亡くなった沖縄県民は，一般住民が約９万４千人，沖縄出身の軍人が約２万８千人で，あわせて約12万２千人とされています。当時の沖縄県の人口は約48万人ですので，県民の４人に１人の割合となります。６月23日は「沖縄慰霊《いれい》の日」として，平和を考える日になっています。

この沖縄戦を含《ふく》めた太平洋戦争の反省から，日本では終戦後， e 平和主義の考えを含んだ f 日本国憲法が制定されました。

問１　下線部ａについて，この王国を何というか答えなさい。

問２　下線部ｂに関連して，世界文化遺産に登録されている城を，次のア～エから１つ選び，記号で答えなさい。

ア

イ

ウ

エ

問３　下線部ｃについて，江戸時代の出来事を次のア～エから１つ選び，記号で答えなさい。

ア　南北朝が統一された。　　イ　応仁の乱があった。

ウ　朝鮮《ちょうせん》出兵が行われた。　　エ　島原・天草一揆が起こった。

問４　下線部ｄの藩について，(1)(2)の問に答えなさい。

(1)　この藩の名前を答えなさい。

(2)　この藩は現在の何県であるか。この県の形を次のア～オから１つ選び，記号で答えなさい。

ア
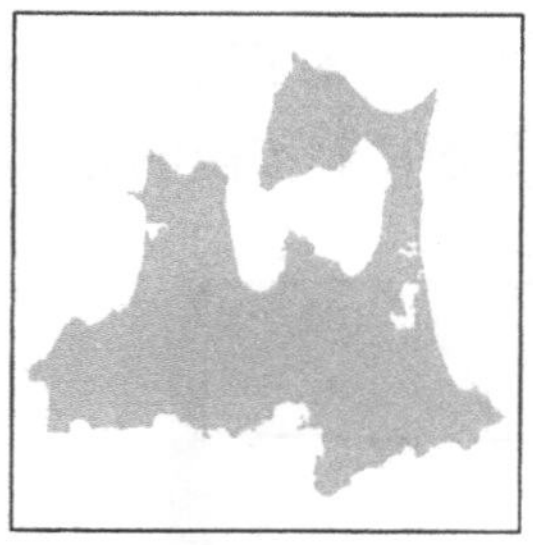

イ
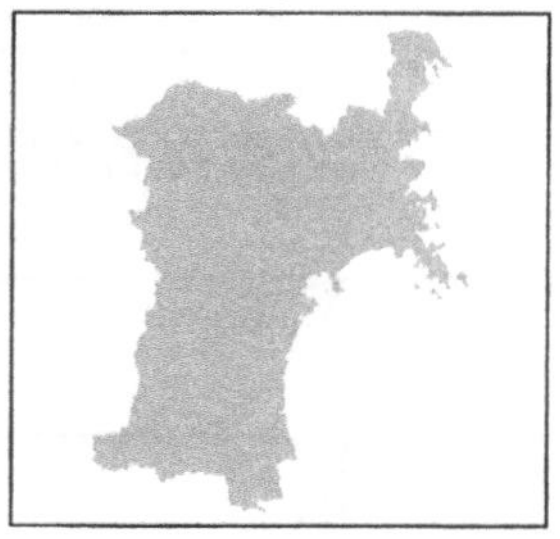

ウ

エ
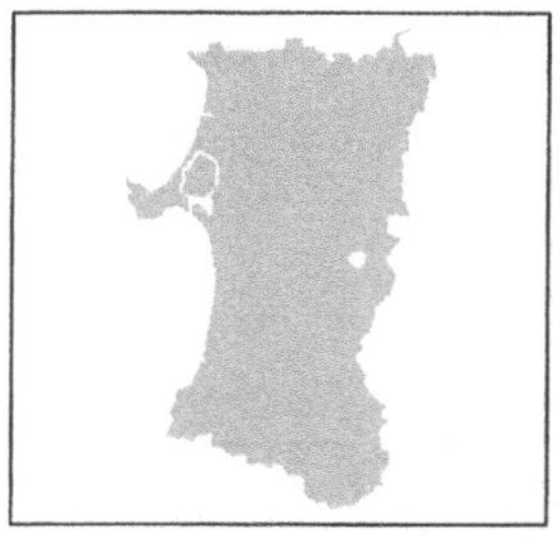

オ

問５　下線部ｅに関連して，(1)(2)の問に答えなさい。

(1)　平和主義の内容を示してあるのは日本国憲法第何条か答えなさい。

(2)　平和主義の内容について具体的に説明しなさい。

問６　下線部ｆの日本国憲法について，(1)(2)の問に答えなさい。

(1)　日本国憲法の内容として正しいものを，次のア～エから１つ選び，記号で答えなさい。

ア　天皇は日本国の象徴《しょうちょう》である。

イ　国会は国権の最高機関であり，内閣とともに立法機関である。

ウ　内閣総理大臣は天皇によって指名され，国民が国民投票によって任命する。

エ　裁判は３回まで受けることができるが，これを三権分立という。

(2)　国民の三大義務を，解答欄《らん》にあうように全て答えなさい。

社　会　問　題

3 次のメモは，社会の授業を受けている小学生のユウキさんがそれぞれの時代に使われた道具をまとめたものです。メモを読んで，あとの問１～問５に答えなさい。

メモ

① 食べ物をにたり，たくわえたりするために，縄文《じょうもん》土器が使われた。
② 米作りが伝わり，米をたくために弥生《やよい》土器が使われた。
③ 種子島《たねがしま》に [　　　　] が伝わり，戦い方が変化していった。
④ a 中大兄皇子《なかのおおえのおうじ》が水時計をつくらせて，時間の管理もおこなった。
⑤ b 鎌倉《かまくら》時代に元の大軍が攻《せ》めてきた時，元軍は火薬兵器を使った。
⑥ 古墳《こふん》の周りには，様々な形をした埴輪《はにわ》が並べられた。
⑦ c 江戸時代には，稲作のための道具が改良されていき，千歯こきなどが使われた。

問１　メモの中の①～⑦は，内容は時代順に並んでいません。２つの内容を入れ替《か》えると，時代の古い順になります。その２つの内容を，メモの中の①～⑦から２つ選び記号で答えなさい。

問２　メモの中の [　　　　] に入る語句を答えなさい。

問３　下線部ａに関連して，この人物の弟に関係する内容として正しいものを，次のア～エから１つ選び，記号で答えなさい。
ア　天皇《てんのう》の跡継ぎをめぐる戦いに勝利した。
イ　中国から鑑真《かんじん》というすぐれた僧《そう》を招いた。
ウ　十二単《じゅうにひとえ》とよばれる女性の服装が生み出された。
エ　小野妹子《おののいもこ》たちを使者として隋《ずい》に使節を送った。

問４　下線部ｂについて，この時代に関係のある人物の説明文を，次のア～エから１つ選び，記号で答えなさい。
ア　最初の女性天皇となって，厩戸王子《うまやどのおうじ》（聖徳太子《しょうとくたいし》）を摂政にして政治を行った。
イ　頼朝《よりとも》の妻として，頼朝の死後に政治を主導していった。
ウ　天皇の后《きさき》に仕えて，『源氏物語』を書いた。
エ　占《うらな》いで政治を行ったり，中国に使いを送ったりした。

問５　下線部ｃについて，この時代の中ごろになると西洋の学問を学ぶ人々が増えました。杉田玄白《すぎたげんぱく》や前野良沢《まえのりょうたく》たちの成果について，「オランダ語」という語句を必ず使い，下の写真の書物名も明らかにして説明しなさい。

（国文学研究資料館ホームページより）

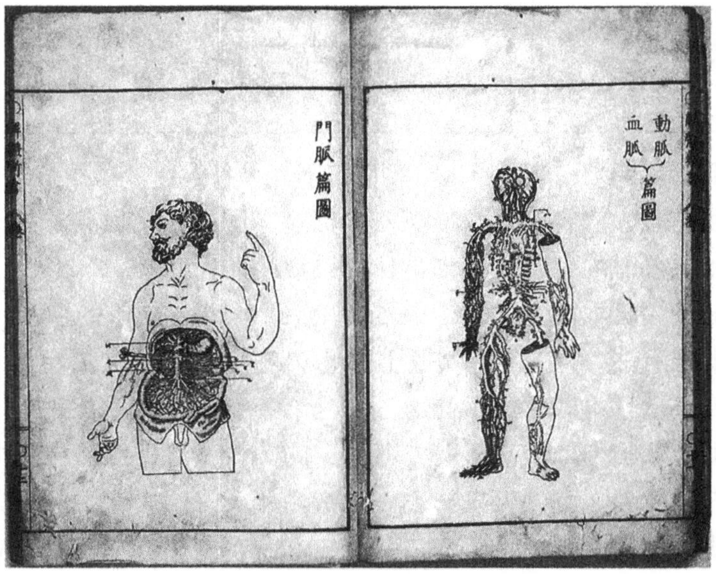

（東京国立博物館ホームページより）

受験番号

国語解答用紙

（九枚のうちの九枚め）

★次の点に注意して答えなさい。

問いに「三十字以内で答えなさい」というように、字数の指定がある場合には、句読点や記号も一字に数えて解答すること。

一

問一　①（び）　②　③　④（せ）

問二

問三

問四　1　2

問五

問六

問七　生徒

二

問一　a　b

問二

問三

問四

問五　1　2

問六

問七

問八　生徒

三

Ⅰ　1　2　3　4　5

Ⅱ
問一　①　②　③
問二　①　進　退　②　純　雑

得点欄《らん》

一　一　二　三　四　五　六　七

二　一　二　三　四　五　六　七　八

三　Ⅰ　Ⅱ　一　二

合計

※100点満点
（配点非公表）

中B方式

令5

受験番号

算数解答用紙

（５枚のうちの４枚め）

中B方式
令５

※100点満点
（配点非公表）

1

(1)		(2)	
(3)		(4)	
(5)		(6)	
(7)		(8)	

2

(1)	①	個
	②	
(2)		ページ
(3)		点
(4)		度
(5)	①	cm^3
	②	cm^2

3

(1)	①	通り
	②	円
(2)		円

(3)

答	円

小計1	

受験番号

算数解答用紙

（５枚のうちの５枚め）

中B方式
令５

4

(1)	①	②
(2)	個	
(3)		

答　　　　個

小計2	

合計	

5

(1)	①	②
	③	④
(2)	秒後	
(3)	秒後	
(4)		

答　　　　秒後

受験番号

理科解答用紙

（10枚のうちの10枚め）

中B方式
令５

1

(1)		(2)		(3)		(4)	
(5)		(6)		(7)		(8)	
(9)		(10)		(11)	モンシロチョウ ：	カマキリ ：	

2

(1)	①		②	名前	説明	(2)
(3)	①			②		
	③		④			

3

(1)	ア		イ		ウ
(2)		(3)			
(4)	①		②		③
(5)		(6)		(7)	

4

(1)		(2)		(3)		(4)	
(5)		(6)		(7)		(8)	

1	2	3	4

合計	
	※50点満点 （配点非公表）

受験番号

社会解答用紙

（５枚のうちの５枚め）

中B方式
令５

1

問１	年	問２		問３		問４	
問５		問６		問７			

1	2	3	4	5	6	7	1

2

問 １		問 ２		問 ３	
問 ４	(1)		(2)		
問 ５	(1)	条			
	(2)				
問 ６	(1)				
	(2)	普通教育を（　　　　）義務			
		（　　　　）の義務	（　　　　）の義務		

1	2	3	4－(1)	4－(2)	5－(1)	5－(2)	6－(1)	6－(2)	2

3

問１		問２		問３	
問４					
問５					

1	2	3	4	5	3

合計	
	※50点満点 （配点非公表）

令和６年度　岡山中学校［A方式］問題 I　(45分)

(1枚め)

受験番号		1※	2※	3※	※70点満点（配点非公表）	※

課題１　太郎《たろう》さんと花子さんが電気自動車について話をしています。次の（１）～（３）に答えましょう。

太郎：この前，街中で電気自動車を充電《じゅうでん》しているところを見かけたよ。
花子：最近，よく見かけるね。日本では電気自動車がどれくらい販売《はんばい》されているのかな。

（１）　2023 年のある月に日本国内で販売された乗用車の台数は全部で 477,943 台で，そのうち電気自動車は 9,631 台でした。乗用車全体の販売台数のうち電気自動車の占《し》める割合は何％ですか。小数第１位を四捨五入《ししゃごにゅう》して整数で答えましょう。

| %
|---|

太郎：そういえば果物《くだもの》を使うことで，電気をつくることができると聞いたことがあるよ。
花子：ある中学校の夏のオープンスクールの実験でやっていたね。

（２）　図１のように，果物に異なる金属をさしこむことで果物電池ができます。あるレモンと銅板と亜鉛《あえん》板を用いた果物電池４個を直列つなぎに接続した場合と，リチウムイオン電池３個を並列つなぎで接続した場合では，豆電球の明るさは同じでした。

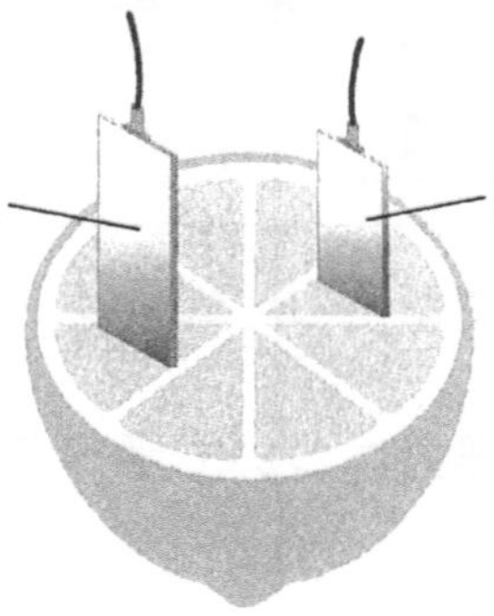

図１　レモンを用いた果物電池

①　下の文章中の（　　　）に入る数字や語句を答えましょう。

リチウムイオン電池 360 個を直列つなぎにすると，おもさ 100 kg の車を動かすことができます。よって，この車を動かすには図１のような「レモンを用いた果物電池」をおよそ（　ア　）個用意し，（　イ　）つなぎすることが必要です。

②　レモンを用いた果物電池１個を使うと，電子オルゴールが鳴りました。レモンを用いた果物電池４個を使って，電子オルゴールをより長く鳴らすためにはどうすればよいですか。「レモンを用いた果物電池４個を」に続く形で説明をしましょう。

①	ア：　　　　イ：
②	レモンを用いた果物電池４個を

花子：電気自動車とガソリン車（ガソリンで走る自動車）では，どちらが安く長く走れるかな。
太郎：電気自動車とガソリン車では条件が違《ちが》うので，共通の単位で比べないとだめだね。
花子：100 円あたりに進む距離《きょり》や１km 進むのにかかる金額で考えてみるのはどうかな。

（３）　ガソリン車Ｂが１km 進むのにかかる金額は，電気自動車Ａが１km 進むのにかかる金額の３倍です。ガソリン車Ｂが 80km 進むのにかかる金額から電気自動車Ａが 80km 進むのにかかる金額を引くと 500 円でした。電気自動車Ａが 100 円あたりに進むことのできる距離は，ガソリン車Ｂが 100 円あたりに進むことのできる距離より何 km 長いでしょうか。小数第１位を四捨五入して整数で答えましょう。また，どのようにして求めたのかも説明しましょう。

説明
km 長い

課題２　太郎さんと花子さんは，理科の授業で習ったことや，実験したことをもとに話をしています。次の（１）～（３）に答えましょう。

花子：今月はいろいろな実験ができて，ますます理科が楽しくなってきたかもしれないわ。
太郎：目に見えないほど小さいものでも，顕微鏡《けんびきょう》を使えば見えるのには感動したよ。
花子：顕微鏡を使うと実際のものとは違うように見えるんだ。ちょっと思い出してみよう。

（１）　顕微鏡をのぞいたら，図１のように見えた。肉眼で見たときの図として正しいものを，ア～エから１つ選び，記号で答えましょう。

図１　ア　イ　ウ　エ

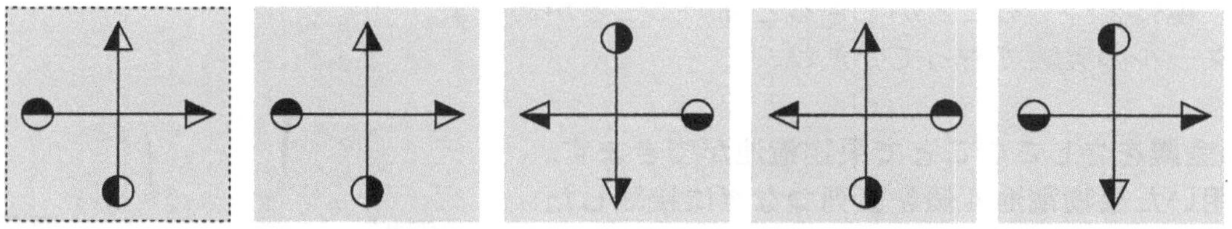

記号

太郎：道具を使って観察をしていると興味がわくしワクワクするよ。そういえば，浮力《ふりょく》についても実験をしたよね。

（２）　浮力について調べるため，次のような実験を行い，表１にまとめました。

＜実験＞
1．さまざまな金属のかたまりを用意する。
2．用意した金属のおもさをばねばかりを使って空中で測定する。
3．用意した金属を水中に完全にしずめて，おもさをばねばかりを使って水中で測定する。

表１

金属の名前	物体の体積（cm³）	空中での物体のおもさ（g）	水中での物体のおもさ（g）
銅	10	90	80
銅	20	180	160
鉄	10	79	69
鉄	20	158	138
鉄	30	237	A

① 表１中のＡにあてはまる数字を答えましょう。
② 表１から，浮力はどのように求めることができるかを，「浮力は，」に続けて20字以内で説明しましょう。
③ 体積 40 cm³，空中でのおもさ 420ｇ の銀を図２のようなてんびんと水槽《すいそう》を組み合わせた実験装置の左側に取りつけました。このてんびんがつりあうためには，実験装置の右側に体積が何 cm³ の銅を取りつける必要がありますか。小数第２位を四捨五入して小数第１位で答えましょう。

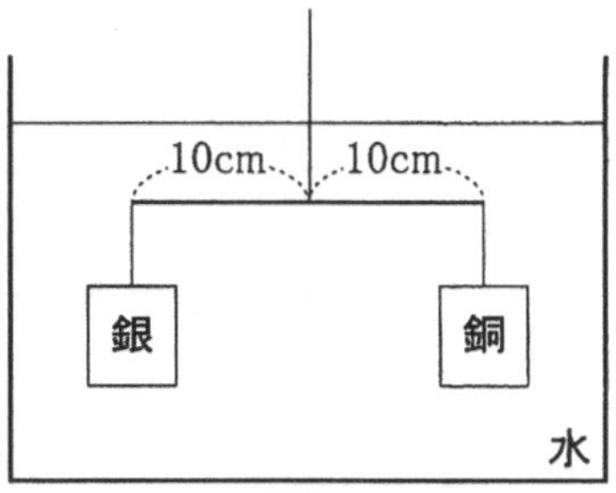

図２

① ｇ　② 浮力は，　③ cm³

花子：天体についても勉強をしたけど，観察するには時間がかかるので，私たちで模型《もけい》を作って太陽と金星と地球の動きについて調べてみようよ。

（３）　図３のように金星も地球も太陽の周りをまわる星である。星が太陽を中心にしてまわることを公転といいます。図４は，太郎さんと花子さんを結んだ直線を線Ａとして，円をえがきながら反時計回りに動く金星と地球の模型です。金星の模型が１周する時間を 225 秒，地球の模型が１周するのにかかる時間を 365 秒としたとき、線Ａ上に並んで同時にスタートした金星と地球が再び線Ａ上にならぶのは何時間何分何秒後ですか。

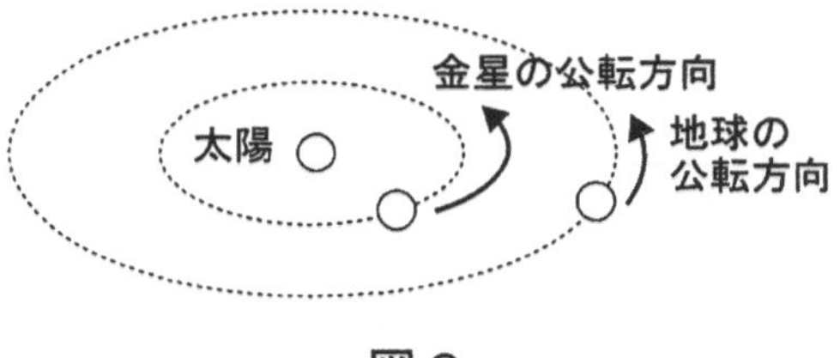

図３

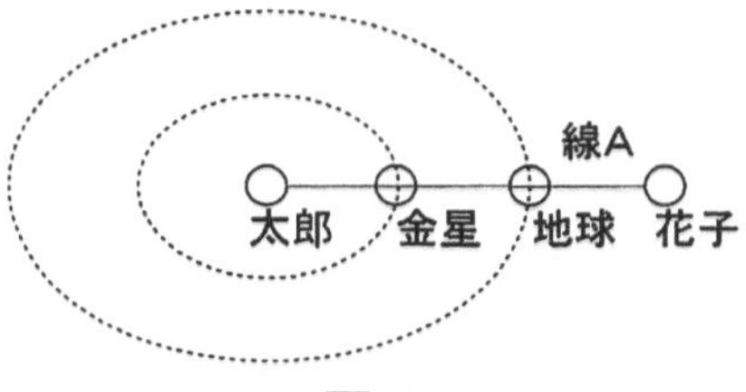

図４

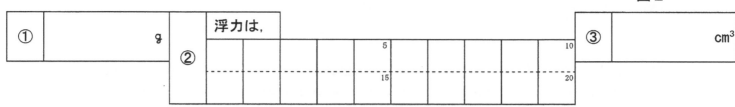

（3枚め）

受験番号		1※	2※	3※	※

課題３　次の（１）～（３）に答えましょう。

（１）　１と５のちょうどまん中の数は３です。$\frac{1}{3}$ と［　　］のちょうどまん中の数も３です。［　　］にあてはまる数を答えましょう。

あてはまる数

（２）　右の図のように１辺が６cmの正方形Ａの四隅《よすみ》に色がぬられています。それぞれ，中心角が90°で半径が２cmのおうぎ形と１辺の長さが２cmの正方形，直角をはさむ２辺の長さが２cmの直角二等辺三角形の形をしています。正方形Ａの色がぬられていない部分を１辺が３cmの正方形Ｂがすでに色がぬられた四隅の部分と重なることなく平行移動したり回転したりして動き回るとき，正方形Ｂが動き回ることのできる範囲を表した図として最も近いものをア～エから１つ選び，記号で答えましょう。

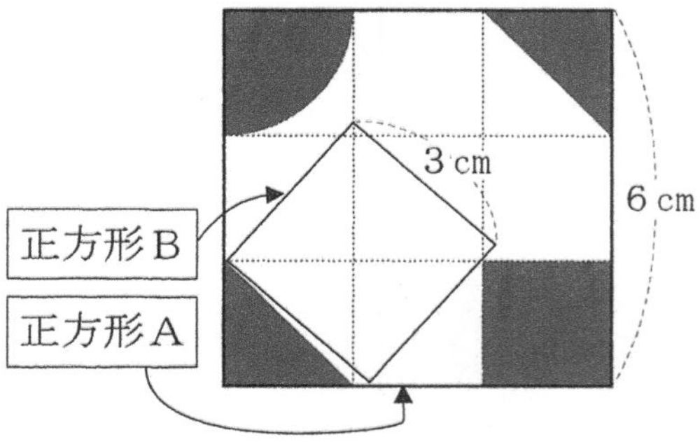

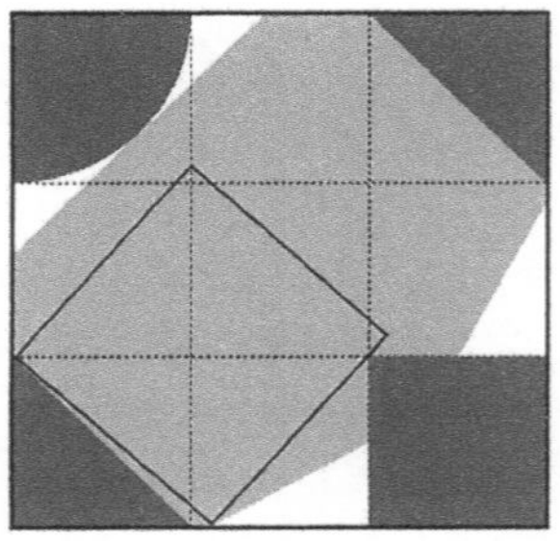

ア

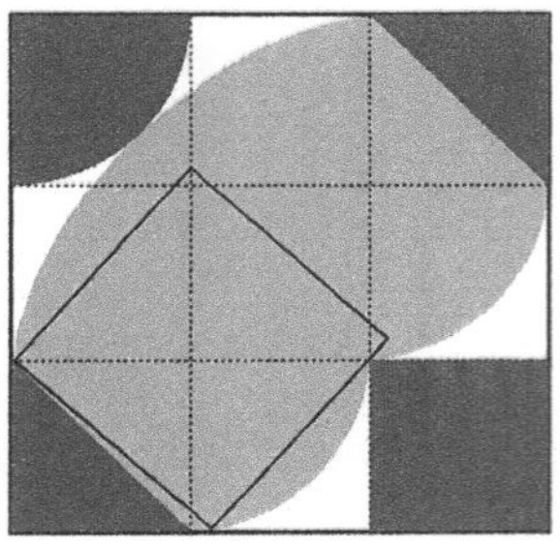

イ

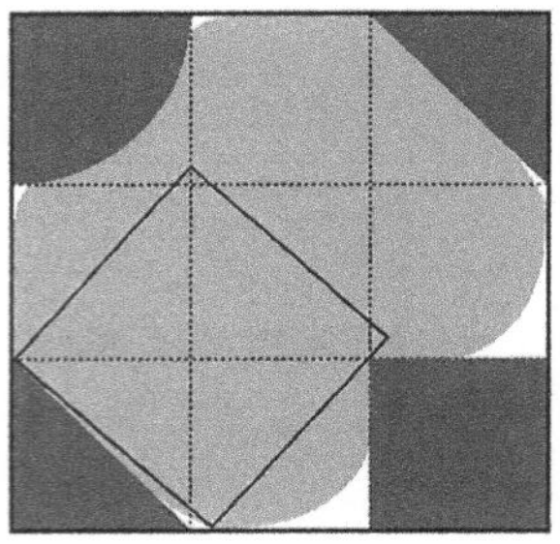

ウ

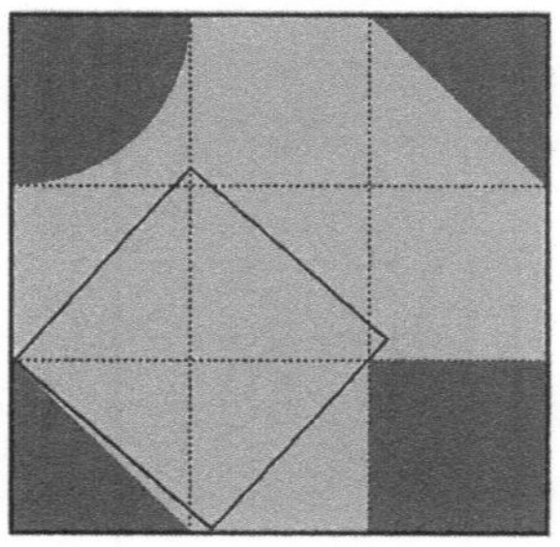

エ

記号

（３）　１辺が30cmの立方体の水槽《すいそう》に一定の割合で水を入れると，時間と水槽内の水の量の関係はグラフ１のようになります。この水槽に直方体のブロックを置き，グラフ１と同じ割合で水を入れると［あ］分後に１分あたりに入る水の深さが変わり，水を入れる時間と１分あたりに入る水の深さの関係はグラフ２のようになりました。このときのブロックの置き方をア～ウから１つ選び，記号で答えましょう。また，その記号を選んだ理由を，言葉や式を使って説明しましょう。さらに，水の深さが25cmになるのは水を入れ始めてから何分何秒後かを答えましょう。

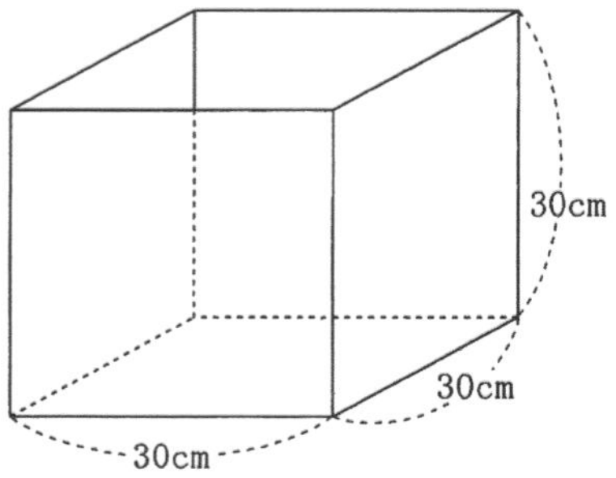

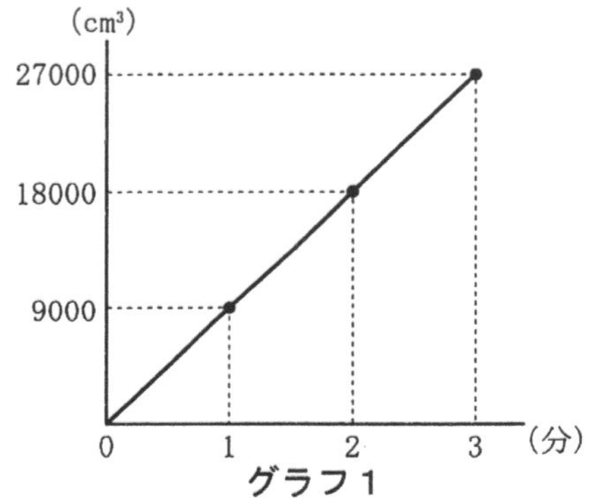

グラフ１

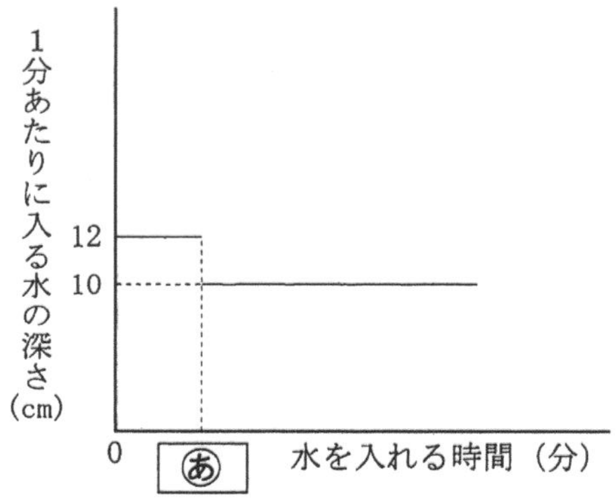

グラフ２

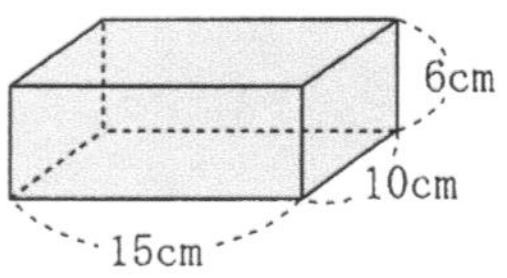

ア

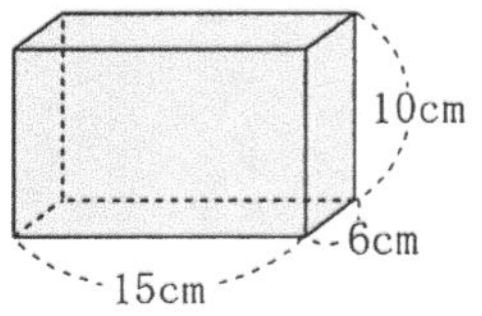

イ

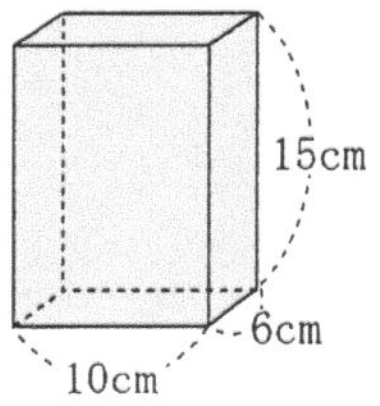

ウ

記号

説明

水を入れ始めてから　　　分　　　秒後

（1枚め）

受験番号	

※70点満点
（配点非公表）

令和六年度　岡山中学校　［A方式］　問題　Ⅱ

（45分）

課題1　次のⅠ・Ⅱはどちらも中野信子『バイアス社会』を生き延びる」からの文章です。これを読んで、⑴から⑶に答えましょう。

Ⅰ

かつてないほど国境を越《こ》えた行き来が活発になっている現代では、国同士の争いによる影響《えいきょう》は、その2カ国にとどまりません。直接的にも間接的にも、他の国とつながっていない国はほとんどないという状況《じょうきょう》では、自分たちは中立国だと思っていても、実際にはどこかの国の影響を受けています。

日本もそうです。（中略）

私がここでお話ししたいのは、日本が中立でないことの問題ではなく、自分たちが今、どんな色のメガネをかけているのかを知っておくことが大事だということです。

緑色のメガネをかけていれば、世界は緑色に見えます。

でも、その緑色の世界はあくまで自分がかけているメガネが見せている世界にすぎないのです。メガネを変えれば、見える世界も変わってきます。そのメガネこそが、私たちのバイアスなのです。

そもそも、多くの人は自分がメガネをかけているという自覚すらありません。

別にそのメガネを取らなくてもいいのですが、人間というのは自分でも気づかないうちに何らかのメガネをかけている、場合によってはかけさせられているものだと自覚しておく必要があるでしょう。

ネットで見た情報や、周りの人が言っていることをすべて信じるのではなく、自分の中に今色付きのメガネで世の中を見ていないか、と「疑う目」も育てておくことが大事です。特に一見わかりやすくてスッと入ってくる情報や、ワンフレーズで大衆を熱狂《ねっきょう》的に盛り上げるような人の言説《げんせつ》に触《ふ》れたら、立ち止まって反対側の意見も調べてみたり、別の面から物事を考えてみたりする。

アこうしたことが、より客観的に物事を見る技術につながっていきます。

Ⅱ

イ生物界では強いものが有利なはず、というのも実はバイアスにすぎません。

たとえば、メスは強いオスを好むのが繁殖《はんしょく》行動の基本と言われていますが、必ずしもメスが強いオスに惹《ひ》かれるとは限らないという現象があるのです。

これは実験データで検証された結果ではないので、生物界の一つのエピソードとして捉《とら》えていただきたいと思います。

一般《いっぱん》的に、オスはメスを獲得《かくとく》するために戦い、メスは勝ったオスを選ぶというのが生物界の定説です。しかしネコ科の一部の動物では、勝ったオスより負けたオスにメスがついていく例が見られるそうです。

考えてみれば、乳をふくませて次世代を育てる哺乳《ほにゅう》類の場合、生まれたての時期はひ弱で＊脆弱《ぜいじゃく》な存在です。他の生物に狙《ねら》われることもあります。そのため、親は巣をつくったり食べ物を与《あた》えたりして、献身《けんしん》的に子の世話をしなければいけません。

ですから、もともと弱い者に対して愛情を持つようにつくられていないと、子どものために多くの時間やコストをかける行動にはつながりません。何もできない未熟な子どもたちを「こいつらは何もできない」と言って見捨てる親たちばかりだと、その種はすぐに滅《ほろ》びてしまうのです。

ですから、哺乳類は強いものに惹かれる一方で、弱いものにも惹かれるという性質を持っていると考えられます。

その他にも、戦いに強いオスより求愛行動の上手なオスがメスに選ばれる生物の例もあります。それも、自分たちの種をより多く残していくための生存戦略でしょう。（中略）

このように必ずしも力の強いものが有利とは限らないというのが、生物界の面白いところです。

（中略）

あなたがあなたやあなたの周りの人々を覆《おお》うバイアスの存在に気づき、物事の見方を変えれば、あなた自身の考え方や行動が自然と変わっていきます。これは当たり前のことです。でもこの当たり前のことが起こるとき、あなたを取り巻く世界は一変します。このことは、あなたがこれからを生き抜《ぬ》いていくための、シンプルだけれどもきわめてウ強力な武器なのです。

＊脆弱…もろくて弱いこと。

受験番号

1※

(1) ――線部「直接」「間接」は反対の意味を持つ言葉です。これと同じく反対の意味を持つ漢字二字の熟語を、二組書きましょう。ただし、「直接」「間接」は使ってはいけません。

※

(2) ――線部ア「こうしたこと」が指している内容を六十字以内で書きましょう。（、や。や「」なども一字に数えます。）

自分が気づかないうちに色付きのメガネで世の中を見ていることを自覚し、

60字

※

(3) この文章を読んだ太郎さんたちは、グループで話し合っています。次は、そのときの【話し合いの様子の一部】です。これを読んで、空らんA、B、Cに適切な内容を書き入れましょう。ただし、空らんA・Cは十字以内で本文中から抜《ぬ》き出し、空らんBは二十五字以内で書きましょう。（、や。や「」なども一字に数えます。）

【話し合いの様子の一部】

太郎　――線部イ「生物界では強いものが有利なはず、というのも実はバイアスにすぎません」とあるけれど、そもそも「バイアス」って何なのかな。

次郎　辞書を引いてみると、「ある特定の方向や考え方にかたよったものの見方」と書いてあるよ。

花子　Ⅰの文章では、日本のものの見方が挙げられていたね。日本は実際には他国の影響を受けているのに、［A］と思っていることが「バイアス」だということだったよね。

次郎　そうだね。Ⅱの文章では「強いオスが繁殖行動においても有利だ」ということが一般的なバイアスだけど、一部の哺乳類では「弱いオスにメスがついていく」場合があると書かれているよ。どうしてなんだろうね。

花子　その理由は、文章から読み取れるよ。哺乳類は［B］ので、もともと弱者に対して愛情をもつようにつくられており、そのために弱いオスにメスが惹かれることがあるということね。

太郎　筆者が――線部ウ「強力な武器」と表現しているのは、物事の見方を変えることが、自分の考え方や行動を変化させ、取り巻く世界を一変させることにつながるからだね。そのために、［C］に意識を向けることが大切なんだね。

A　十字

10字

※

B　二十五字

25字

※

C　十字

10字

※

（3枚め）

受験番号

2※

課題２　これまでに、家族や学校の先生、または友人の見習いたいと思ったふるまい（発言・行動）をまねて、自分でもしたことを書きましょう。そして、それをしたことで、あなた自身にどんな効果または変化があったかを書きましょう。また、中学生になって、あなたはそのふるまいをどのようによりよくしようと考えますか。具体的な内容を含めて、二百字以内で書きましょう。（、や。や「」なども一字に数えます。段落分けはしなくてよろしい。）

100字

200字

※

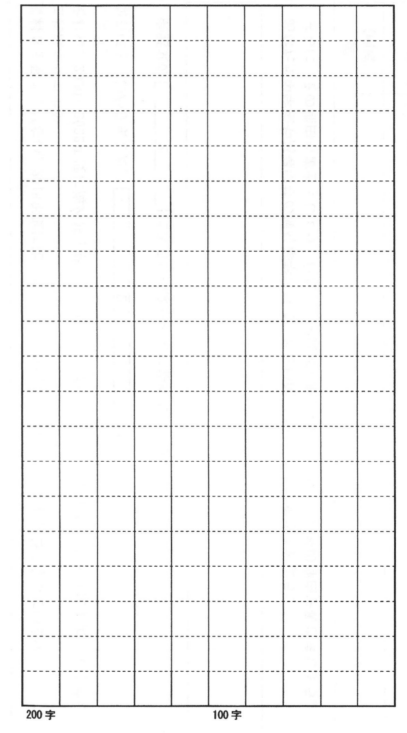

受験番号		(1)※	(2)※	(3)※	(4)※	3※

課題３　太郎《たろう》さんと花子さんは，修学旅行について資料１～３を見ながら，先生を交えて話し合いました。あとの会話文を読んで，（１）～（４）に答えましょう。

先生：**資料１**は，海外修学旅行を行った中学校と高等学校を対象に実施《じっし》したアンケート調査に基《もと》づいてつくったものです。中学校と高等学校が訪問した国および地域の１位～５位をまとめています。また，**資料２**は，**資料１**の国および地域の位置を地図上に示したものです。そして，**資料３**は，2018年度と2019年度の月別の海外修学旅行を実施した学校数を棒グラフで表したものです。これらの資料から，どのようなことが読みとれますか。

太郎：**資料１**をみると，訪問した国の上位５カ国には，ヨーロッパやアフリカなどの国はありません。
訪問した国は，地域区分だと［　1　］に属する国や地域が多いです。

（１）　会話文の［　1　］に入る語句を考えて書きましょう。

先生：確かにそうですね。どうして［　1　］に属する国や地域が多いのでしょうか。

花子：［　1　］に属する国以外の地域は，英語を中心に使っている国が多いです。修学旅行で訪《おとず》れた国で，英語の勉強の成果を確かめようとしているのだろうということは何となく予想がつきます。

（２）　［　1　］の国や地域が修学旅行先として選ばれるのはなぜですか。その理由として考えられることを，資料２を参考にして書きましょう。

太郎：**資料３**を見てください。2018年度に比べて，2019年度は３月の実施がとても少なくなっています。
これはなぜですか。

先生：それは，2020～2022年度に海外修学旅行がほぼ行われなかったことと同じ理由がありますよ。よく考えてみましょう。

太郎：なるほど，わかりました。［　2　］ですね。

（３）　会話文の［　2　］に入る会話文を考えて書きましょう。

**（４）　あなたが中学校や高等学校の海外修学旅行で訪れたい国（地域）を１つ書きましょう。
さらに，その理由も書きましょう。ただし，会話文で触《ふ》れられている内容以外の理由を書きましょう。**

国 （地域）	
理由	

受験番号	

資料１　中学校・高等学校の海外修学旅行先（国および地域）

	2011年度	2012年度	2013年度	2014年度	2015年度	2016年度	2017年度	2018年度	2019年度
第1位	韓《かん》国《こく》	韓国	シンガポール	台湾	台湾	台湾	台湾	台湾	台湾
第2位	オーストラリア	オーストラリア	台《たい》湾《わん》	オーストラリア	シンガポール	オーストラリア	シンガポール	シンガポール	シンガポール
第3位	シンガポール	シンガポール	オーストラリア	シンガポール	オーストラリア	シンガポール	オーストラリア	マレーシア	マレーシア
第4位	マレーシア	マレーシア	マレーシア	グアム	マレーシア	ミクロネシア	マレーシア	オーストラリア	オーストラリア
第5位	中国	グアム	グアム	マレーシア	グアム	マレーシア	中国	アメリカ合衆国	ハワイ

（『公益社団法人日本修学旅行協会』から作成）

資料２　資料１の海外修学旅行先数として１位～５位になった国および地域

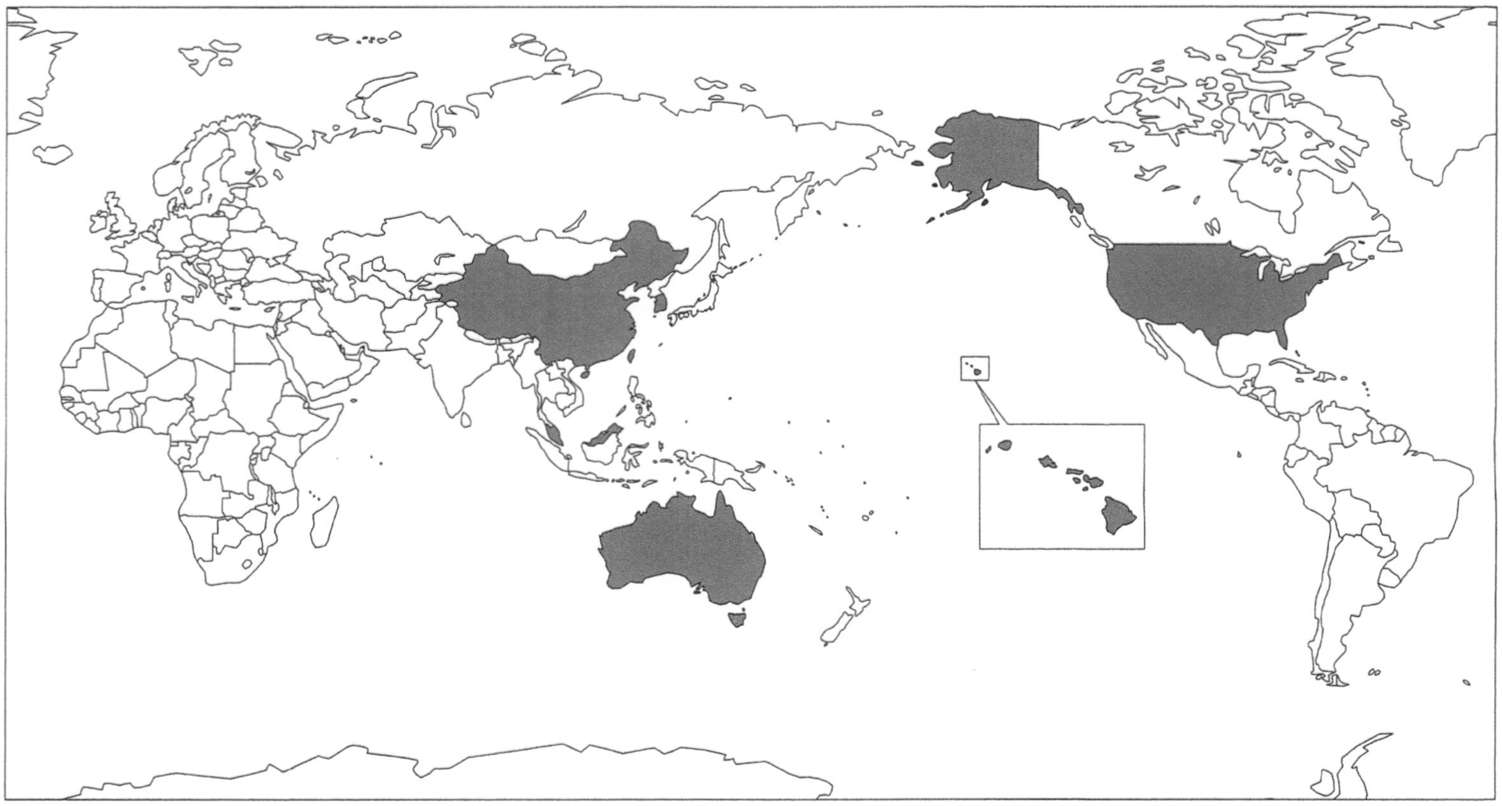

資料３　中学校・高等学校の海外修学旅行の実施月（件数）

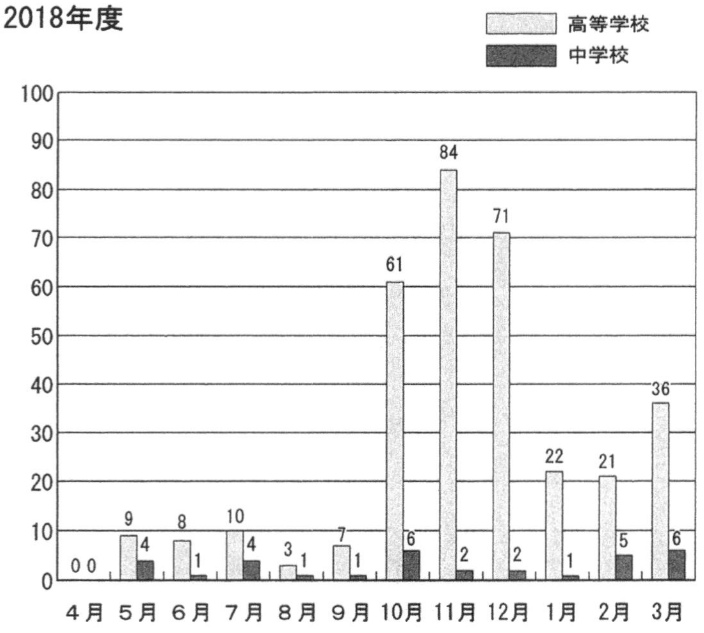

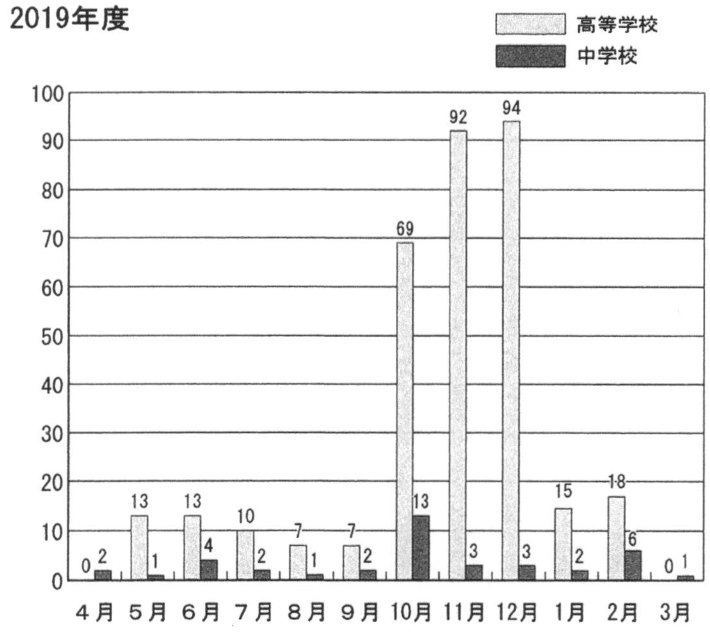

（『教育旅行年報データブック 2022』一部編集して作成）

国語問題

(60分)　(一〇枚のうちの一枚め)

※解答はすべて解答用紙に記入しなさい。問いに字数の指定がある場合は、句読点や記号も一字に数えて解答すること。

一　次の文章を読んで、後の問いに答えなさい。

注(1)長浜市に片野喜代士さんという方がいました。長年にわたって長浜市の中心街を流れる米川《よねかわ》の清掃《せいそう》活動のリーダーとして活躍《かつやく》してきた方です。

　片野さんのお宅は、道に面して玄関《げんかん》があって、そして玄関の奥《おく》に米川が流れていたのです。米川が家の敷地《しきち》の中を流れているのです。つまり母屋《おもや》があって向こうの木戸側の真ん中に米川が流れているのです。

「ここでな、わしは子どもの時、窓から注(2)ビワマスをつかんだんや」

「ナマズを石の間でつかみ、ゴリが黒い①オビの数珠《じゅず》になって上ってくるのを見てきたんや。米川のこっち側も向こう側も自分の家や。自分の家の中を川が流れていて、その川が汚《よご》れるのは納得《なっとく》できへんやろう。川が汚れるのは家が汚れるようなもんなんや」

というのが片野さんの口ぐせでした。

　私たちは、片野さんの川や自然に対する思いの深さにすっかり惚《ほ》れ込《こ》んでしまい、毎週、長浜の町の歴史や米川と人びとのかかわりなどをうかがいに長浜通いをしました。一九八〇年代末頃《ごろ》です。

　ある時、その片野さんに地域環境《ちいきかんきょう》アトラス注(3)の改良版、動くアトラスを見てもらったのです。

「こんなふうに水質がどこがいいか悪いか一目でわかるデータをつくりました。この赤いところが汚濁負荷《おだくふか》量の大きい河川《かせん》です」

と見てもらうと、片野さんはあまり興味をしめしてくれません。

「これは、わしらの感覚とは違《ちが》うなあ」

「それに米川はこんなにまっかになるほど汚《きたな》くはない。あんたたちは水量を計算に入れてないやろ。米川は湧《わ》き水も多く、雪解け水も多く、水量が多いんや」

「水質っていうのは二四時間違うもんや。わしらは、みんなで手分けして一日中、二四時間水質のデータをとっているけど、わしらの町では、真夜中の午前二時頃、一番水質が悪い。客が帰ってからいっせいに洗い物をするからや。けど、同じ米川でも郊外《こうがい》の住宅街では午前一〇時頃が一番汚い。それは、子どもを送りだした奥さんたちがいっせいに洗濯《せんたく》するからや。そういうふうに同じ一日でもそれだけ水質は変わるのに、それをなんや、あんたらこんな一枚のデータにしてしまって」

とすごく怒《おこ》られてしまいました。

　ショックでしたよ、片野さんからのことばは。

「こういうふうに三六五日、自分たちで集めたデータは愛着が湧くが、こんなパソコンのデータには愛着が湧かんな」

と片野さんから厳しい指摘《してき》を受けたのです。

「データに愛着が湧かん」というのが、殺し文句でした。私たち、琵琶湖《びわこ》研究所の研究者が五年がかりでしあげたもので、「どうだ、先駆《せんく》的な技術の地図データができあがったぞ」と思いあがっていたのですが、(1)みんなしょぼんとしてしまいました。

　A、この時の「データへの愛着」という言葉から、(2)新しい展開が始まるのです。いろいろ悩《なや》んだ結果、

「それやったら、住民みんなでデータとったらええんやろ」

「そこに住む人自身で、愛着あるデータをそれぞれが集めよう」という発想が生まれたのです。こうして生み出したのが一九八九年から始まったア「水と文化研究会」です。

　B、滋賀《しが》県内の水の環境を調べるために何のデータを集めればいいの?という時に、フィールドワークに行くとよく話に出てくるホタルがまず②コウホにあがりました。それから、魚、水辺遊び、湧き水、トンボ、水害、といった一〇項目《こうもく》を考えたのです。それでみんなで調べたデータを地図に表して各データのアトラスをつくりましょうということになりました。これはイ「ふえるアトラス」と名づけました。

「水と文化研究会」に参加してくれた人たちは、実は、私がもっていた名前リストを使って参加を募《つの》ったのです。

国語問題

（一〇枚のうちの二枚め）

それまでに私自身は、住民参加型の③ハクブツ館をつくるため各地で講演会をしてきました。そこで参加者のみなさんに名前を書いてもらいました。その方たちは、結果的には、消費生活センターや生協関係、琵琶湖の環境を守るための石けん運動に取り組んできた方など、それまでも地域をよくしようと行動してきていた人が多かったのです。その方たちにいっせいに呼びかけたのです。

その中の一人、岡田玲子さんがまずホタルのことをやりたいといったのです。ホタルは、いかにもきれいな水に住んでいるというイメージが強すぎて当初、私は反対しましたが、京都大学（当時）の遊磨正秀さんから、「社会にはたいへんな誤解がある。ホタルは、深山幽谷《しんざんゆうこく》の生き物ではない。きれいな水に住むと思われているがそうではない。ホタルは、田んぼと里に住んでいる（彼は明らかに里という表現を使いました）。山から水が流れてきて里にたどり着く。ホタルはその里に住む生き物です。ホタルにとって、水は、ほどほどに汚れているほうがいいのです」という話を聞きました。

(3)これにはおどろきましたね。「えー、そしたらホタルはまさしく私たちが、生活環境主義として深めたいと思っていた、人と自然の境目にいる生き物ではないか。自然環境保全主義でもないし、近代技術主義でもないし」。ホタルは、まさに人里に住む生き物なのだとわかり、私はホタルにのってしまったのです。

まさに、地域環境アトラスの情報を集めるということと、一人ずつが調査するということをセットにしたのが、気象庁のアメダスにちなんで名づけた「ウホタルダス」でした。地域住民にホタルに関するイメージを聞くとともに、ホタルの観察データを記録してもらったのです。このホタルダスと名付けられた調査において(4)〝虫の目〟と〝鳥の目〟が本当の意味で出会ったのです。たくさんの人の協力で一年目に五一九カ所の虫の目の調査が可能になり、そのたくさんの虫の目を合わせることで鳥の目の調査が可能になったのです。

この時の一回目の調査報告書には参加者の名前を入れました。ともかくみなさんからいただいた情報を、匿名《とくめい》希望者は匿名で、名前を入れてほしい人には名前入りで、報告書をつくりたかったのです。情報を共有化し、みんながその気になってくれることが大事だと考えていたのです。私もかかわったんだという実感、それが、片野さんのいう「データへの愛着」だと思いました。

このホタルダスのアンケートの中で、「あなたは子ども時代にホタルとのどういう思い出がありますか」とも尋《たず》ねました。ホタルの調査をするのに思い出を聞く項目を入れました。つまり、ホタルは、ホタル自体が生態学的に重要であるだけではなく、人びとの記憶《きおく》と暮らしの中に、なんらかの意味をもっていたはずだということなのです。これが生活環境主義的発想といえるかもしれません。

エ当時の琵琶湖研究所の私たちの研究室は、夏はホタルで、冬は雪のデータ（「オ雪ダス」として雪のデータも集めていました）であふれかえりました。こうして地域環境アトラスをつくっていたら、片野さんがいっていたように「雪が降るからここは、水がきれいなんやで」ということがわかったのです。

（嘉田由紀子《かだゆきこ》／古谷桂信《ふるやかつのぶ》「生活環境主義でいこう！」岩波ジュニア新書による）

注(1) 長浜市…滋賀県の琵琶湖に面した地方自治体。
注(2) ビワマス…琵琶湖のみに生息する淡水《たんすい》魚。後に登場するゴリも魚の名称《めいしょう》。
注(3) アトラス…地図帳。

問一 ━━━線部①～③のカタカナを漢字に直しなさい。

問二 本文中の A ・ B に入れるのに適当な言葉を次の中からそれぞれ選び、記号で答えなさい。

ア では　イ それに　ウ けれども　エ だから

国語問題

（一〇枚のうちの三枚め）

問三　――線部(1)のようになったのはなぜですか。それを説明した次の文の[1]・[2]に入れるのに適当な表現をそれぞれ答えなさい。ただし、[1]は二十字以内、[2]は二十五字以内とします。

私たちは[1]のに、[2]から。

問四　――線部(2)の中で生まれたものとして**当てはまらないもの**を本文中の～～～線部ア～オの中から一つ選び、記号で答えなさい。

問五　――線部(3)の指示する内容を答えなさい。

問六　――線部(4)とありますが、それを説明した次の文の[1]・[2]に入れるのに適当な二字の熟語をそれぞれ自分で考えて答えなさい。ただし[1]と[2]は対義語です。

「虫の目」とは、一つ一つの[1]をしっかり見る視点であり、その視点でたくさんのデータを収集して、空から鳥が地上を眺《なが》めるように[2]を見渡《みわた》そうとする視点が「鳥の目」である。

問七　本文では「データへの愛着」という表現が繰《く》り返し述べられています。「データへの愛着」はなぜ必要だと考えられますか。「水質汚濁の客観的な数値をただ与《あた》えられるのとは異なり、データ収集に参加することで」に続く形で、四十五字以内で説明しなさい。

問八　本文の「生活環境主義」について先生と生徒が話し合いをしました。その話し合いの中の[1]～[3]に入れるのに適当な言葉をそれぞれ答えなさい。ただし[3]は本文中から八字で抜《ぬ》き出して答えなさい。

先生　本文に出てくる環境に対する三つの主義について、すこし詳《くわ》しく考えてみましょう。「近代技術主義」は、科学技術を重視して自然環境に接しようとする考え方です。「自然環境保全主義」は、植物や生き物の保護を重視する考え方で、例えば湿地《しっち》の希少植物を守るために保護区を設けて人の立ち入りを制限するという場合はこの考え方にあたります。

生徒1　では、以前習った河川の治水でいえば、コンクリートで川岸や川底を固めてがっちりと堤防《ていぼう》を築くというのは「[1]主義」の考え方ですか。

先生　そうです。「近代技術主義」も「自然環境保全主義」も、自然を人間社会とは別のシステムとしてとらえて、自然を客観的にみて管理するべきものとしています。西洋から生まれた近代科学のものの見方ですね。筆者の立場である「生活環境主義」はどんなものだと思いますか。

生徒2　生活環境というと、人間の生活環境でもあり、生き物の生活環境でもある気がします。本文を読むと、「生活環境主義」は、人と自然とを切り離《はな》さずにとらえていると思いました。

生徒3　じゃあ、ホタルダスの調査のアンケートで「子ども時代のホタルの思い出」を聞くことにはどんな意味があるのでしょうか。

生徒2　ホタルを保護したいという考えは「[2]主義」と似ていますが、本当に継続《けいぞく》してホタルを守ろうと思ったら、ホタルが私たちの[3]でつながり続けていなければならないという考え、それが「生活環境主義」だと思います。住民にアンケートをとることで、愛着や共感を感じてほしいのではないでしょうか。

国語問題

（一〇枚のうちの四枚め）

二 次の文章を読んで、後の問いに答えなさい。

小学五年生の亜紗《あさ》は、タブレット端末《たんまつ》を使った通信教育を受けていた。通信欄《らん》に「どうして海の水はしょっぱいんですか。」と書いて質問したが、先生の答えはただ枠《わく》を埋《う》めただけのもので、亜紗は疑問に対する答えをはぐらかされたと感じた。そのとき、亜紗は生まれて初めて、大人に失望した。

夏休み、亜紗は、宿題をしながらラジオを聞いていた。両親が留守の間、漢字練習などの①タンチョウな宿題をする際には、なんだか寂《さび》しくて、何か音がしていてほしい。けれど、テレビだと目が完全にそっちを気にしてしまって、今度は宿題に集中できなくなる。そう話した亜紗に、母がラジオを勧《すす》めてくれた。「お母さんも、テレビよりラジオ派」と言って、自分の古いラジオを貸してくれた。

その夏は、茨城《いばらき》の放送局で、『子どもの夏、電話質問箱』という企画《きかく》をやっていた。夏休み期間の平日昼下がりに、県内の大学などから専門家の先生が何人か招《まね》かれて、電話やメールで子どもの悩《なや》みや質問に答える番組のようだった。

亜紗は、一度聞いて、その番組が好きになり、毎日聞くようになった。質問してくるのは、小学校低学年くらいの子も多くて「どうしておなかがすくのですか」とか、「カマキリが大好きなんですが、どこにいけばとれますか」とか、素朴《そぼく》な疑問が多い。中には、「どうして友達っていなきゃダメなんですか」とか「人はどうして、自分のことじゃなくて、人のことでもうれしい気持ちになるのですか」という、友達や心に関するものもあった。

聞くのが好きだっただけで、質問をする勇気は、自分にはないと思っていた。だけど、漢字練習をしながら、ふいに思いついてしまったのだ。もし、ここに、私が前に思った「どうして海の水はしょっぱいんですか」の質問を投げ込《こ》んだら、(1)番組の大人たちは、どんなふうに答えるだろう。このラジオ番組の大人たちも、亜紗が以前調べた時のように、一言では説明できないんだけどね、と前置きしたりしながら、子どもが理解できてもできなくても、一通り、答えになる説明をただ組み立てるのだろうか。

その頃《ころ》も、亜紗には疑問に思うことがたくさんあった。答えに納得できるかどうか、自分が理解できるかどうかはともかくとして、なぜ、と気になることだけだったら、とにかくたくさんあったのだ。

電話は勇気が出なくて、家のパソコンの、家族で使っているフリーメールからメールを出した。

『どうして月は、ずっとついてくるのですか。夜道を歩いたり、車や電車に乗っている時、空の月がいつまでも追いかけてくる気がします。なぜですか』

胸がドキドキしていた。家の電話番号も書き添《そ》えて、番組のアドレス宛《あ》てに送信する。多くの子たちが質問をしているはずで、自分のものなんかたぶん読まれない――そう思っていたけれど、奇跡《きせき》が起きた。

番組のアナウンサーが、番組後半で、「では、メールでの質問もちょっとチェックしてみましょう」と言って、亜紗の質問を読み上げたのだ。

『どうして月がずっとついてくるのか――。これは、チガクですね。綿引《わたびき》先生、よろしくお願いします』

チガク？　と初めて聞く言葉に耳が②ハンノウする。すると、それまでその回では一度も発言していなかった男の先生の声が、初めてラジオから聞こえてきた。

『この子、電話番号を載《の》せていますね。電話してみましょうか。つながるかもしれない』

ジャーコジャーコ、とダイヤルを回す古い電話みたいな効果音がして――その音が、亜紗の家の廊下《ろうか》に置かれた電話のコール音とつながった時、(2)心臓が止まるかと思った。あまりにびっくりしすぎて、心の準備もできていないまま、走って行って受話器を取った。

「――はい」

『こんにちは。番組は聞いていてくれた？』

「はい、聞いてました」

名前を聞かれ、③改めて答える。離《はな》れたリビングから聞こえるラジオの声と、電話の声とが時間差で重なるように響《ひび》

く。電話の向こうで、さっきの先生の声が言った。

『いやあ、この質問。嬉《うれ》しいなぁ、なぜ嬉しいかというとね、これ、僕《ぼく》も子どもの頃にすごく不思議に思っていたことなんだよ。今ね、番組の司会のお姉さんが「チガク」って言ったけど、厳密にはこれ、チガクとはちょっと違《ちが》うんだ。違うんだけどなぁ、うん、でも、大サービス。嬉しい質問だから、僕がこのまま答えちゃいましょう』

「はい」

圧倒《あっとう》された。電話の向こうの「先生」は、大人なのに、子どもみたいな弾《はず》んだ声をしている。演技とか、子どもに合わせてそうしてる感じがまるでなくて、ただ「嬉しそう」なのだ。

『亜紗さんは、「星」ってわかる？　星。どんなものだと思う？』

「月とか、太陽とか、火星とか、土星とかのことですか」

『そうそう！　いいね。最近、聞くと、みんな、星って、空に見えてるあのままの大きさだと思うのか、石みたいとか、塵《ちり》とか言う子もいて、ええー、それはないでしょうって思ったりもするんだけど、月も星だと言ってくれるのは嬉しいよねえ。月と星って、いろんな場所で、対《つい》の言葉みたいに言われるせいか、小学生くらいだと、月と星は別物だって言う子までいたりするから』

「はい」

はい、と言いながら、(3)心の中では「はぁ」みたいな感じだった。さっきまでおとなしく控《ひか》えていたとは思えないくらい、この先生は話し出すと止まらないタイプの人のようだった。

『そう、月も星です。地球に比べれば小さいけれど、太陽系の中だと、実は冥王星《めいおうせい》よりも大きな星です』

「はい」

『亜紗さんは、月が地球とどれくらい離れているのか、知っている？　月は地球の周りを常に回っている衛星と呼ばれる星で、地球に一番近い星でもあるんだけど、それでも、約38万キロメートルも離れたところにあるんだ。満月の時なんかまるでつかめそうなくらいすごく近く見えるけど、それでも、おいそれと行けないくらい遠い。月に人類が到達《とうたつ》したのは、どれくらい前かわかる？』

「――アポロ十一号の、一九六九年」

興味があって、前に本を読んだから知っていた。すると、電話の向こうで、その先生の声がさらに跳《は》ねた。

『そうそう！　じゃあ、最後に人類が月に行ったのがいつか、わかる？』

「……わかりません」

でも、今も、NASAの名前はニュースで聞くことも多いし、きっと、よく行ってるんじゃないの？　という気持ちで小五の亜紗が答えると、その先生が嬉しそうに明かした。

『なんと、一九七二年。もう四十年以上も、人類はあれだけ近そうに見える月に行っていないんだ。それくらい、月は、近くて遠い星です』

へえ！　と思った。あまりに緊張《きんちょう》していたから、声には出なかったけど、気持ちの上では感嘆《かんたん》していた。月の遠さへのイメージが、一気に広がる。

その先生は、その後、丁寧《ていねい》に説明してくれた。月は、地球上の亜紗たちが地上でどれだけ動いても、あまりに遠くて大きいので見えている方向が変わらない。でも、夜道を歩く自分の近くにある建物や車窓《しゃそう》から見える景色は、月と比べれば、亜紗とはぐんと近い位置にあるから、移動する速度に合わせて見える位置が変わっていく。同じ景色の中で、流れて位置を変えていくものと、変わらないものがあることで、脳が「月がついてきている」と錯覚《さっかく》を起こすのだ、と説明された。

海の塩分について調べた時と同じで、今度も複雑な説明だと思った。一度の説明で完全に理解できたわけではなかったけれど、先生が、具体例を挙げながら月の大きさや遠さを説明してくれたことで、イメージはつかみやすかった。

何より、先生の声がずっと楽しそうではしゃいでいる感じなのだ。

『早口で説明しちゃったけど、わかったかな？　亜紗さん』

国語問題

（一〇枚のうちの六枚め）

「はい」

『うーん。本当かなぁ。ぼくや番組に気を遣《つか》ってそう言ってるんじゃないのかなぁ』

そう言われても、番組の生放送中なのだから、「わからない」と口にするのも憚《はばか》られる。すると、『先生、そろそろ』とアナウンサーが横から口を挟《はさ》んだ。亜紗に向けて聞く。

『亜紗さん、わかりましたか？』

「はい。あの――『チガク』ってどういう意味ですか？」

自分が番組の流れを止めるわけにはいかない――と思っていたはずなのに、どうしても気になって尋《たず》ねた。電話の向こうで、ハハッと軽い笑い声がした。例の男の先生が答える。

『チガクは、地球の地に、学問の学。地球を対象とする学問です。ぼくは高校教諭《きょうゆ》だけど、高校だと、今、亜紗さんと話した月のこととか、天文学もその範囲《はんい》になります』

高校の先生なのか――と、そこで初めて知った。

『脳の錯覚だってわかってはいても、月がついてくるって考え方は、ちょっといいよね。人間って本当に自分本位に物を見るけど、そこもまあ、なんていうか、いい』

ひとりごとのような、番組の流れを気にしたわけですらなさそうな、自由な呟《つぶや》きだった。

「ありがとうございました」と亜紗がお礼を言い、電話を切る。

驚《おどろ》いたのは――さらに、その日の夜だ。

亜紗が質問を送った家のパソコンのアドレスに、番組からメールが届いていた。

『今日、質問に答えた綿引先生からです』と、ある。その下に、「月がついてくる」錯覚がなぜ起こるのか、答えの補足が書かれていた。地学の先生は絵もうまいらしい。歩く女の子の絵と、夜空の月、歩く方向と、周りの家々を図解して、数コマの漫画《まんが》のようになって説明されている。

(4)震《ふる》えるような感動が、胸の底から湧《わ》いてきた。

それは、感謝とも、少し違った。こんなに真剣《しんけん》に書いてくれたことはもちろんありがたいと思うけれど、直感のようにして、亜紗は、これはきっと自分のためじゃない、と悟《さと》っていた。亜紗のために書いたのではなくて、あの先生はきっと、説明をするのが「好き」なのだ。誰《だれ》に頼《たの》まれなくても必要とされなくても、自分が好きだから、求められたら、きっとどこまでもその相手には答えるというだけだ。

電話の向こうから聞こえた、あのはしゃいだ声を思い出すと、亜紗は感動してしまう。あの人は子どもだから大人だからとか関係なく、まだ早いとかそんなふうに思うこともなく、亜紗が理解できると考えて、この説明を書いてくれた。自分がこんなに楽しいし、おもしろいと考えていることは、きっと他の人にもそう思ってもらえると、無条件に、子どもみたいに信じている。

子どもの自分がきちんと相手をしてもらえたこと以上に、そんな子どもみたいな大人がいることがただただ、その時の亜紗には本当に嬉しかった。

メールの末尾に、先生の勤務先の高校名と、「地学科教諭」の文字があった。

「地学」というのは、地球に関する学問。その言葉を胸に刻むようにして、覚えた。

（辻村深月《つじむらみづき》「この夏の星を見る」KADOKAWAによる）

問一　═══線部①・②のカタカナを漢字に直し、③の漢字の読みをひらがなで答えなさい。

問二　～～～線部「錯覚を起こす」の意味として最も適当なものを次の中から選び、記号で答えなさい。

ア　騒《さわ》いでいる　　イ　勘違《かんちが》いする　　ウ　驚いている　　エ　共感する

国語問題

問三　――線部(1)とありますが、この時の亜紗の気持ちとして最も適当なものを次の中から選び、記号で答えなさい。

ア　ラジオ番組の大人たちに事実を正しく説明する能力があるのかあやしみつつも、気になっていた自分の疑問を解消してくれることを期待する気持ち。

イ　ラジオ番組の大人たちに自分が質問をしてみた場合を想像し、たとえ答えてもらっても子どもの自分に理解できるだろうかと不安になる気持ち。

ウ　子どもの質問に対して誠実に答えない大人というものに不信感はあるものの、ラジオ番組の大人たちがどのように応じるのか興味をもつ気持ち。

エ　子どもの質問に対していい加減な答えを返してきた大人を思い出し、ラジオ番組の大人たちも適当な説明でごまかすはずだとあきらめる気持ち。

問四　――線部(2)とありますが、この時の亜紗の気持ちを説明した次の文の［1］・［2］に入れるのに適当な表現をそれぞれ答えなさい。

［1］と思っていたが、突然《とつぜん》、電話までかかってきたことで、一気に現実味が出て［2］気持ち。

問五　――線部(3)とありますが、この後、綿引先生の話に対する亜紗の感じ方が変化していきます。最初の変化がわかる一文を本文中から探し、初めの三字を答えなさい。

問六　――線部(4)とありますが、亜紗はどのようなことに感動したのですか。本文中の言葉を用いて説明しなさい。

問七　本文を読んで表現や内容について生徒が感想を述べています。次の発言のうち、読み取りに**誤りを含《ふく》むもの**を**二つ**選び、1～5の数字で答えなさい。

生徒1　亜紗が、知りたいことを本で調べたり、カマキリや友達について気になることを大人に質問したりしているところから、とても探究心のある人物だなと思いました。

生徒2　「子どもみたいな弾んだ声」とか「声がさらに跳ねた」とか、綿引先生の声の様子が細かく表現されていることで、先生が生き生きと話をする姿が、より印象深く感じられます。

生徒3　大人の綿引先生が自分の話に熱中している一方で、子どもの亜紗は「番組の生放送中なのだから」とか「自分が番組の流れを止めるわけにはいかない」とか番組のことを気遣っているところが、立場が逆になっていておもしろいですね。

生徒4　「チガク」という言葉の意味を番組の流れを止めてでも確認するところや、最後の場面で「地学」を「胸に刻むようにして、覚えた」というところから、亜紗にとって綿引先生との出会いが地学に興味をもつ大きなきっかけとなったことがわかります。

生徒5　亜紗が先生に対して大人のようにはっきりとした受け答えをしていたから、先生も小学生の亜紗に対して対等に接することができたのだろうし、亜紗も自分のために丁寧に説明してもらえて嬉しかったんだと思います。

国語問題

（一〇枚のうちの八枚め）

三 （Ⅰ） 小学六年生の妹尾《せのお》さんは、国語の授業で習ったことや自分で調べたことをもとにして、新聞を作成しています。次の【資料】と【新聞】を読んで、後の問いに答えなさい。

【資料】 授業で習った文章の一部

カタツムリの殻《から》が汚《よご》れない秘密は、殻の表面の構造にあります。殻の表面には無数の微細《びさい》な溝《みぞ》があり、雨どいのように水が流れる構造になっています。ここに水が流れることで、汚れが浮《う》き上がって落ちやすいようになっているのです。（中略）

このようなカタツムリの殻の構造に注目したのは、住宅用の材料をつくっている会社の研究所です。この研究成果は、実際に、外壁《がいへき》用タイル、台所、トイレなどに応用されています。水を流すだけで簡単に汚れが落とせることは、ただ掃除《そうじ》の際に楽で便利だというだけでなく、節水や洗剤《せんざい》の消費を抑《おさ》えることにもつながります。

ほかにも、カタツムリの独特な移動方法を応用した研究が進んでいます。ロボット開発です。ロボットのなかには、生き物の移動方法を参考にしたものが数多くあります。たとえばクモ型ロボット、ヘビ型ロボットなどです。このようなロボットは、人間には入ることができない、がれきやぬかるみのある災害現場などで活躍《かつやく》することが期待されています。カタツムリの移動の特徴《とくちょう》は、つねにからだ全体を地面に密着させるところにあります。この特徴を応用し、滑《すべ》りにくいロボットや、壁面にくっつきながら移動するロボットを開発するのです。

（野島智司《のじまさとし》「カタツムリの謎《なぞ》」による）

【新聞】

国語 学習新聞

○生き物 [1] 学ぶ

―バイオミメティクス（生物模倣《もほう》）とは―

バイオミメティクスとは、生き物が持つ構造や機能などをヒントにして、新たな技術の開発やものづくりに生かす科学技術のことです。たとえば、カタツムリの殻の構造は、住宅の外壁に利用されています。

○暮らしの中に発見！

バイオミメティクス

カタツムリの他にも、バイオミメティクスの例はたくさんあります。その中からいくつか紹介《しょうかい》してみましょう。

・フクロウの羽の構造をまねた新幹線のパンタグラフ
　→ 騒音《そうおん》を抑えることができる

・蚊《か》の針の形や動きをまねた注射針
　→ 痛みを少なくすることができる

・ヘビの動きをまねたロボット
　→ [2]

●まとめ

バイオミメティクスについて調べてみると、予想以上に㋐たくさんの具体例があることに驚《おどろ》きました。そしてその中には、㋑すでに実用化されているものもありました。生き物の研究が進めば、㋒さらに便利なものが開発できるかもしれません。㋓身のまわりにはおもしろい生き物がたくさんいるので、私ももっとよく観察してみたいです。

問一 【新聞】の見出しの [1] に入れるのに適当な語を次の中から**二つ**選び、記号で答えなさい。

ア は　イ に　ウ と　エ から

国語問題

（一〇枚のうちの九枚め）

問二　【新聞】の～～～線部「住宅の外壁に利用されています」について、妹尾さんは【資料】をもとに、もう少し説明を加えたいと思っています。その内容として**適当でないもの**を次の中から一つ選び、記号で答えなさい。

ア　表面の溝に水が流れて汚れが浮き上がる仕組みであること。
イ　殻の構造は外壁以外に住宅の内部にも使われていること。
ウ　大量の水を流すだけでよいので掃除が簡単にできること。
エ　資源や環境《かんきょう》に関わる課題を解決する方法の一つとなること。

問三　【新聞】の **2** に入れるのに適当な表現を【資料】をもとにして答えなさい。

問四　【新聞】の「まとめ」の部分の――線部㋐～㋓を「事実」と「意見」に分けた場合、「事実」に当たるものを一つ選び、記号で答えなさい。

（Ⅱ）

問一　次の①～④のように三字熟語を作るとき、□に当てはまる漢字一字を「無」「未」「非」「不」からそれぞれ選び、書きなさい。

①　□可能　②　□常識　③　□解決　④　□関心

問二　――線部の言葉の使い方が正しいものを次の中から二つ選び、記号で答えなさい。

ア　私の弟は、石橋をたたいて渡《わた》るような慎重《しんちょう》な性格で、細かいことを気にしがちです。
イ　君は初めてピアノを演奏するらしいから、釈迦《しゃか》に説法だけどしっかり教えてあげるね。
ウ　父がどれほど話をしても、姉は馬の耳に念仏でこの冬休みにまったく勉強しなかった。
エ　情けは人のためならずというから、彼のことを思ってあえて厳しく注意してあげよう。

問三　次の①・②について、□に共通して当てはまる漢字一字をそれぞれ答えなさい。

①　□を疑う　□につく　□を光らす　□が回る
②　□と油　□に流す　□をさす　□を向ける

算　数　問　題　(60分)

※解答はすべて解答用紙に記入しなさい。

1，2，3，4(1)(2)(3)(4)，5(1)(2)，6(1)(2)は答えのみを解答用紙に記入しなさい。その他の解答らんには，できるだけ式や途中《とちゅう》の計算を書き，式が書きにくいときには，図などをかいておきなさい。なお，円周率は 3.14 として答えなさい。

1　次の□にあてはまる数を入れなさい。

(1)　$88 \times 23 = \square$

(2)　$(91 - 12 \times 7) + 36 = \square$

(3)　$\dfrac{5}{3} + \dfrac{7}{6} - \dfrac{3}{4} = \square$

(4)　$17.3 - 7.98 = \square$

(5)　$12 \times 1.3 + 6 \times 3.9 - 5 \times 2.6 = \square$

(6)　$12.6 + 8.4 \div (19 - 7) \times 3 = \square$

(7)　$2\dfrac{7}{9} \div \dfrac{5}{27} \times \dfrac{3}{8} = \square$

(8)　$7 - \dfrac{6}{13} \times \left(\square - \dfrac{3}{4}\right) = 1$

2　次の問いに答えなさい。

(1)　大小２つのさいころを投げるとき，目の和が７になるのは，何通りありますか。

(2)　ある商品に，原価の２割の利益を見込《みこ》んで定価をつけたところ，売れなかったので 200 円引きで売ると，利益は 60 円でした。この商品の原価は何円ですか。ただし，消費税は考えないものとします。

(3)　次の **ア** ～ **カ** の６つの数字のうち，３の倍数はどれですか。**ア** ～ **カ** の記号で，すべて答えなさい。

ア　1111　　**イ**　2222　　**ウ**　3333　　**エ**　7122　　**オ**　7372　　**カ**　5233

(4)　長方形を右の図のように折り曲げました。角㋐は何度ですか。

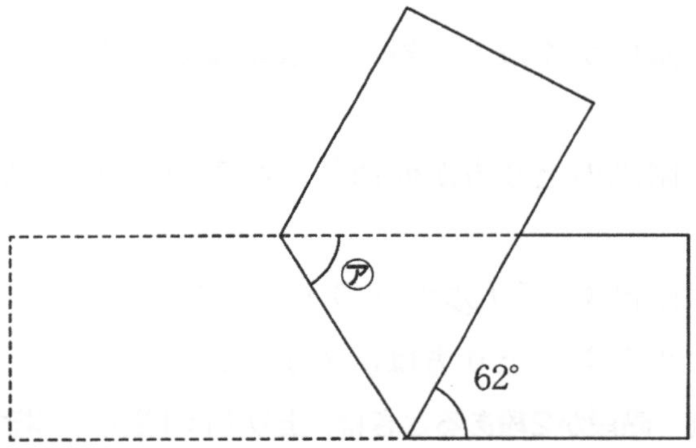

(5)　１辺の長さが６cm の立方体を，図のように平面で２つに切ります。右側の立体の体積は何 cm^3 ですか。

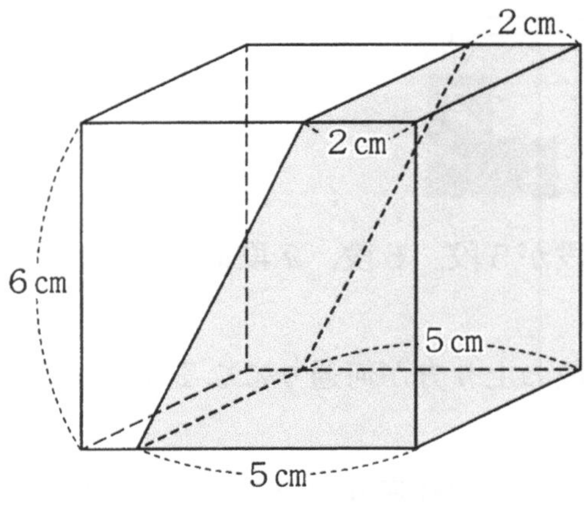

算 数 問 題

3 イギリスへ10年前に旅行したとき，50,000円をポンドに換《か》えると400ポンドになりました。旅行中に買い物をして，残金は250ポンドでした。今年，再びイギリスへ旅行したときには，56,000円をポンドに換えました。10年前の残金と今年換えたお金を合わせた中から，450ポンドを買い物で使いました。手元に残ったポンドをすべて円に換えたところ，21,000円になりました。次の問いに答えなさい。
※日本では円という通貨（お金）を使用しますが，イギリスではポンドという通貨を使用します。１ポンド＝○○円という円とポンドの交換比率は，10年前と今年では異なります。ただし，今年１年間の交換比率は同じであるとします。

(1) 10年前に旅行したとき，１ポンドは何円でしたか。

(2) 10年前に旅行したとき，そのときの交換比率で何円分の買い物をしましたか。

(3) 今年は，１ポンドは何円ですか。

4 階段を［Ⅰ］，［Ⅱ］の方法で最上段まで上《のぼ》るとき，上り方が全部で何通りあるかを考えます。次の問いに答えなさい。

［Ⅰ］階段を，「１歩で１段上る」と「１歩で２段上る」を組み合わせて上ります。
このとき，上り方は次のようになります。

例　階段が２段あるときは，上り方は２通り

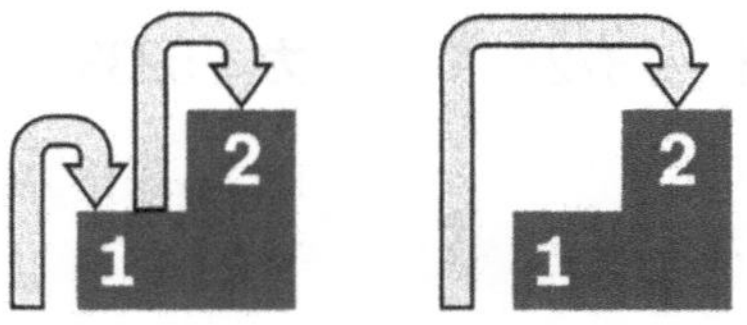

階段が３段あるときは，上り方は３通り

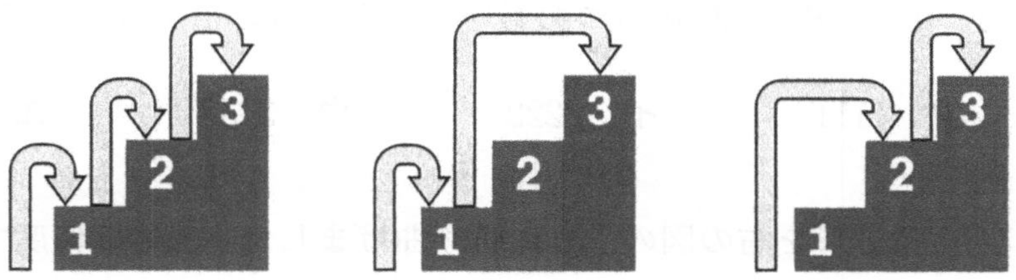

(1) 階段が４段，５段，６段あるときの上り方は，それぞれ何通りありますか。

(2) 階段の上り方が何通りになるかには，規則性があります。階段が10段あるときの上り方は，何通りありますか。

［Ⅱ］階段を，「１歩で２段上る」と「１歩で３段上る」を組み合わせて上ります。
このとき，上り方は次のようになります。

例　階段が２段あるときは，上り方は１通り

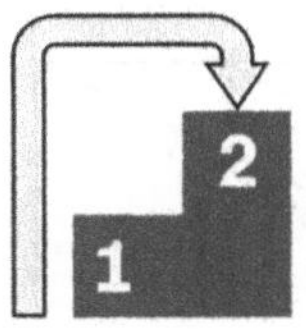

階段が３段あるときは，上り方は１通り

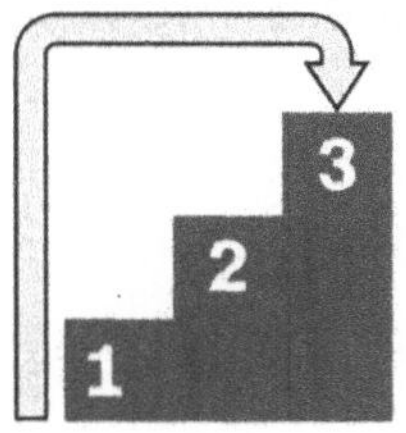

階段が４段あるときは，上り方は１通り

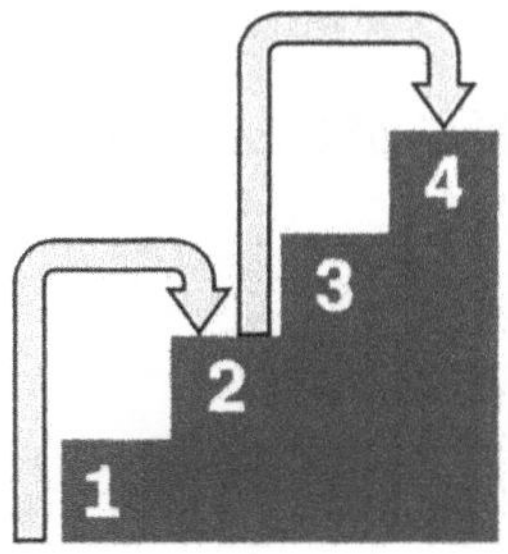

(3) 階段が５段，６段，７段あるときの上り方は，それぞれ何通りありますか。

(4) 階段の上り方が何通りになるかには，規則性があります。階段が15段あるときの上り方は，何通りありますか。

(5) 上り方が200通りになるのは，階段が何段あるときですか。

算 数 問 題

5 下の図のように，半径5cmの円と縦30cm，横20cmの長方形が，いくつかあります。円は，図形の周りを矢印の方向に，図形の周に接しながら1周して元の位置に戻《もど》ります。次の問いに答えなさい。

(1) **図1**の長方形の周囲を円が1周するとき，円の中心が動いてできる線の長さは何cmですか。また，円が通過した部分の面積は何cm^2ですか。

(2) **図2**のように，互《たが》いの辺が直角になるように**図1**の長方形を2枚置きました。2枚置いた図の周囲を円が1周するとき，円の中心が動いてできる線の長さは何cmですか。

(3) **図2**と同様に，**図3**のように**図1**の長方形を10枚置きました。10枚置いた図の周囲を円が1周するとき，円の中心が動いてできる線の長さは何cmですか。

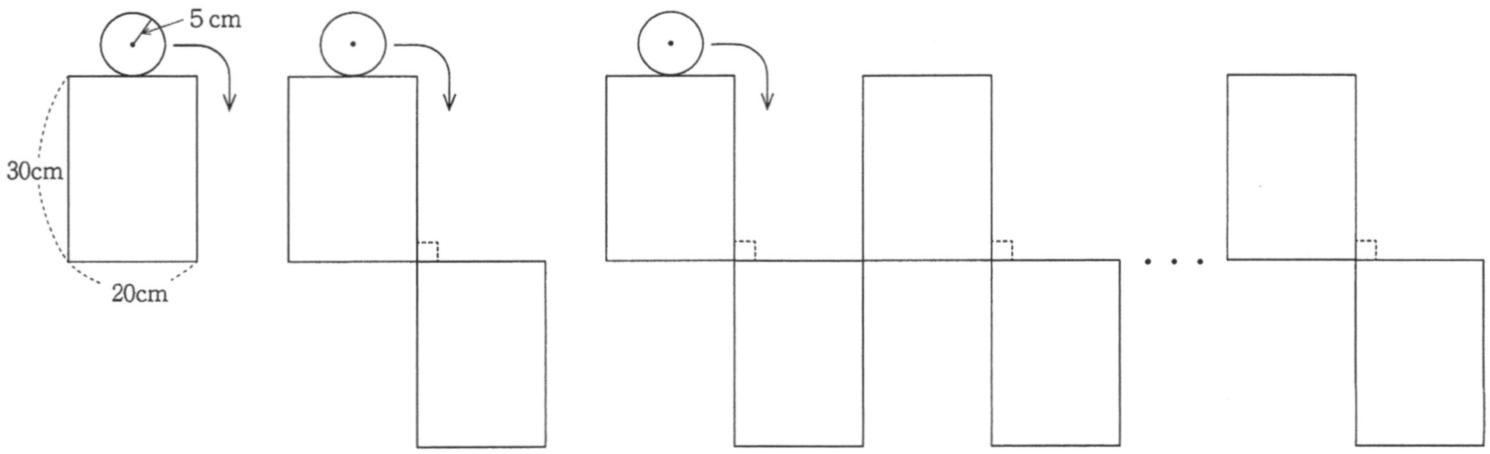

図1　**図2**　**図3**

6 右の図のような，2人が同時に乗ってこぐことができるタンデム自転車という自転車があります。

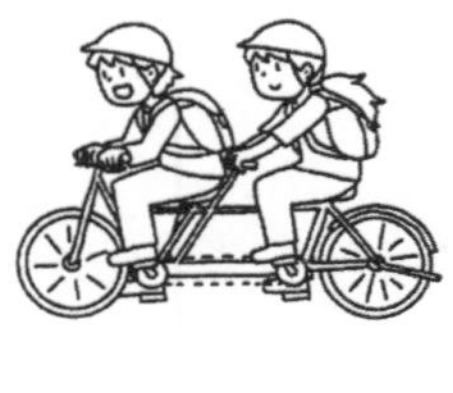

兄弟2人が乗ってこぐとき，兄だけでこぐと分速200m，弟だけでこぐと分速160m，2人いっしょにこぐと分速240mで進みます。下の図のように，A地点から7km離《はな》れたところに信号があります。

この信号は，1分間は赤，続いて55秒間は青，次の5秒間は黄が規則正しく点灯し，毎日午前0時ちょうどに赤になります。信号が青のときは進むことができますが，赤と黄では停止します。次の問いに答えなさい。

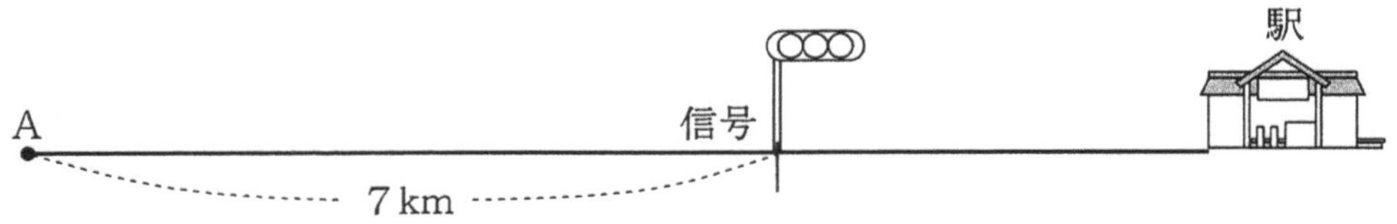

(1) 1日めは，兄弟が2人いっしょにタンデム自転車をこいで，A地点を午前10時に出発しました。

① 信号に着いたのは午前何時何分何秒ですか。

② このときの信号は赤，青，黄のどれですか。

(2) 2日めは，兄弟がタンデム自転車に乗って，A地点を午前10時に出発しました。この日は，兄から自転車をこぎ始めて5分おきに交代して運転しました。ただし，交代にかかる時間は考えないこととします。

① 信号に着いたのは午前何時何分何秒ですか。

② このときの信号は赤，青，黄のどれですか。

(3) 3日めは，2日めと同じようにA地点を午前10時に出発し，兄から自転車をこぎ始めて5分おきに交代して駅に向かいました。午前10時8分に姉が自転車に乗って分速210mで兄弟を追いかけたところ，信号と駅の間で追いつきました。姉が追いついたのは午前何時何分何秒ですか。ただし，兄弟の自転車が信号で停止した場合も交代し，再びこぎはじめてから5分おきに交代することにします。

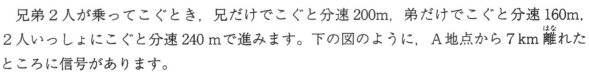

理　科　問　題 (40分)

※解答はすべて解答用紙に記入しなさい。

1　生物の体には，身の回りで起こったことに対応するための様々なしくみがそなわっています。普段《ふだん》は考えないでしている呼吸や心臓の動き，食べ物の消化も，それぞれに大切な役割があります。生物の体に関する色々なはたらきについて，次の問いに答えなさい。

(1)　はく息には酸素が16%，二酸化炭素が4%含《ふく》まれています。吸う息は成分の割合がちがっていて，酸素が21%含まれている。吸う息に含まれている二酸化炭素の割合を，次の中から１つ選び，記号で答えなさい。

ア　0.004%　　イ　0.04%　　ウ　0.4%　　エ　4.0%

(2)　魚はえらで呼吸をして酸素をとり入れているが，二酸化炭素はどこから出しているか，次の中から１つ選び，記号で答えなさい。

ア　おしり　　イ　鼻　　ウ　うろこ　　エ　えら　　オ　ひれ

(3)　人の心臓は４つの部屋に分かれていて，それぞれの部屋は心臓の筋肉のはたらきによって規則正しく動いている。この動き１回につき，約70mLの血液が心臓から送り出されます。また，一般的に人の心臓は１分間に約70回この動きをして，全身に４～５Ｌ血液を運んでいます。これについて，1682年にウィリアムハーベーが発表した『心臓と血液の運動』で初めて明かされた事実を，次の中から１つ選び，記号で答えなさい。

ア　人の血液は他の生物から吸収してできる
イ　心臓は一日のうち数分間は止まっている
ウ　血液は体内をめぐっている
エ　心臓の動きは早くなったり遅くなったりする

(4)　人は生きていくために必要なものを，体の中にとり込《こ》んでいます。次の説明で，**あやまっている**ものを１つ選び，記号で答えなさい。

ア　消化管で消化された栄養分は，主に大腸から吸収される。
イ　血液によって肝臓《かんぞう》に運ばれた養分は，肝臓に一時的にたくわえられる。
ウ　体の中でいらなくなった物は，血液によって腎臓《じんぞう》に運ばれて，尿《にょう》となって外に出される。
エ　口からこう門までの食べ物の通り道を，消化管という。

(5)　だ液によってでんぷんが変化するか，実験をしました。次の手順１～４を読んで，下の①，②に答えなさい。

【実験】　手順１　ご飯つぶを図１のように湯でビーカーにもみ出して，試験管Ａと試験管Ｂに入れる。
手順２　試験管Ｂだけに，だ液を少量入れる。
手順３　試験管Ａと試験管Ｂを，湯の入ったビーカーで約10分温める。
手順４　試験管Ａと試験管Ｂにヨウ素液を入れる。

①　実験の手順３で湯を使う理由を，次の中から１つ選び，記号で答えなさい。

ア　だ液による消化のはたらきを助けるため
イ　だ液による消化のはたらきを止めるため
ウ　でんぷんによる消化のはたらきを助けるため
エ　でんぷんによる消化のはたらきを止めるため

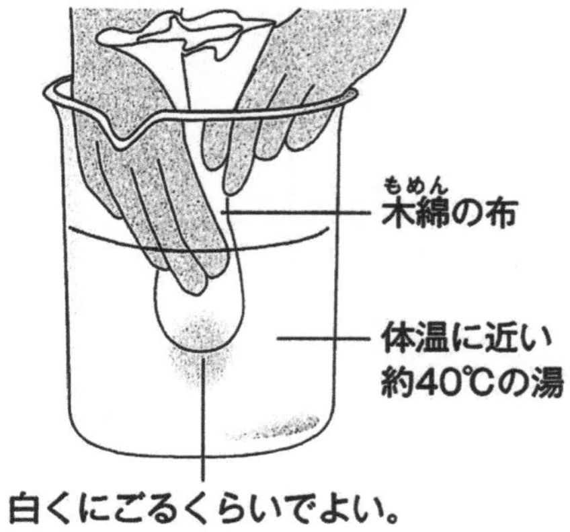

図１

理科問題

② 手順4の試験管Aと試験管Bがそれぞれどうなるか，正しい組み合わせを次の中から1つ選び，記号で答えなさい。

記号	試験管A	試験管B
ア	変化なし	変化なし
イ	変化なし	青むらさき色になる
ウ	青むらさき色になる	変化なし
エ	青むらさき色になる	青むらさき色になる

(6) 体を動かすために伸《の》び縮みする筋肉は，両はしが骨につながっています。筋肉と骨をつなぐ部分の名称《めいしょう》を，ひらがな2文字で答えなさい。

(7) 筋肉は，複雑に関係しながら動きます。図2のうでを伸ばしたとき筋肉①と筋肉②がどうなるか，最も適切なものを次の中から選び，それぞれ記号で答えなさい。

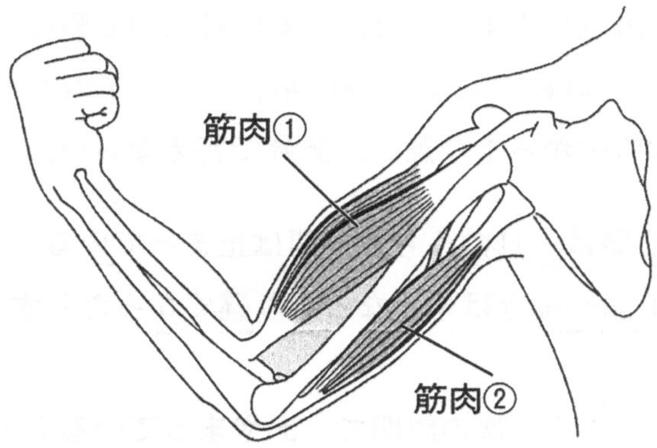

図2

ア ゆるむ
イ 増える
ウ 縮む
エ 減る
オ 変わらない

(8) 目の構造は生物によって異なります。人の目を次の写真から1つ選び，記号で答えなさい。

ア
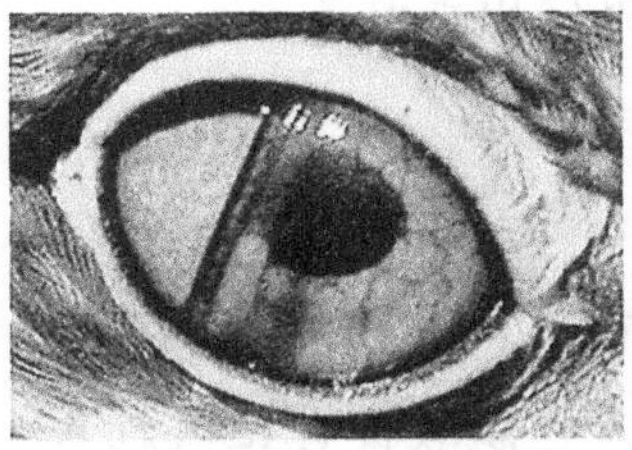
イ
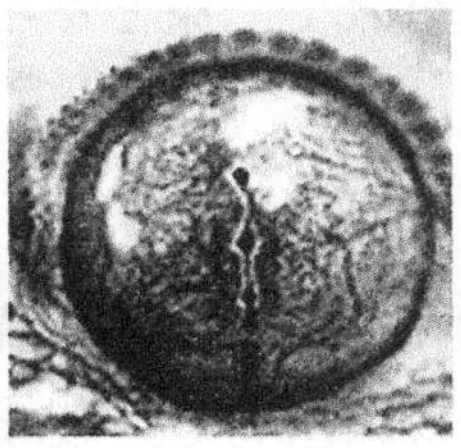
ウ
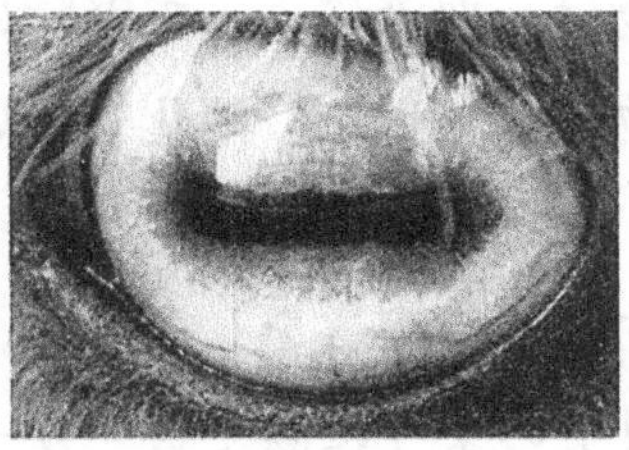
エ
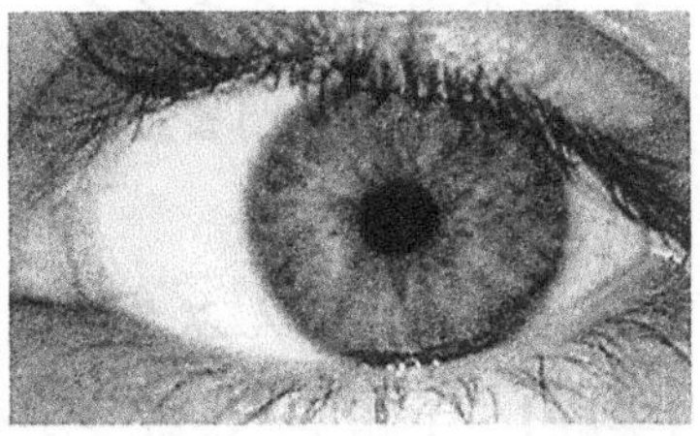

(9) 生物によって，耳の場所は大きく異なります。キリギリスの耳の位置を図3の中から1つ選び，記号で答えなさい。

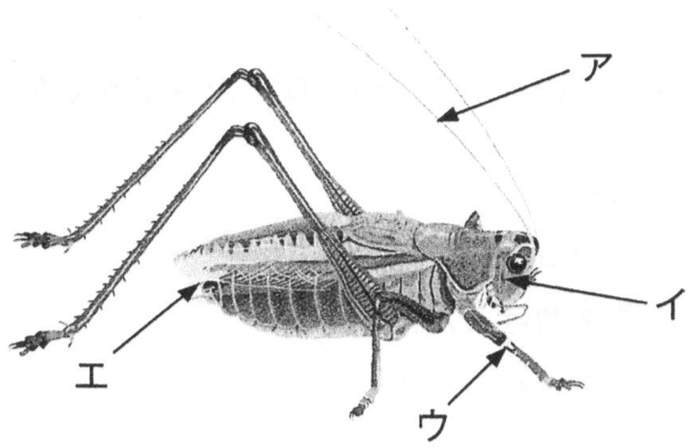

図3

理　科　問　題

2　水よう液に関する次の各問いに答えなさい。

(1)　メスシリンダーの目もりを読むときの正しい目の位置を図１のア～ウのうちから１つ選び，記号で答えなさい。

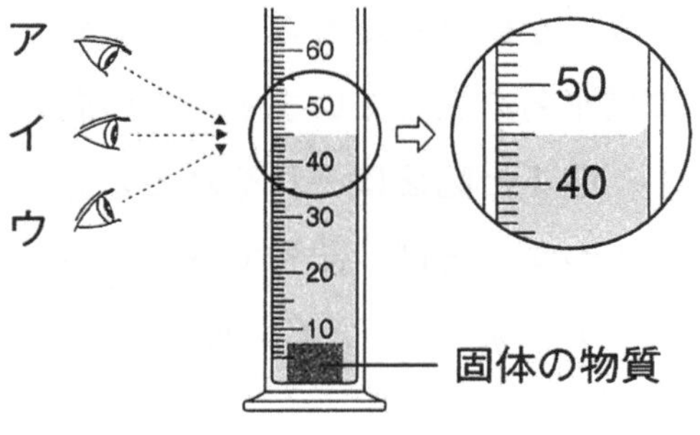

図１

(2)　図１のメスシリンダーの中に入っている液体と固体の物質の体積の合計は何 mL ですか。図１を参考に答えなさい。ただし，メスシリンダーの１目もりは１mL とします。

(3)　水よう液ではないものを，次の中からすべて選び，記号で答えなさい。
ア　塩酸　　イ　みそしる　　ウ　砂糖水　　エ　牛乳

(4)　水の温度とミョウバンのとける量の関係を調べる実験をしました。表は，水 100 g にとけるミョウバンの量を水の温度ごとにまとめたものです。下の①～③に答えなさい。

表

水の温度（℃）	0	20	40	60
とけた量（g）	5.8	11.5	23.9	53.4

①　ミョウバンの結晶《けっしょう》の形を次の中から１つ選び，記号で答えなさい。

②　40℃の水 80 g にミョウバンを 40 g 加えました。水にとけずにとけ残るミョウバンは何 g ですか，小数第２位を四捨五入し，小数第１位まで答えなさい。

③　60℃の水 300 g にミョウバンをとけるだけとかしたあと，その水よう液を 20℃まで冷やしました。20℃になったときにとけずに固体として出てくるミョウバンの量は何 g ですか。小数第２位を四捨五入し，小数第１位まで答えなさい。

(5)　図２は，ホウ酸，食塩，硫酸銅《りゅうさんどう》，硝酸《しょうさん》カリウムを 100 g の水にとかしたときの結果です。次の①～③に答えなさい。

①　図２の中で，水の温度が 60℃のとき，もっとも多く水にとけているものはどれか次の中から１つ選び，記号で答えなさい。

ア　ホウ酸　　イ　食塩　　ウ　硫酸銅　　エ　硝酸カリウム

②　図２の中で，水よう液を 60℃から 20℃まで冷やしてとけているものを取り出します。このときとけているものが２番目に多く取り出せる水よう液はどれか答えなさい。

③　水 60 g に食塩を何 g かとかしたところ，水よう液中にとけている食塩の割合が 27％の食塩水ができました。この食塩水にとけている食塩の量は何 g ですか，小数第２位を四捨五入し，小数第１位まで答えなさい。

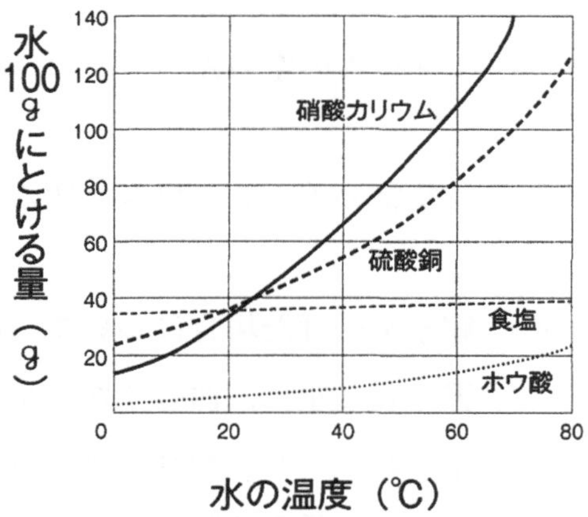

図２

理　科　問　題

3　図１と図２は，日本のある地点である日の午後８時に空のようすを観察したものです。また，図の中の名称はそれぞれの星座名を表しています。次の問いに答えなさい。

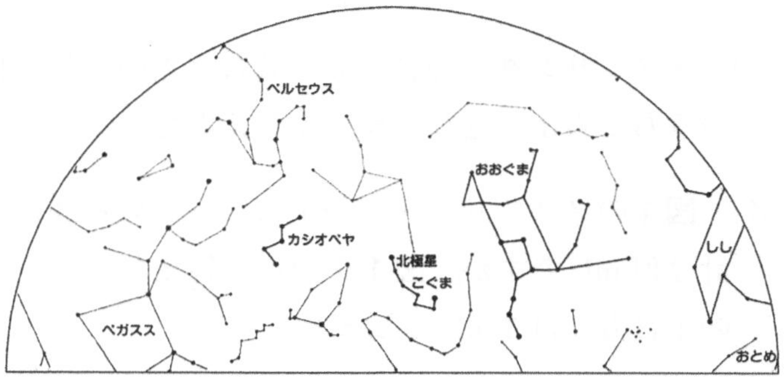

図１

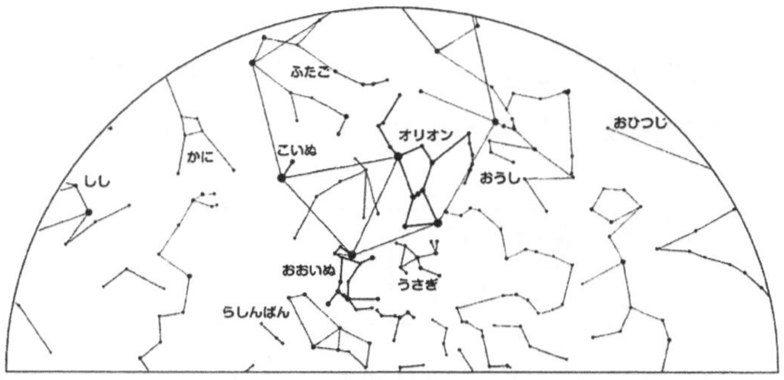

図２

⑴　図１と図２はそれぞれどの方角の空ですか。次の中から１つずつ選び，記号で答えなさい。

ア　東　　イ　西　　ウ　南　　エ　北

⑵　この観察を行った時期はいつですか。次の中から１つ選び，記号で答えなさい。

ア　５月　　イ　８月　　ウ　11月　　エ　２月

⑶　おおぐま座に含まれていて，北極星をさがす手がかりとなる星の集まりのことをとくに何と呼びますか。

⑷　図１の空を２時間後に観察すると，しし座はどの方向へ移動していますか。次の中から近いものを１つ選び，記号で答えなさい。

ア　上　　イ　下　　ウ　左　　エ　右

⑸　次の文章を読んで，下の①～③に答えなさい。

オリオン座の（　a　），おおいぬ座の（　b　），こいぬ座の（　c　）の３つの星を結んだ三角形のことをとくに（　d　）と呼ぶ。また，星の明るさは等級を用いて示されており，１等星は６等星の100倍の明るさと決められている。

①　文章中の空らん（　a　）～（　c　）に入る語句の組み合わせとして，正しいものを１つ選び，記号で答えなさい。

ア　a　シリウス　　b　プロキオン　　c　ベテルギウス
イ　a　ベテルギウス　　b　シリウス　　c　プロキオン
ウ　a　プロキオン　　b　ベテルギウス　　c　シリウス

②　文章中の空らん（　d　）に入る語句を答えなさい。

③　等級の差が２の場合に明るさは何倍になりますか。小数第１位を四捨五入し，整数で答えなさい。

⑹　観察を続けた場合について，次の文のうち正しいものを２つ選び，記号で答えなさい。

ア　しし座は，西の空から出て，南の空を通り東の空にしずんだ。
イ　おひつじ座やうお座は数か月すると見えなくなるが，１年後には同じ地点で見えるようになる。
ウ　この日の４時間後に観察すると，さそり座が見えるようになる。
エ　この日から半年後の午前２時に同じ地点で観察すると，おおぐま座は北極星を中心にして時計回りに90度回転したところに見える。
オ　夏よりも冬の方が湿度《しつど》が低く空気もすんでいるので，天の川（銀河系の中心の方）が明るく太く見える。

理　科　問　題

4 図1は一般的なふりこについてしめしたものであり，表1はふれはばを20°としたときのおもりのおもさ，ふりこの長さ，ふりこが10往復するのにかかる時間の関係をまとめたものです。次の問いに答えなさい。ただし，糸のおもさは実験に影響《えいきょう》がなく，たるみのない状態であるものとします。また，おもりの中心から点Oまでの長さをふりこの長さとします。

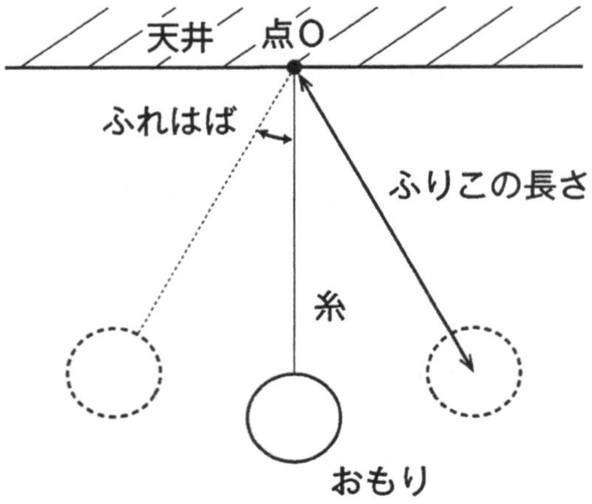

図1

表1

おもりのおもさ(g)	ふりこの長さ(cm)	10往復するのにかかる時間(秒)
100	25	10
150	50	14
200	75	17
200	100	20
250	150	24
300	200	28
300	225	30

(1)　次の文は，図1のような一般的なふりこの説明をしたものです。文中の（　①　）（　②　）にあてはまる語句の組み合わせとして，正しいものを下の中から1つ選び，記号で答えなさい。

ふりこは（　①　）を変えても1往復の時間は変わらないが，（　②　）を変えると1往復の時間が変わる。

ア　①　ふれはば　②　おもりのおもさ
イ　①　ふりこの長さ　②　ふれはば
ウ　①　おもりのおもさ　②　ふりこの長さ
エ　①　ふりこの長さ　②　おもりのおもさ

(2)　身の周りには，ふりこの性質からその動きを考えることができるものがあります。次のa～eの中で，ふりこの性質から動きを考えることができるものの正しい組み合わせを下のア～クから1つ選び，記号で答えなさい。

a　上皿てんびん　b　メトロノーム　c　ブランコ　d　シーソー　e　リコーダー

ア　a　イ　a，b　ウ　a，b，c　エ　a，b，c，d
オ　b　カ　b，c　キ　b，c，d　ク　b，c，d，e

(3)　表2のようなおもさと直径の異なる3つの金属球を，図2のように取りつけ，ふれはば20°，糸の長さ40 cmで実験を行いました。実験結果として最も適切なものを下の中から1つ選び，記号で答えなさい。

表2

金属球	金属球のおもさ（g）	金属球の直径（cm）
A	400	30
B	600	20
C	800	10

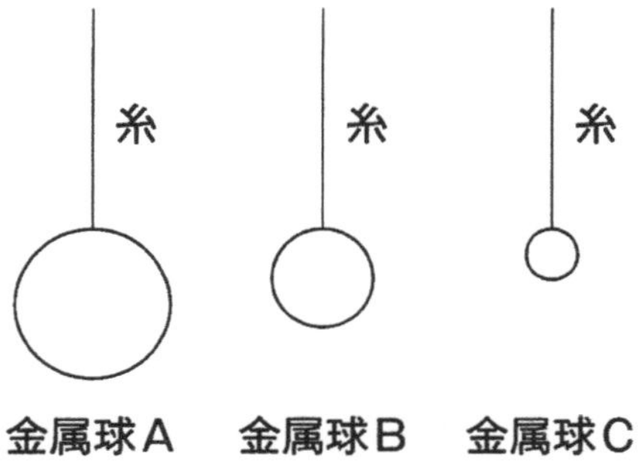

図2

ア　A，B，Cどの金属球を使った実験でも1往復の時間は同じ
イ　Aの金属球を使った実験は1往復の時間がもっとも短い
ウ　Bの金属球を使った実験は1往復の時間がもっとも短い
エ　Cの金属球を使った実験は1往復の時間がもっとも短い

理 科 問 題

⑷　**表１**から読み取れるふりこの性質として，最も適切な文を次の中から１つ選び，記号で答えなさい。

ア　ふりこの長さが２倍になると，ふりこの 10 往復の時間はおよそ 1.4 倍になる。
イ　ふりこの長さが２倍になると，ふりこの 10 往復の時間はおよそ２倍になる。
ウ　ふりこのおもさが２倍になると，ふりこの 10 往復の時間はおよそ 1.4 倍になる。
エ　ふりこのおもさが２倍になると，ふりこの 10 往復の時間はおよそ２倍になる。

⑸　ふりこが１分間で 10 往復するために必要なおもりのおもさと，ふりこの長さの組み合わせとして正しいものを**表１**を用いて考え，次の中から１つ選び，記号で答えなさい。

記号	おもりのおもさ（g）	ふりこの長さ（cm）
ア	600	30
イ	600	60
ウ	600	90
エ	600	300
オ	300	600
カ	300	900
キ	300	1200

⑹　日本最大のふりこは，おもりのおもさ約 50 kg，ふりこの長さ約 45 m です。このふりこが 10 往復するのに必要な時間として最も適切なものを次の中から１つ選び，記号で答えなさい。ただし，**表１**中のおもりのおもさ 200 g，ふりこの長さ 100 cm のふりこが 10 往復するのに必要な時間が 20 秒であることから考えなさい。

ア　40 秒　　**イ**　70 秒　　**ウ**　100 秒　　**エ**　130 秒
オ　160 秒　　**カ**　190 秒　　**キ**　220 秒　　**ク**　250 秒

⑺　**図３**のようにふりこの途中《とちゅう》にくぎを設置しても，ふりこは運動を続けます。**図３**の場合では，**点Ⅰ**を静かに動きだしたふりこは**点Ⅱ**まではふりこの長さ 100 cm のふりことして動き，**点Ⅱ**から**点Ⅲ**まではふりこの長さ 50 cm のふりことして動きます。**図３**のふりこが１往復するのに必要な時間はおよそ何秒ですか。小数第２位を四捨五入し，小数第１位まで答えなさい。

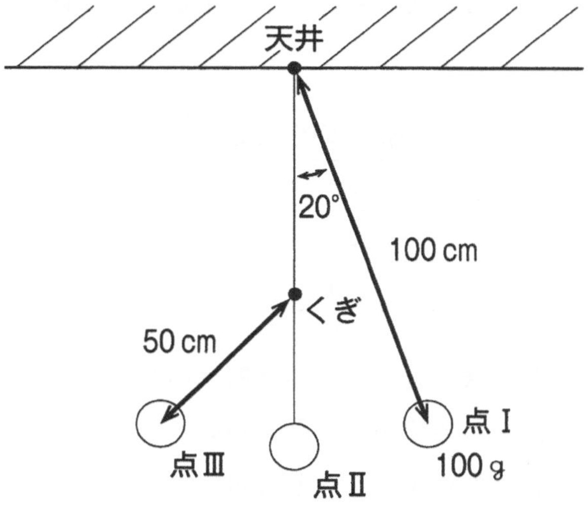

図３

理　科　問　題

(8)　ふりこの運動は，円の上を同じ速さで動く点の動きと連動させて考えることができます。

図４のように，ふりこを点Ⅰから静かに動きだしたと同時に，円の上を点ｉから点Ｐが反時計回りに動きだしたとします。ふりこが点Ⅱを通過するとき，点Ｐは点ii を通過します。ふりこが点Ⅲに到達《とうたつ》したとき，点Ｐは点iii に到達します。ふりこが点Ⅲから点Ⅱに移動すると，点Ｐは点iii から点iv に移動します。ふりこが点Ⅱから点Ⅰに移動すると，点Ｐは点iv から点ｉに移動します。

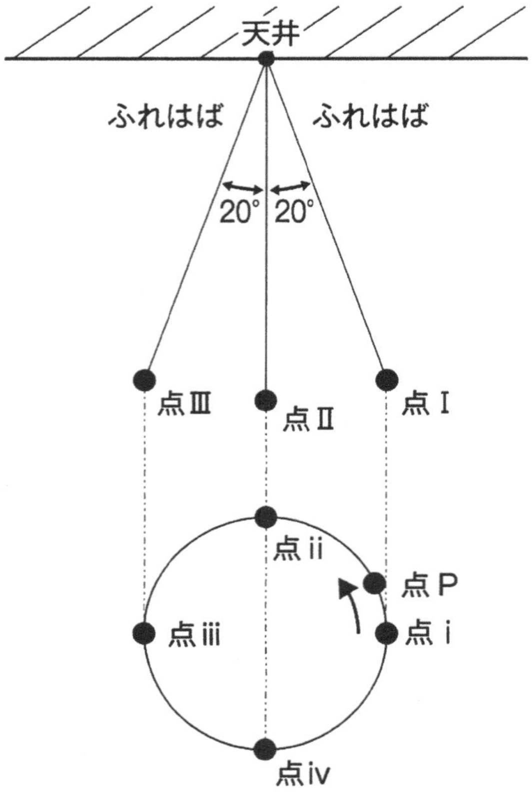

図４

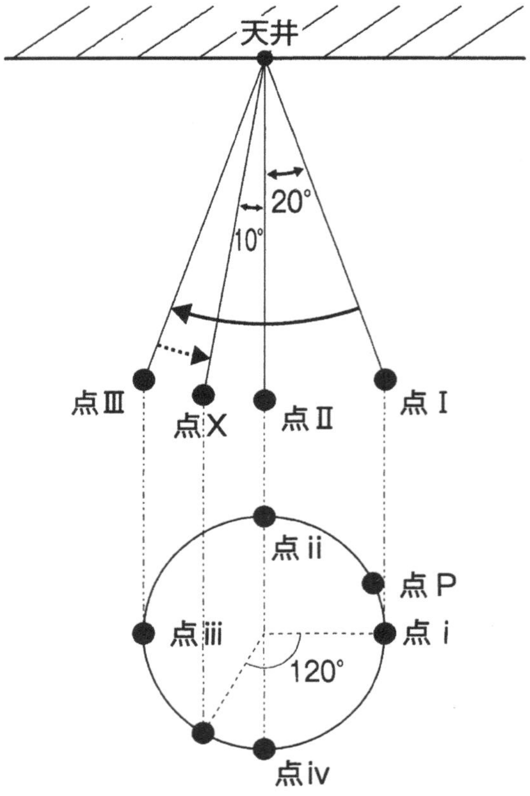

図５

図５のように，ふりこが点Ⅰを静かに動きだし，点Ⅱを通過し，点Ⅲで折り返してから点Ｘに到達しました。点Ⅰを静かに動きだしてから点Ⅲで折り返して，点Ｘに到達するまでの時間は何秒ですか。小数第２位を四捨五入し，小数第１位まで答えなさい。ただし，図５のふりこが１往復する時間は 9.6 秒とします。

社会問題 (40分)

※解答はすべて解答用紙に記入しなさい。

1 次の資料を見て，あとの問いに答えなさい。

問1 **資料Ⅰ**中の**X**・**Y**で示した地域は，どちらも2つの県にまたがっています。**X**・**Y**で示した範囲《はんい》内で北側に位置している県名を，それぞれ漢字で答えなさい。

問2 **資料Ⅱ**中の**A**・**B**は，**資料Ⅰ**中の**X**・**Y**で示した地域の海岸付近のようすを表したものです。また，下の文**a**・**b**は，**資料Ⅰ**中の**X**・**Y**で示した地域の漁業に関する説明です。**Y**の地域にあてはまる海岸付近のようすと漁業の説明の組み合わせとして，最も適当なものを下の表の**ア**～**エ**から1つ選び，記号で答えなさい。

a わかめや牡蠣《かき》の養殖《ようしょく》がさかんである。

b 水揚《みずあげ》量が日本で一番多い漁港がある。

	ア	イ	ウ	エ
海岸付近のようす	A	A	B	B
漁業の説明	a	b	a	b

資料Ⅰ

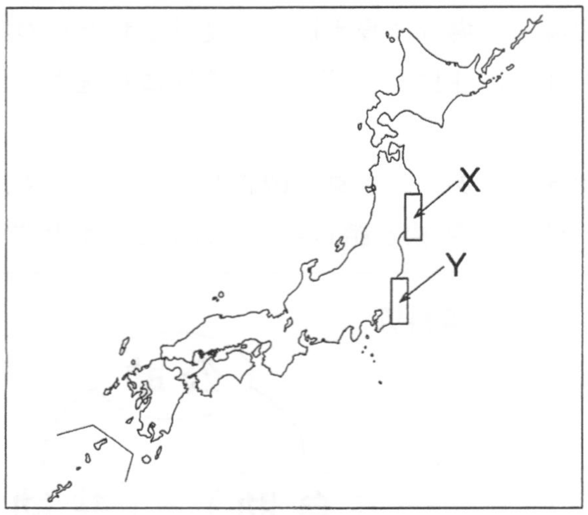

資料Ⅱ 海岸付近のようす

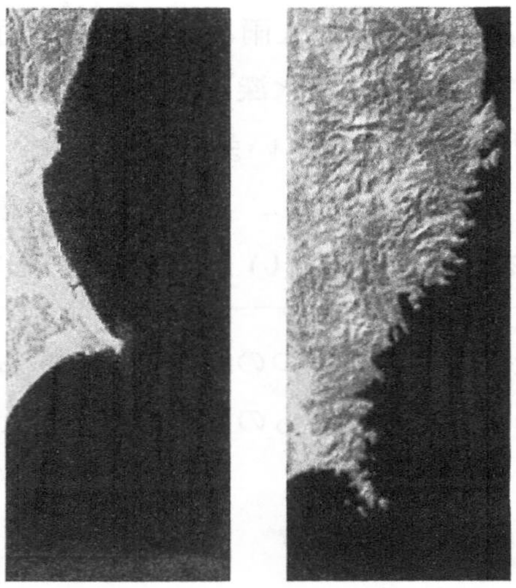

A B

(「地理院地図」より作成)

問3 **資料Ⅲ**の**ア**～**エ**のうちから，日本列島周辺の深さ6000m以上の海底(海溝《かいこう》)を で表しているものを1つ選び，記号で答えなさい。

資料Ⅲ

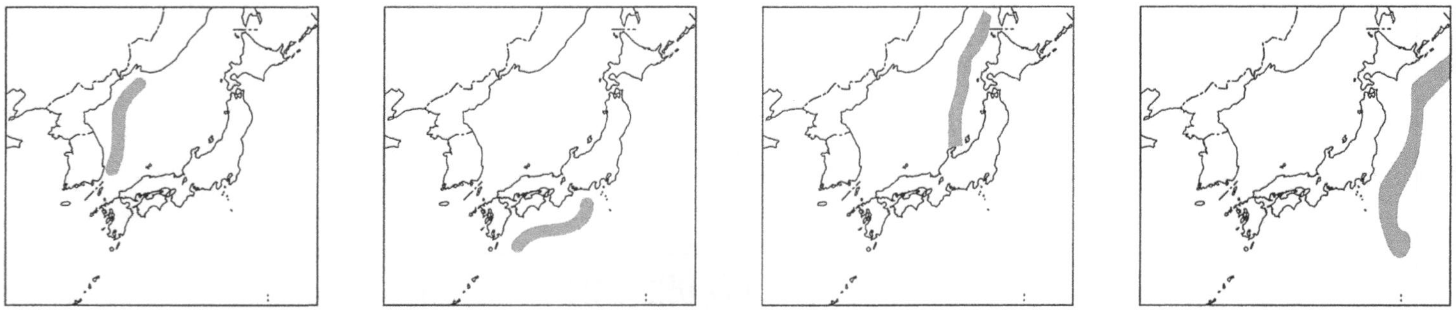

ア イ ウ エ

問4 **資料Ⅳ**は，自然災害の原因となる2つの現象が起こるしくみを表したものです。**資料Ⅳ**中の（ **あ** ）・（ **い** ）に入る適当な語句をそれぞれ答えなさい。

資料Ⅳ

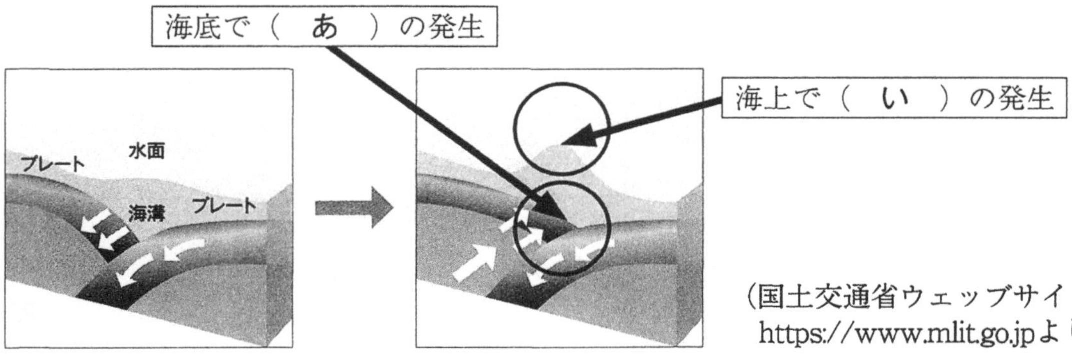

(国土交通省ウェッブサイト
https://www.mlit.go.jpより作成)

社 会 問 題

問５　**資料Ⅴ**は，火山がある４つの国に色をつけたものです。日本から見てほぼ真西に位置している国を**ア～エ**から１つ選び，記号で答えなさい。

資料Ⅴ

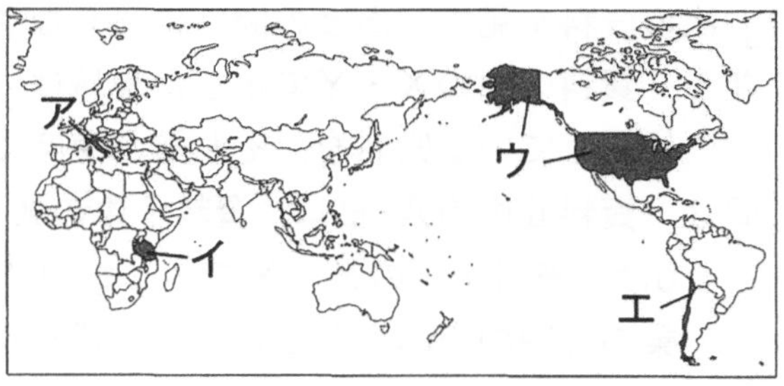

問６　次の文章は，防災・減災のための取り組みについて述べたものです。文章中の（　**あ**　）に入る最も適当なカタカナの語句を答えなさい。また，（　**い**　）に入る語句を１つ答えなさい。

> 全国の市町村などは，災害による被害を軽減したり防災対策に活用したりするために，予想される災害ごとに（　**あ**　）を作成して公開しています。
> 例えば，洪水《こうずい》（　**あ**　）には，大雨などの影響《えいきょう》で河川《かせん》が氾濫《はんらん》した場合に浸水《しんすい》被害を受けるおそれのある区域や，予測される被害の程度（浸水深）が表されています。また，住民がすばやく，適切に避難《ひなん》するために必要な（　**い**　）の情報も表されています。
> 災害はいつ起きるかわかりません。自宅付近の災害リスクを（　**あ**　）を見て確認しておくことや，災害が発生した時のことを想定して（　**い**　）や連絡《れんらく》方法などを日頃《ひごろ》から家族と話し合っておくことが大切です。

問７　**資料Ⅵ**に示された災害時の「３つの助」のうちから，小学生のあなたたち自身にできるものを，すべて選んで答えなさい。

資料Ⅵ

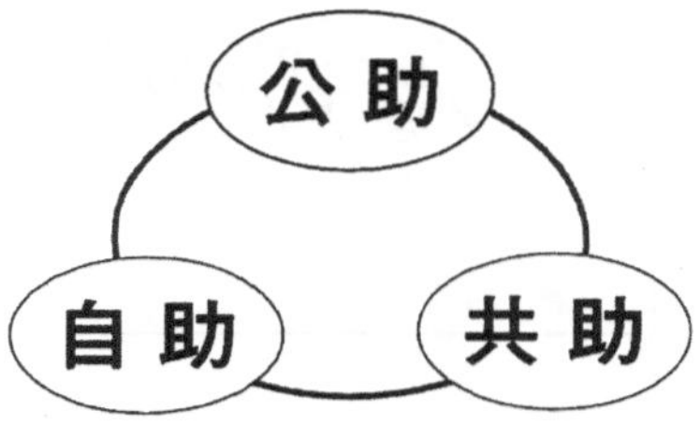

２　次の２つの新聞記事を読んで，あとの問いに答えなさい。

（新聞記事）

お詫び：著作権上の都合により，掲載しておりません。ご不便をおかけし，誠に申し訳ございません。
教英出版

（毎日小学生新聞 2023/6/28）

社　会　問　題

（新聞記事）

お詫び：著作権上の都合により，掲載しておりません。ご不便をおかけし，誠に申し訳ございません。
教英出版

（朝日小学生新聞2023/7/6）

問１　下線部ａについて，右の写真は世界文化遺産に登録されている遺跡《いせき》であり，下はこの遺跡の説明文である。
この写真の遺跡の名前を答えなさい。また，この遺跡がつくられた時代名を答えなさい。

（文化庁ホームページ　https://www.bunka.go.jpより）

この遺跡では，今から約5500年前から約1500年前にわたって，人々が暮らしていたあとが見つかっています。ここでは，クリやクルミなどの木の実を栽培《さいばい》していたと考えられており，自然をうまく利用した生活をしていました。また竪穴《たてあな》住居や大型の竪穴建造物が作られていました。

問２　下線部ｂについて，日本において流域面積が一番大きい河川を**ア～エ**から１つ選び，記号で答えなさい。

ア　信濃《しなの》川　　**イ**　石狩《いしかり》川　　**ウ**　利根《とね》川　　**エ**　北上《きたかみ》川

問３　下線部ｃに関連して，古代の日本は占《うらな》いによって物事を決定していた。次の説明文に当てはまる人物の名前を答えなさい。

今から約1800年前頃《ごろ》にこの人物が，神のお告げを伝えて人々の心をとらえていました。実際の政治は，神のお告げをこの人物から伝え聞いた弟が行っていました。この人物については，中国の歴史書に載《の》っています。

問４　下線部ｄについて，次の①と②にあてはまる日本の世界自然遺産を下の**ア～オ**のうちから１つずつ選び，それぞれ記号で答えなさい。

①　イリオモテヤマネコ，ヤンバルクイナなど，絶滅危惧種《ぜつめつきぐしゅ》95種を含《ふく》む陸生動植物の生息・生育地である。
②　東アジア最大の原生的なブナ林が広がっている。また，イヌワシやクマゲラをはじめとする希少な鳥類や，カモシカやツキノワグマなどの哺乳類《ほにゅうるい》，約2,200種の昆虫《こんちゅう》類などが生息している。

ア　屋久島《やくしま》　　**イ**　白神山地《しらかみさんち》　　**ウ**　知床《しれとこ》　　**エ**　小笠原諸島《おがさわらしょとう》
オ　奄美大島《あまみおおしま》，徳之島《とくのしま》，沖縄島北部及《およ》び西表島《いりおもてじま》

問５　下線部ｅについて，次の写真は富士山を静岡県側から写したものである。写真手前に写っている農作物の名前を，下のグラフを参考にして答えなさい。

（出典：Freepikより）

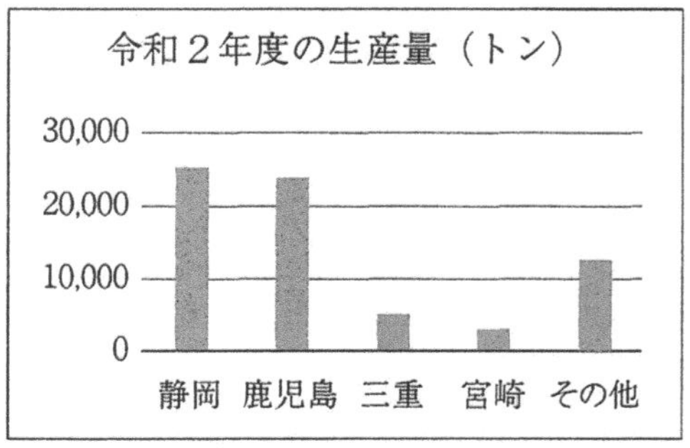

（農林水産省ホームページより作成）

社　会　問　題

問６　下線部ｆの場所を次の地図中の**ア～エ**のうちから１つ選び，記号で答えなさい。

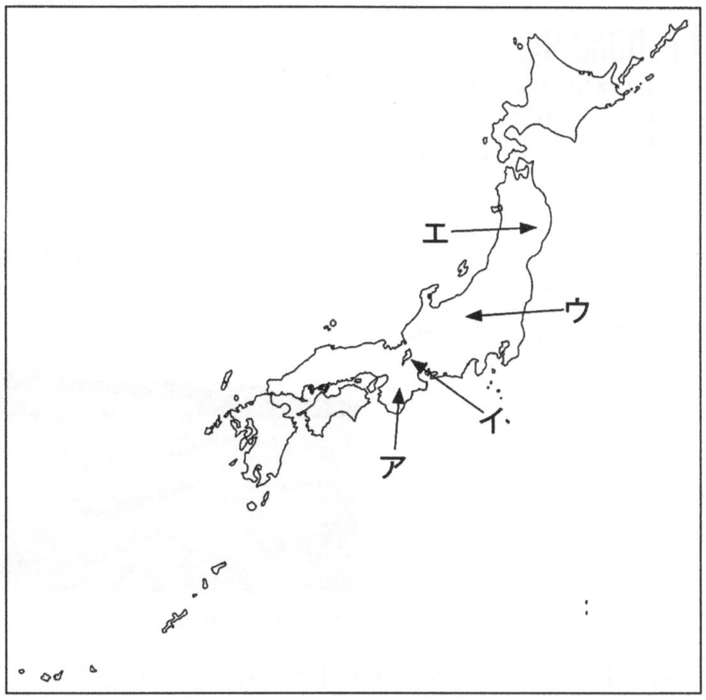

問７　下線部ｇについて，政府（内閣）の働きとして**誤っているもの**を次の**ア～エ**から１つ選び，記号で答えなさい。

ア　法律案や予算案を国会に提出する。
イ　衆議院の解散を決める。
ウ　外国と条約を結ぶ。
エ　最高裁判所のすべての裁判官を指名する。

問８　同じく下線部ｇに関連して，三権分立を「内閣」，「国会」，「裁判所」の３つの言葉を使って説明しなさい。

社　会　問　題

3　次の①～⑦の７つのメモは，小学生のユウキさんが年代順に並べていたのですが，メモＡ～メモＤの順序がバラバラになってしまいました。メモを読んで，あとの問いに答えなさい。

メモ

①　大化《たいか》の改新《かいしん》：中大兄皇子《なかのおおえのおうじ》と中臣鎌足《なかとみのかまたり》は，645年に蘇我《そが》氏の勢力を退けて天皇《てんのう》中心の国づくりを行った。

②　メモＡ　：・この人物は，平治《へいじ》の乱で敗れて伊豆《いず》に流された人物である。
・この人物は，朝廷《ちょうてい》に守護《しゅご》・地頭《じとう》を置くことを認めさせた人物である。
・この人物の死後は，妻の北条政子《ほうじょうまさこ》が尼《あま》となって政治を行った。

③　メモＢ　：・この人物は，不安定な社会を［　　　］の力で治めようと国ごとに国分寺《こくぶんじ》を建てさせた。
・この人物は，政治を安定させるために京都・大阪・滋賀と次々に都を移した。
・この人物は，藤原不比等《ふじわらふひと》のむすめを后《きさき》とした人物である。

④　メモＣ　：・この戦いの中で再襲撃《しゅうげき》に備えて福岡市に約20kmにおよぶ防塁《ぼうるい》を築いた。
・この戦いは，防衛戦であったために恩賞がもらえず竹崎季長《たけざきすえなが》は直接幕府に恩賞を求めた。
・一騎《いっき》打ちを主としていた日本は，相手の集団戦術やてつはうなどに苦しめられた。

⑤　メモＤ　：・この人物は，紫式部《むらさきしきぶ》をむすめの教育係としたことが有名で、４人のむすめを天皇のきさきとした。
・この人物の別荘《べっそう》を息子《むすこ》が建てかえさせた平等院鳳凰堂《びょうどういんほうおうどう》は，現在，世界文化遺産・国宝である。
・この人物は，母親の一族が権力をにぎる摂関《せっかん》政治が最も栄えた時に，太政大臣《だじょうだいじん》になった人物である。

⑥　織田信長《おだのぶなが》：仏教勢力に対抗《たいこう》するために a キリスト教を保護した。

⑦　徳川家光《とくがわいえみつ》：祖父の家康《いえやす》をまつる日光東照宮《にっこうとうしょうぐう》を大規模に建て直した。

問１　メモＡ～メモＤを時代の古い順に並びかえなさい。

問２　メモＢの中の［　　　］に入る語句を漢字２字で答えなさい。

問３　メモＤの人物名を答えなさい。

問４　下線部ａに関連した三人の発言の説明として最も適当なものを，次の**ア～エ**から１つ選び，記号で答えなさい。

太郎：スペインやポルトガルから宣教師《せんきょうし》がやってきて，東日本を中心にキリスト教が伝えられました。
花子：1612年より後の江戸幕府では，絵踏《えふ》みなどを行ってキリスト教を厳しく取りしまりました。
良子：江戸幕府は，1641年になるとフランスと中国に限って長崎への貿易船の出入りを認めました。

ア　三人とも正しい　　　**イ**　二人が正しい
ウ　一人が正しい　　　**エ**　三人とも正しくない

問５　**図１**と**図２**はどちらも日本の伝統芸能を表している。図を参考にして，成立した時代とその名称《めいしょう》をそれぞれ答えなさい。

図１

図２

受験番号

国語解答用紙

（一〇枚のうちの一〇枚め）

★次の点に注意して答えなさい。

問いに「三十字以内で答えなさい」というように、字数の指定がある場合には、句読点や記号も一字に数えて解答すること。

一

- 問一 ① ② ③
- 問二 A B
- 問三 1 2
- 問四
- 問五
- 問六 1 2
- 問七 水質汚濁の客観的な数値をただ与えられるのとは異なり、データ収集に参加することで
- 問八 1 2 3

二

- 問一 ① ② ③（めて）
- 問二
- 問三
- 問四 1 2
- 問五
- 問六
- 問七 生徒 生徒

三

Ⅰ

- 問一
- 問二
- 問三
- 問四

Ⅱ

- 問一 ① ② ③ ④
- 問二
- 問三 ① ②

合計
※100点満点（配点非公表）

得点欄《らん》

一 一 二 三 四 五 六 七 八

二 一 二 三 四 五 六 七

三 Ⅰ 一 二 三 四 Ⅱ 一 二 三

中B方式 令6

受験番号

算数解答用紙

（５枚のうちの４枚め）

中B方式
令６

1

(1)		(2)	
(3)		(4)	
(5)		(6)	
(7)		(8)	

2

(1)	通り
(2)	円
(3)	
(4)	度
(5)	cm^3

3

(1)	円
(2)	円分
(3)	円

4

(1)	4段 通り	5段 通り	6段 通り
(2)	通り		
(3)	5段 通り	6段 通り	7段 通り
(4)	通り		
(5)	答 段		

小計1	

合計	※100点満点（配点非公表）

受験番号

算数解答用紙

中B方式
令6

（５枚のうちの５枚め）

5

(1)	線の長さ	cm
	面積	cm^2
(2)		cm
(3)		
	答	cm

小計2	

6

(1)	① 午前　時　分　秒	
	②	
(2)	① 午前　時　分　秒	
	②	
(3)		
答	午前　時　分　秒	

受験番号

理科解答用紙 （８枚のうちの８枚め）

中B方式
令６

1

(1)		(2)		(3)		(4)	
(5)	①	②		(6)			
(7)	筋肉①	筋肉②		(8)		(9)	

1

2

(1)		(2)	mL	(3)	
(4)	①	②	g	③	g
(5)	①	②		③	g

2

3

(1)	図１	図２	(2)	
(3)		(4)		
(5)	①	②	③ 倍	
(6)				

3

4

(1)		(2)		(3)		(4)	
(5)		(6)		(7)	秒	(8)	秒

4

合計	
	※50点満点（配点非公表）

受験番号

社会解答用紙

（6枚のうちの6枚め）

中B方式
令6

1

問1	X　　　県	Y　　　県	問2		
問3		問4	あ	い	
問5		問6	あ	い	
問7					

1 2 3 4 5 6 7 1

2

問1	（遺跡名）	（時代名）	問2		
問3		問4	①	②	
問5		問6		問7	
問8					

1 2 3 4 5 6 7 8 2

3

問 1	メモ → メモ → メモ → メモ		問 2	
問3			問4	
問5	図1の時代名		名称	
	図2の時代名		名称	

1 2 3 4 5 3

合計	※50点満点 （配点非公表）

福　岡　県

①［国立］福岡教育大学附属中学校（福岡・小倉・久留米）
②［県立］
- 育徳館中学校
- 門司学園中学校
- 宗像中学校
- 嘉穂高等学校附属中学校
- 輝翔館中等教育学校

③西南学院中学校
④上智福岡中学校
⑤福岡女学院中学校
⑥福岡雙葉中学校
⑦照曜館中学校
⑧筑紫女学園中学校
⑨敬愛中学校
⑩久留米大学附設中学校
⑪飯塚日新館中学校
⑫明治学園中学校
⑬小倉日新館中学校
⑭久留米信愛中学校
⑮中村学園女子中学校
⑯福岡大学附属大濠中学校
⑰筑陽学園中学校
⑱九州国際大学付属中学校
⑲博多女子中学校
⑳東福岡自彊館中学校
㉑八女学院中学校

佐　賀　県

①［県立］
- 香楠中学校
- 致遠館中学校
- 唐津東中学校
- 武雄青陵中学校

②弘学館中学校
③東明館中学校
④佐賀清和中学校
⑤成穎中学校
⑥早稲田佐賀中学校

長　崎　県

①［県立］
- 長崎東中学校
- 佐世保北中学校
- 諫早高等学校附属中学校

②青雲中学校
③長崎南山中学校
④長崎日本大学中学校
⑤海星中学校

熊　本　県

①［県立］
- 玉名高等学校附属中学校
- 宇土中学校
- 八代中学校

②真和中学校
③九州学院中学校
④ルーテル学院中学校
⑤熊本信愛女学院中学校
⑥熊本マリスト学園中学校
⑦熊本学園大学付属中学校

大　分　県

①［県立］大分豊府中学校
②岩田中学校

宮　崎　県

①［県立］五ヶ瀬中等教育学校
②［県立］
- 宮崎西高等学校附属中学校
- 都城泉ヶ丘高等学校附属中学校

③宮崎日本大学中学校
④日向学院中学校
⑤宮崎第一中学校

鹿　児　島　県

①［県立］楠隼中学校
②［市立］鹿児島玉龍中学校
③鹿児島修学館中学校
④ラ・サール中学校
⑤志學館中等部

沖　縄　県

①［県立］
- 与勝緑が丘中学校
- 開邦中学校
- 球陽中学校
- 名護高等学校附属桜中学校

もっと過去問シリーズ

北　海　道

北嶺中学校
7年分（算数・理科・社会）

静　岡　県

静岡大学教育学部附属中学校
（静岡・島田・浜松）
10年分（算数）

愛　知　県

愛知淑徳中学校
7年分（算数・理科・社会）
東海中学校
7年分（算数・理科・社会）
南山中学校男子部
7年分（算数・理科・社会）
南山中学校女子部
7年分（算数・理科・社会）
滝中学校
7年分（算数・理科・社会）
名古屋中学校
7年分（算数・理科・社会）

岡　山　県

岡山白陵中学校
7年分（算数・理科）

広　島　県

広島大学附属中学校
7年分（算数・理科・社会）
広島大学附属福山中学校
7年分（算数・理科・社会）
広島学院中学校
7年分（算数・理科・社会）
広島女学院中学校
7年分（算数・理科・社会）
修道中学校
7年分（算数・理科・社会）
ノートルダム清心中学校
7年分（算数・理科・社会）

愛　媛　県

愛光中学校
7年分（算数・理科・社会）

福　岡　県

福岡教育大学附属中学校
（福岡・小倉・久留米）
7年分（算数・理科・社会）
西南学院中学校
7年分（算数・理科・社会）
久留米大学附設中学校
7年分（算数・理科・社会）
福岡大学附属大濠中学校
7年分（算数・理科・社会）

佐　賀　県

早稲田佐賀中学校
7年分（算数・理科・社会）

長　崎　県

青雲中学校
7年分（算数・理科・社会）

鹿　児　島　県

ラ・サール中学校
7年分（算数・理科・社会）

※もっと過去問シリーズは
国語の収録はありません。

教英出版
〒422-8054
静岡県静岡市駿河区南安倍3丁目12−28
TEL 054-288-2131
FAX 054-288-2133
詳しくは教英出版で検索
教英出版　検索
URL https://kyoei-syuppan.net/

④[府立]富田林中学校
⑤[府立]咲くやこの花中学校
⑥[府立]水都国際中学校
⑦清風中学校
⑧高槻中学校（A日程）
⑨高槻中学校（B日程）
⑩明星中学校
⑪大阪女学院中学校
⑫大谷中学校
⑬四天王寺中学校
⑭帝塚山学院中学校
⑮大阪国際中学校
⑯大阪桐蔭中学校
⑰開明中学校
⑱関西大学第一中学校
⑲近畿大学附属中学校
⑳金蘭千里中学校
㉑金光八尾中学校
㉒清風南海中学校
㉓帝塚山学院泉ヶ丘中学校
㉔同志社香里中学校
㉕初芝立命館中学校
㉖関西大学中等部
㉗大阪星光学院中学校

兵庫県

①[国立]神戸大学附属中等教育学校
②[県立]兵庫県立大学附属中学校
③雲雀丘学園中学校
④関西学院中学部
⑤神戸女学院中学部
⑥甲陽学院中学校
⑦甲南中学校
⑧甲南女子中学校
⑨灘中学校
⑩親和中学校
⑪神戸海星女子学院中学校
⑫滝川中学校
⑬啓明学院中学校
⑭三田学園中学校
⑮淳心学院中学校
⑯仁川学院中学校
⑰六甲学院中学校
⑱須磨学園中学校（第1回入試）
⑲須磨学園中学校（第2回入試）
⑳須磨学園中学校（第3回入試）
㉑白陵中学校
㉒夙川中学校

奈良県

①[国立]奈良女子大学附属中等教育学校
②[国立]奈良教育大学附属中学校
③[県立]
- 国際中学校
- 青翔中学校

④[市立]一条高等学校附属中学校
⑤帝塚山中学校
⑥東大寺学園中学校
⑦奈良学園中学校
⑧西大和学園中学校

和歌山県

①[県立]
- 古佐田丘中学校
- 向陽中学校
- 桐蔭中学校
- 日高高等学校附属中学校
- 田辺中学校

②智辯学園和歌山中学校
③近畿大学附属和歌山中学校
④開智中学校

岡山県

①[県立]岡山操山中学校
②[県立]倉敷天城中学校
③[県立]岡山大安寺中等教育学校
④[県立]津山中学校
⑤岡山中学校
⑥清心中学校
⑦岡山白陵中学校
⑧金光学園中学校
⑨就実中学校
⑩岡山理科大学附属中学校
⑪山陽学園中学校

広島県

①[国立]広島大学附属中学校
②[国立]広島大学附属福山中学校
③[県立]広島中学校
④[県立]三次中学校
⑤[県立]広島叡智学園中学校
⑥[市立]広島中等教育学校
⑦[市立]福山中学校
⑧広島学院中学校
⑨広島女学院中学校
⑩修道中学校
⑪崇徳中学校
⑫比治山女子中学校
⑬福山暁の星女子中学校
⑭安田女子中学校
⑮広島なぎさ中学校
⑯広島城北中学校
⑰近畿大学附属広島中学校福山校
⑱盈進中学校
⑲如水館中学校
⑳ノートルダム清心中学校
㉑銀河学院中学校
㉒近畿大学附属広島中学校東広島校
㉓AICJ中学校
㉔広島国際学院中学校
㉕広島修道大学ひろしま協創中学校

山口県

①[県立]
- 下関中等教育学校
- 高森みどり中学校

②野田学園中学校

徳島県

①[県立]
- 富岡東中学校
- 川島中学校
- 城ノ内中等教育学校

②徳島文理中学校

香川県

①大手前丸亀中学校
②香川誠陵中学校

愛媛県

①[県立]
- 今治東中等教育学校
- 松山西中等教育学校

②愛光中学校
③済美平成中等教育学校
④新田青雲中等教育学校

高知県

①[県立]
- 安芸中学校
- 高知国際中学校
- 中村中学校

神奈川県

①[県立] 相模原中等教育学校
平塚中等教育学校

②[市立]南高等学校附属中学校

③[市立]横浜サイエンスフロンティア高等学校附属中学校

④[市立]川崎高等学校附属中学校

✿⑤聖光学院中学校

✿⑥浅野中学校

⑦洗足学園中学校

⑧法政大学第二中学校

⑨逗子開成中学校(1次)

⑩逗子開成中学校(2·3次)

⑪神奈川大学附属中学校(第1回)

⑫神奈川大学附属中学校(第2·3回)

⑬栄光学園中学校

⑭フェリス女学院中学校

新潟県

①[県立] 村上中等教育学校
柏崎翔洋中等教育学校
燕中等教育学校
津南中等教育学校
直江津中等教育学校
佐渡中等教育学校

②[市立]高志中等教育学校

③新潟第一中学校

④新潟明訓中学校

石川県

①[県立]金沢錦丘中学校

②星稜中学校

福井県

①[県立]高志中学校

山梨県

①山梨英和中学校

②山梨学院中学校

③駿台甲府中学校

長野県

①[県立] 屋代高等学校附属中学校
諏訪清陵高等学校附属中学校

②[市立]長野中学校

岐阜県

①岐阜東中学校

②鶯谷中学校

③岐阜聖徳学園大学附属中学校

静岡県

①[国立] 静岡大学教育学部附属中学校
(静岡·島田·浜松)

② [県立]清水南高等学校中等部
[県立]浜松西高等学校中等部
[市立]沼津高等学校中等部

③不二聖心女子学院中学校

④日本大学三島中学校

⑤加藤学園暁秀中学校

⑥星陵中学校

⑦東海大学付属静岡翔洋高等学校中等部

⑧静岡サレジオ中学校

⑨静岡英和女学院中学校

⑩静岡雙葉中学校

⑪静岡聖光学院中学校

⑫静岡学園中学校

⑬静岡大成中学校

⑭城南静岡中学校

⑮静岡北中学校

⑯ 常葉大学附属常葉中学校
常葉大学附属橘中学校
常葉大学附属菊川中学校

⑰藤枝明誠中学校

⑱浜松開誠館中学校

⑲静岡県西遠女子学園中学校

⑳浜松日体中学校

㉑浜松学芸中学校

愛知県

①[国立]愛知教育大学附属名古屋中学校

②愛知淑徳中学校

③ 名古屋経済大学市邨中学校
名古屋経済大学高蔵中学校

④金城学院中学校

⑤椙山女学園中学校

⑥東海中学校

⑦南山中学校男子部

⑧南山中学校女子部

⑨聖霊中学校

⑩滝中学校

⑪名古屋中学校

⑫大成中学校

⑬愛知中学校

⑭星城中学校

⑮名古屋葵大学中学校
(名古屋女子大学中学校)

⑯愛知工業大学名電中学校

⑰海陽中等教育学校(特別給費生)

⑱海陽中等教育学校(I·II)

⑲中部大学春日丘中学校

新刊⑳名古屋国際中学校

三重県

①[国立]三重大学教育学部附属中学校

②暁中学校

③海星中学校

④四日市メリノール学院中学校

⑤高田中学校

⑥セントヨゼフ女子学園中学校

⑦三重中学校

⑧皇學館中学校

⑨鈴鹿中等教育学校

⑩津田学園中学校

滋賀県

①[国立]滋賀大学教育学部附属中学校

②[県立] 河瀬中学校
守山中学校
水口東中学校

京都府

①[国立]京都教育大学附属桃山中学校

②[府立]洛北高等学校附属中学校

③[府立]園部高等学校附属中学校

④[府立]福知山高等学校附属中学校

⑤[府立]南陽高等学校附属中学校

⑥[市立]西京高等学校附属中学校

⑦同志社中学校

⑧洛星中学校

⑨洛南高等学校附属中学校

⑩立命館中学校

⑪同志社国際中学校

⑫同志社女子中学校(前期日程)

⑬同志社女子中学校(後期日程)

大阪府

①[国立]大阪教育大学附属天王寺中学校

②[国立]大阪教育大学附属平野中学校

③[国立]大阪教育大学附属池田中学校

教英出版　2025年春受験用　中学入試問題集

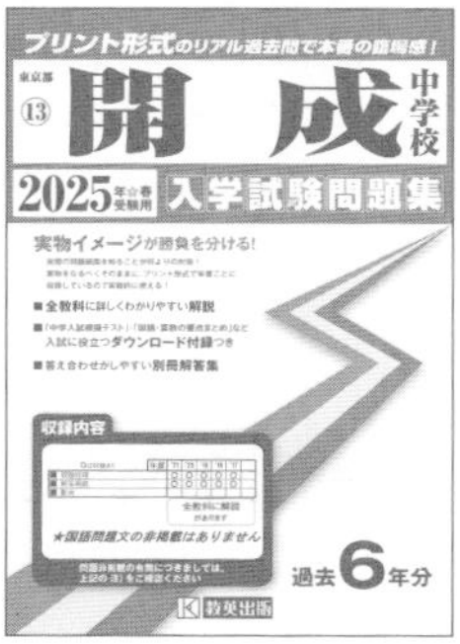

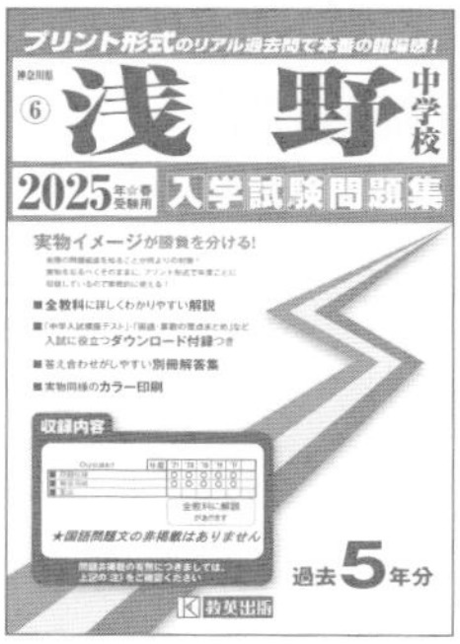

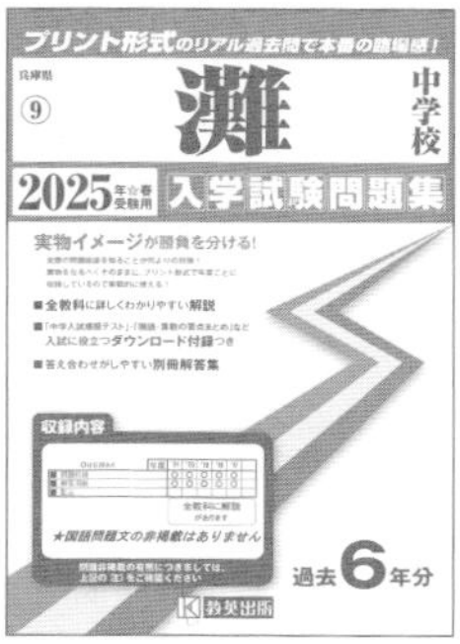

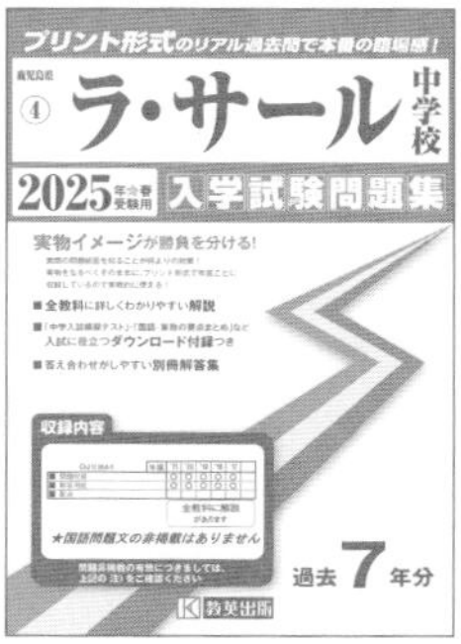

学校別問題集

✿はカラー問題対応

北海道

①[市立]札幌開成中等教育学校
②藤女子中学校
③北嶺中学校
④北星学園女子中学校
⑤札幌大谷中学校
⑥札幌光星中学校
⑦立命館慶祥中学校
⑧函館ラ・サール中学校

青森県

①[県立]三本木高等学校附属中学校

岩手県

①[県立]一関第一高等学校附属中学校

宮城県

①[県立]宮城県古川黎明中学校
②[県立]宮城県仙台二華中学校
③[市立]仙台青陵中等教育学校
④東北学院中学校
⑤仙台白百合学園中学校
⑥聖ウルスラ学院英智中学校
⑦宮城学院中学校
⑧秀光中学校
⑨古川学園中学校

秋田県

①[県立]
- 大館国際情報学院中学校
- 秋田南高等学校中等部
- 横手清陵学院中学校

山形県

①[県立]
- 東桜学館中学校
- 致道館中学校

福島県

①[県立]
- 会津学鳳中学校
- ふたば未来学園中学校

茨城県

①[県立]
- 日立第一高等学校附属中学校
- 太田第一高等学校附属中学校
- 水戸第一高等学校附属中学校
- 鉾田第一高等学校附属中学校
- 鹿島高等学校附属中学校
- 土浦第一高等学校附属中学校
- 竜ヶ崎第一高等学校附属中学校
- 下館第一高等学校附属中学校
- 下妻第一高等学校附属中学校
- 水海道第一高等学校附属中学校
- 勝田中等教育学校
- 並木中等教育学校
- 古河中等教育学校

栃木県

①[県立]
- 宇都宮東高等学校附属中学校
- 佐野高等学校附属中学校
- 矢板東高等学校附属中学校

群馬県

①
- [県立]中央中等教育学校
- [市立]四ツ葉学園中等教育学校
- [市立]太田中学校

埼玉県

①[県立]伊奈学園中学校
②[市立]浦和中学校
③[市立]大宮国際中等教育学校
④[市立]川口市立高等学校附属中学校

千葉県

①[県立]
- 千葉中学校
- 東葛飾中学校

②[市立]稲毛国際中等教育学校

東京都

①[国立]筑波大学附属駒場中学校
②[都立]白鷗高等学校附属中学校
③[都立]桜修館中等教育学校
④[都立]小石川中等教育学校
⑤[都立]両国高等学校附属中学校
⑥[都立]立川国際中等教育学校
⑦[都立]武蔵高等学校附属中学校
⑧[都立]大泉高等学校附属中学校
⑨[都立]富士高等学校附属中学校
⑩[都立]三鷹中等教育学校
⑪[都立]南多摩中等教育学校
⑫[区立]九段中等教育学校
⑬開成中学校
⑭麻布中学校
⑮桜蔭中学校
⑯女子学院中学校
✿⑰豊島岡女子学園中学校
⑱東京都市大学等々力中学校
⑲世田谷学園中学校
✿⑳広尾学園中学校(第2回)
✿㉑広尾学園中学校(医進・サイエンス回)
㉒渋谷教育学園渋谷中学校(第1回)
㉓渋谷教育学園渋谷中学校(第2回)
㉔東京農業大学第一高等学校中等部(2月1日 午後)
㉕東京農業大学第一高等学校中等部(2月2日 午後)

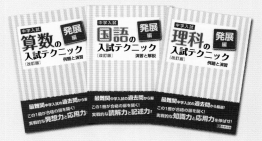

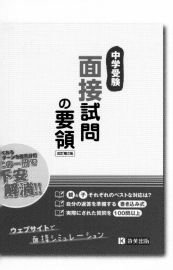

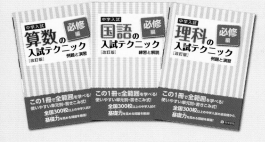

■ ご使用にあたってのお願い・ご注意

（1）問題文等の非掲載

著作権上の都合により，問題文や図表などの一部を掲載できない場合があります。

誠に申し訳ございませんが，ご了承くださいますようお願いいたします。

（2）過去問における時事性

過去問題集は，学習指導要領の改訂や社会状況の変化，新たな発見などにより，現在とは異なる表記や解説になっている場合があります。過去問の特性上，出題当時のままで出版していますので，あらかじめご了承ください。

（3）配点

学校等から配点が公表されている場合は，記載しています。公表されていない場合は，記載していません。

独自の予想配点は，出題者の意図と異なる場合があり，お客様が学習するうえで誤った判断をしてしまう恐れがあるため記載していません。

（4）無断複製等の禁止

購入された個人のお客様が，ご家庭でご自身またはご家族の学習のためにコピーをすることは可能ですが，それ以外の目的でコピー，スキャン，転載（ブログ，ＳＮＳなどでの公開を含みます）などをすることは法律により禁止されています。学校や学習塾などで，児童生徒のためにコピーをして使用することも法律により禁止されています。

ご不明な点や，違法な疑いのある行為を確認された場合は，弊社までご連絡ください。

（5）けがに注意

この問題集は針を外して使用します。針を外すときは，けがをしないように注意してください。また，表紙カバーや問題用紙の端で手指を傷つけないように十分注意してください。

（6）正誤

制作には万全を期しておりますが，万が一誤りなどがございましたら，弊社までご連絡ください。

なお，誤りが判明した場合は，弊社ウェブサイトの「ご購入者様のページ」に掲載しておりますので，そちらもご確認ください。

■ お問い合わせ

解答例，解説，印刷，製本など，問題集発行におけるすべての責任は弊社にあります。

ご不明な点がございましたら，弊社ウェブサイトの「お問い合わせ」フォームよりご連絡ください。迅速に対応いたしますが，営業日の都合で回答に数日を要する場合があります。

ご入力いただいたメールアドレス宛に自動返信メールをお送りしています。自動返信メールが届かない場合は，「よくある質問」の「メールの問い合わせに対し返信がありません。」の項目をご確認ください。

また弊社営業日（平日）は，午前９時から午後５時まで，電話でのお問い合わせも受け付けています。

2025春

教英出版

株式会社教英出版
〒422-8054　静岡県静岡市駿河区南安倍３丁目 12-28
TEL　054-288-2131　　FAX　054-288-2133
URL　https://kyoei-syuppan.net/
MAIL siteform@kyoei-syuppan.net

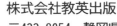